Christian Schuchardt

Lucas Cranach des Aeltern Leben und Werke

Nach urkundlichen Quellen bearbeitet.

Christian Schuchardt

Lucas Cranach des Aeltern Leben und Werke
Nach urkundlichen Quellen bearbeitet.

ISBN/EAN: 9783743454415

Hergestellt in Europa, USA, Kanada, Australien, Japan

Cover: Foto ©ninafisch / pixelio.de

Manufactured and distributed by brebook publishing software (www.brebook.com)

Christian Schuchardt

Lucas Cranach des Aeltern Leben und Werke

-

Lucas Cranach

des Aeltern

Leben und Werke.

Dritter Theil.

Lucas Cranach

des Aeltern

Leben und Werke.

Nach urkundlichen Quellen bearbeitet

von

Christian Schuchardt.

Dritter Theil.

Leipzig:

F. A. Brockhaus.

1871.

Vorwort.

Als vor zwanzig Jahren die beiden ersten Theile
von „Lucas Cranach des Aeltern Leben und Werke"
erschienen, mußten auch die Gegner des Buches zuge=
stehen, daß es die gewissenhafte Arbeit einer Reihe
von Jahren sei, deren Resultat in diesem Werke sich
niedergelegt findet. Es war eine jener Arbeiten, welche
nur das wärmste Interesse für die behandelte Sache
selbst ohne Rücksicht auf den Erfolg nach außen hin
unternehmen läßt, denn nach Jahrzehnten war nichts
weiter geschaffen als die klare Darstellung des Lebens
eines einzigen Mannes und ein Katalog von dessen
Werken. Ein solcher anscheinend geringer Erfolg ist
indessen das Loos aller Specialarbeiten, nur die Ein=
geweihten würdigen dieselben in vollem Umfange. Eins
vermag jedoch einem derartigen Specialwerke eine grö=
ßere Theilnahme auch außerhalb des engen Kreises der
Fachleute zu erwerben: es ist die Behandlung und
Methode der Arbeit an sich. Wie ein gutes Porträt

uns nicht der dargestellten Person wegen zu interessiren
braucht, sondern uns schätzbar erscheint, weil wir die
scharfauffassende Liebe, mit welcher der Künstler sich in
das Wesen seines Vorbildes eingelebt hat, aus der
Art der Arbeit herausfühlen und erkennen, so ist es
auch mit gegenwärtigem Buche der Fall. Es ist auch
ein Porträt, man kann sagen ein Porträt im Geiste
Cranach's. Nicht auftretend „in selbständiger Schönheit
der Form, nicht im Halbdunkel die Mittel zu künst=
lerischen Effecten suchend". Von einem Künstlerroman
trägt das Buch nicht eine Spur an sich — ein Umstand,
den man dazu benutzt hat, es mehr eine schätzbare
Sammlung von Materialien zu nennen — wohl aber
stellt es seinen Gegenstand „durch Zeichnung, Motive
und Wahrheit der Farben so deutlich und erschöpfend
als möglich" dar. Dieses Zeugniß, von meinem ver=
storbenen Vater Cranach's Arbeiten ausgestellt, glaube
ich in gewissem Sinne auf die Arbeit meines Vaters
selbst übertragen zu können.

Daß es demselben daran gelegen war, so erschöpfend
als möglich darzustellen, dafür bietet die Herausgabe
dieses dritten Theiles einen Beweis. Derselbe ent=
hält die Arbeit von abermals funfzehn Jahren, in
denen der Verfasser immer noch an dem Gegenstande
fortarbeitete, das schon Gegebene erweiternd und Neues
hinzufügend. Der Umstand, daß er in engem An=
schluß an die beiden frühern gearbeitet ist, bewirkt
einerseits, daß er eine nothwendige Ergänzung zu den=
selben abgibt, andererseits aber auch, daß er kein

in sich geschlossenes Ganzes bilden kann. In Form von Nachträgen bringt er neue Nachrichten über das Leben des Meisters, eine Sammlung von Urkunden, für deren Auffindung Herr Archivar Dr. Burckhardt und Herr Archivsecretär Aue in Weimar dem Verstorbenen die bereitwilligste Hülfe geleistet haben. Ferner ist der Katalog der Bilder, Schnitte, Stiche von Cranach und der Darstellungen nach demselben ansehnlich vermehrt. Was die Erweiterungen hinsichtlich schon früher besprochener Gegenstände betrifft, so findet unter anderm die Frage über die Eigenhändigkeit der Holzschnitte namhafter Künstler, die Frage über die Albonack=Paris=Darstellungen neue Berücksichtigung. Am wenigsten dürfte der erste Abschnitt, die Anführung und Besprechung der Recensionen über die beiden ersten Theile, an dieser Stelle gerechtfertigt erscheinen. Man ist dies bei abgeschlossenen Werken nicht gewohnt und sieht Derartiges lieber in Zeitschriften versetzt. Jedoch sind gerade wesentliche Punkte z. B. in Kugler's Recension berührt und bringt dieselbe, sowie ihre Bekämpfung, manches für das Ganze Interessante. Im übrigen ist dieser Theil schon selbst zur Kunsthistorie, wenn ich so sagen darf, geworden, denn die beiden Streitenden — sie ruhen jetzt, und keiner wird in seinem Frieden durch die Kritik gestört werden.

Schon seit mehreren Jahren konnte mein Vater bis zu seinem am 10. August v. J. erfolgten Tode sich keiner Arbeit mehr unterziehen und somit mußte auch gegenwärtige ruhen. Deshalb wird ein oder das andere neuere Resultat vielleicht keine Berücksichtigung gefunden haben. Die Entdeckung eines derartigen Mangels darf man also nicht auf Kosten des verstorbenen Verfassers ausbeuten; ebenso wenig aber auch auf Kosten der Herausgeber, denn das Buch ist mit Pietät so herausgegeben, wie es mein Vater seit fünf Jahren ruhen ließ. Nur Einzelheiten sowie die Anordnung des Manuscripts mußten besorgt werden, um für dasselbe einen druckfähigen Zustand herbeizuführen.

Weimar, 1. October 1870.

O. Schuchardt.

Inhalt

des britten Theils.

Dritte Abtheilung: Supplemente.

Dritte Abtheilung.

Supplemente.

A. Einleitung.

Eigentlich lernen wir nur von Büchern,
die wir nicht beurtheilen können. Der
Autor eines Buchs, das wir beurtheilen
könnten, müßte von uns lernen.
Goethe.

Die folgenden Supplemente sind, der Anordnung
des Inhalts der beiden ersten Theile im allgemeinen
folgend, in vier Abtheilungen gebracht: 1) Biographisches.
2) Schüler Cranach's. 3) Nachtrag zu den Gemälden,
Handzeichnungen, Kupferstichen und Holzschnitten. 4) Urkunden. In der Einleitung habe ich die Beurtheilungen
der ersten beiden Theile und die Besprechungen einiger
streitigen Punkte zusammengestellt.

1) Beantwortung und Beleuchtung der Erinnerungen über die beiden erften Theile meiner Schrift: Leben und Werke Lucas Cranach's des Aeltern.

Da ich durch das Erscheinen der erften Theile dieser Schrift über Cranach den Aeltern diese Angelegenheit nicht als völlig erschöpft und endgültig abgeschlossen halten konnte, so forschte ich ruhig weiter und benutzte jede sich mir bietende Gelegenheit zur Vervollständigung und Berichtigung nach allen Seiten hin. Es mußte deßhalb besonders in meinem Interesse liegen, auf alles zu achten, was in Anzeigen, Beurtheilungen und sonft gelegentlich darüber geäußert worden; ich konnte und mußte nicht ohne Grund erwarten, daß ich auf manches aufmerksam gemacht würde, was mir bis dahin unbekannt geblieben, daß manche Seite berührt würde, wozu ich ohne dergleichen nicht angeregt worden, was mir entgangen wäre. Es würde jedoch unnütz gewesen sein, jede unbedeutende Kleinigkeit zu erwähnen, ich habe mich deßhalb nur auf solche Einwendungen, Bemerkungen, Nachträge und Einzelheiten beschränkt, die das Wesentliche des Inhalts betreffen, wobei ich nicht voraussetzen konnte, daß jeder, ter das Buch zur Hand nimmt, durch weitläufiges Nachforschen und, bei etwaiger Meinungsverschiedenheit, aus eigener Ueberzeugung über das Richtige sich entscheiden könne. Durch solche Aeußerungen für und wider, wenn sie nicht leidenschaftlich parteiisch vorgebracht werden, muß jedenfalls der Sache genützt werden. Dann schien es mir auch zweckmäßig, alles das gleich im voraus im Zusammenhange zu thun, damit man Ergänzungen und Nachträge, welche dieser dritte Theil gibt, mit dem nöthigen Vertrauen aufnehme, wenigstens mit der Ueberzeugung, daß der Verfasser alles gewissenhaft geprüft und nur nach eigener Anschauung und daraus gewonnener Ueberzeugung geurtheilt habe. Nur in zweierlei bin ich abzuweichen veranlaßt worden:

1) Habe ich die urkundlichen Notizen in einem besondern Abschnitt zusammengebracht, und zwar besonders aus dem Grunde, weil sie meist nur Rechnungen enthalten, ohne auf sonstige Lebensumstände Cranach's sich viel zu beziehen.

2) Dasselbe habe ich auch für einige in den Recensionen berührte Fälle beobachtet. Diese einzelnen Artikel sind den Bemerkungen und Erinnerungen, wie sie der Reihe nach vorkommen, angeschlossen.

Dr. Fr. Kugler.

Die ausführlichste Besprechung der ersten zwei Theile dieser Schrift rührt von dem 1858 verstorbenen Kunstgelehrten Dr. Fr. Kugler her, einem Mann, der sich in Kunstgeschichte, Kunstwissenschaft und Kritik einen geachteten Namen erworben hat. Sie erschien in dem „Deutschen Kunstblatt" (von Eggers), 1852, S. 47 fg.

Für jeden Autor, der seinen Gegenstand mit Ernst und Liebe behandelt, ist es ein besonders günstiger Fall, wenn seine Arbeiten von einem Manne beurtheilt werden, der aus eigener Thätigkeit und Erfahrung einen sichern und billigen Maßstab für ähnliche Bemühungen anderer hat, und deshalb mußte ich schon zufrieden sein, daß Herr Kugler sich dieser Arbeit unterzogen hatte.

Vorerst wiederhole ich hier aus dieser Beurthei-lung das zusammengefaßte allgemeine Urtheil über das Buch:

„In der deutschen Kunstgeschichte gibt es, wie jeder-mann bekannt, noch ungemein viel aufzuräumen, zu klären, zu sichten und zu lichten. Meister Lucas Cranach und seine Gesellenzunft, die Werke, die von ihm herrühren und die den Stempel seiner Richtung tragen, gehören wesentlich hierher. Der ehrliche Meister Lucas ist bisher ein wahres Kreuz für den Kunsthistoriker gewesen. Wir und besonders wir Leute in Norddeutschland, wo Bilder seines Gepräges so häufig verbreitet sind, meinen ihn ganz wohl zu kennen. Nichts spricht sich leichter aus, als der allgemeine Charakter dieser Bilder, und nirgends fast ent-schwindet uns, wenn wir die individuelle Persönlichkeit des Künstlers festhalten wollen, der Faden leichter als vor ihnen. Wollen wir aufrichtig sein, so müssen wir be-kennen, daß bisher für uns der Name Lucas Cranach zumeist noch die Bezeichnung eines Collectivbegriffes war. Dies liegt vorerst einfach darin, daß es bisher noch an einer gründlich kritischen Arbeit über Meister Lucas und die große Zunft, die sich um ihn reiht, fehlte. Aber jenes verwirrende Verhältniß und der seitherige Mangel der erforderlichen kritischen Arbeit hat zugleich seinen tiefern Grund darin, daß die ganze künstlerische Richtung und

Wirksamkeit, welche der Collectioname Cranach bezeichnet, bei all ihren oft so anziehenden Eigenthümlichkeiten eine vorherrschend zunftmäßige ist, und daß es somit umfassender Vorbereitungen und sorglich durchgeführter Specialstudien bedarf, um allmählich die ganz selbstthätige Meisterhand von der seiner Mitarbeiter, seiner Gesellen, seiner stereotypen Nachahmer unterscheiden zu lernen. Mit um so größerm Danke haben wir das in der Ueberschrift genannte Werk aufzunehmen, welches uns hierzu endlich die Wege bahnt. Der Titel desselben ist freilich nicht ganz genau; er sagt ein wenig zu viel. Der Verfasser gibt uns nicht Cranach's Leben, sondern die Materialien zu dessen Schilderung; er gibt uns nicht eine Beschreibung seiner Werke überhaupt, sondern nur derer, welche ihm durch eigene Ansicht bekannt geworden, also z. B. nichts Näheres über die zum Theil doch sehr wichtigen Bilder von Cranach's Hand, die sich außerhalb Deutschlands befinden. Dies beeinträchtigt indeß den Werth in keiner Weise; im Gegentheil bestimmt sich derselbe von vornherein dadurch, daß uns überall das strengste kritische Bestreben entgegentritt, und es somit überall ein möglichst gesicherter Boden ist, den wir an der Hand des Verfassers betreten.

„Wir wenden uns in näherer Betrachtung des Werkes zunächst zu der «Lebensbeschreibung Cranach's», welche den Hauptabschnitt des ersten Theils ausmacht. Die allgemeinen Züge von Cranach's Leben sind uns aus frühern Werken bekannt; aber diese Darstellungen sind mehr oder weniger getrübt, wie durch unverbürgte Ueberlieferungen, die zum Theil den Stempel späterer Erfindung tragen, so durch ungenügende, nicht selten auch fehlerhafte Benutzung der vorhandenen literarischen

Quellen. Herr Schuchart ist überall mit genauester Sorgfalt und Umsicht auf diese Quellen zurückgegangen und hat von ihnen an den entsprechenden Stellen stets den charakteristischen Gebrauch zu machen gewußt. Ebenso hat er manches der Art, was bisher ganz übersehen, aber von wesentlicher Bedeutung für Cranach's Leben war, eingereiht, vor allem aber eine große Menge archivarischer Notizen und Urkunden, besonders aus den weimarischen Archiven beigebracht, aus denen sich zum Theil höchst charakteristische und bezeichnende Beiträge für das Leben und die Wirksamkeit des alten Meisters ergeben. So durfte der Verfasser mit gutem Rechte sagen, daß der größte Theil seines Buches, schon in dieser Beziehung, neu ist; wer von Cranach's Leben eine Anschauung gewinnen will, wird fortan nur dieses Werk als gültige Quelle betrachten können.‟

Wenn Herr Kugler dann ferner bemerkt, daß sich aus alledem und anderm, was er anführt, ergebe, „daß sich das Buch mehr für das Specialstudium als für Lektüre eigne‟, so muß ich das im ganzen als richtig zugeben. Das letztere zu erzielen, konnte unter den obwaltenden Verhältnissen gar nicht in meiner Absicht liegen und hätte der Sache geschadet. Zuerst schien es mir unerlaßlich, daß alles Falsche, was über Cranach überhaupt in Curs war, gründlich beleuchtet, alles Neue, Urkundliche mitgetheilt, und dann die Meinung über seine Werke und deren Eigenhändigkeit zuerst durch sichere Anhaltepunkte gestützt werde. Hätte ich das von vornherein in Zusammenhang mit einer Erzählung seiner Lebensumstände bringen wollen, so würde das, wenn es mit dem irrthümlich als bekannt Verbreiteten und danach als richtig Angenommenen vermischt worden wäre, eine noch erfolg-

losere Lektüre geworden sein. Deshalb *) habe ich ein-
gangs eine allgemeine Ansicht über Cranach gegeben und
einzelne dabei zu beachtende Punkte aufgestellt, und dann
chronologisch Jahr nach Jahr alles zur Sprache gebracht,
was mir bekannt wurde und was für meine Absicht
paßte und ich mitzutheilen für durchaus nöthig erachtete.
Daraus habe ich die Resultate gezogen und festzustellen
gesucht. Später, wenn durch das alles sich eine begründete Meinung gebildet hat, dann kann man ein Buch
machen, was nicht blos für Kunsthistoriker, sondern auch
für Kunstkenner und Kunstliebhaber im allgemeinen unter-
haltend und lesbar ist. Wem jetzt schon an einer allgemeinen Uebersicht gelegen ist, dem wird es nicht schwer
werden, eine solche zu gewinnen, wie Herr Kugler selbst
beweist, der eine Folge der einzelnen Momente aufgeführt
hat. Es wird das überhaupt ein jeder intelligenter Mensch
ohne weiteres auf seine Weise und nach seinem speciellen
Interesse von selbst ausführen, ja es wird dies jeder bei
jedem Buche thun müssen.

Bevor ich nun an die Erklärung über einzelne Einwendungen gehe, muß ich besonders hervorheben, daß
Herr Kugler mit Anerkennung, Unparteilichkeit, Offen-
heit und ohne die übliche widerliche Ueberhebung der gewöhnlichen Quasi-Recensenten verfahren ist. In gleicher
Weise habe ich das alles beachtet, und es thut mir deshalb
doppelt leid, daß der Mann nicht erlebt hat, aus diesen
Erklärungen und Nachträgen ersehen zu können, wie ich
mich bemüht habe, seinen Wünschen, soweit es unter

---

*) Die sogenannten lesbaren interessanten Künstlergeschichten und
Künstlerromane haben der Kunstgeschichte viel geschadet, wenn auch
nicht bei Leuten, denen an der Wahrheit gelegen ist.

den jetzigen Verhältnissen möglich und soweit es in
meinen Kräften stand und meiner Ueberzeugung nicht
entschieden entgegen war, zu entsprechen. Diese Wünsche beziehen sich meist auf Unterlassenes und Nach-
zuholendes, sowie auf einige Verschiedenheiten der Meinungen über einzelne Punkte und allgemeine Ansichten,
besonders einige kunstgeschichtliche Fragen.

Jede derartige Arbeit hat selbstverständlich eine Lebens-
geschichte, und es würde sich schon durch ausführliche Mittheilung derselben manches Abweichende und Nichtbefrie-
digende erklären, doch hätte das wahrscheinlich nur für
wenige, vielleicht nur für solche ein Interesse, die an
dem Verfasser und seiner Thätigkeit persönlich theil-
nehmen, oder etwa solchen, die auf demselben Wege bei
ihrer Bildung und bei ihren Arbeiten wandeln.

Im allgemeinen hat Dr. Kugler erinnert, „daß die
große Zahl von Urkunden und archivalischen Auszügen
in ein besonderes Urkundenbuch hätte zusammengebracht
werden sollen". Im ganzen, in Beziehung auf einen
großen Theil derselben, muß ich das für zweckmäßig anerkennen, für einen andern Theil könnte ich mich noch
heute nicht dazu entschließen, weil mir das wörtliche
Aufführen im Context am passenden Ort zweckentsprechen-
der erschien. Jeder urkundliche Nachweis unmittelbar
an der betreffenden Stelle hat mehr Kraft, und der Leser
hat ohne Mühe des Nachschlagens, was er meistentheils
aus Bequemlichkeit unterläßt, den Beleg zur Hand.
Wie der Verfasser davon Gebrauch gemacht für einen
bestimmten Punkt, darüber kann er ohne weiteres sich
ein Urtheil bilden. Da es sich jetzt bei diesem dritten
Theile meist nur um solche Gegenstände handelt, die
in den frühern Theilen schon besprochen sind, so habe

ich diesem Wunsch auch und deshalb entsprochen, weil
es manche gibt, denen das Urkundliche als solches aus
anderweiten Gründen selbständiges Interesse hat. Ein
lateinisches Trostgedicht an Cranach bei dem Tode seines
ältesten Sohnes Johann Lucas hat dem Herrn Recensen-
ten nach verschiedenen Seiten großen Anstoß gegeben,
d. h. die von mir unternommene Uebersetzung in deutsche
Verse. Darüber kann und mag ich nichts sagen; das
Gedicht, wenn es auch seinem Zweck in jener Zeit gemäß bombastisch und im allgemeinen leer ist, bleibt doch
ein sehr wichtiges Document, weil es die einzige Nachricht und Quelle über Cranach's ältesten Sohn als Künstler
ist, und weil es bisjetzt ganz unbekannt war. Daß der
Sinn der Uebersetzung richtig ist, darüber habe ich
mich überzeugt, da ich es zwei Philologen zur Durchsicht gab und es mit ihnen Wort für Wort durchsah.
Dem einen Beispiel, welches der Herr Verfasser als Beleg
für seine Meinung als für unrichtig übersetzt angibt, kann
ich nach sorgfältigster Prüfung auch heute noch nicht beistimmen, und auch andere stimmten mir bei. Es wäre
deshalb mir sehr lieb gewesen, wenn Herr Kugler seine
Uebersetzung beigefügt hätte. Ich wiederhole daher ausdrücklich, daß ich nur den Sinn habe wiedergeben wollen,
nicht aber eine wörtliche genaue Uebersetzung liefern. Daß
es eine classische Uebersetzung in Hexametern sei, das
habe ich keinen Augenblick geglaubt, es war mir um den
Inhalt zu thun und ich glaubte das Leere, Bombastische
im lateinischen Gedicht durch einen Verstakt im deutschen
ebenfalls zu mildern, habe deshalb auch nur die für meine
Absicht einen Anhalt bietenden Zeilen übersetzt. Die ge-
lehrten Leser werden das schon durch Uebergehen zu beseitigen wissen und nur die paar sachlichen Belege darin

allein berücksichtigen. Herr Kugler gibt selbst zu, daß
ich diese mit Umsicht benutzt habe.

Was die Bemerkung betrifft, daß aus der Fülle der in
den vielen Urkunden genannten Werke nur in den seltensten
Fällen auf vorhandene Werke von seiner Hand ein Bezug
zu nehmen sei, so ist diese so allgemein nicht richtig; es lassen
sich eine nicht geringe Zahl nachweisen und sind nachgewiesen, die in den Urkunden genannt sind und unter
den von mir verzeichneten vorhandenen sich wieder erkennen lassen und nachzuweisen sind. Wo das aber auch
nicht der Fall ist, so können die urkundlichen Notizen mit
Berücksichtigung der Jahre auf den Bildern einen Anhalt
bieten, wie das oft von mir benutzt ist, und zu weitern
Forschungen veranlassen. Wären aber nur wenige sicher
nachzuweisen, so sind diese doch deshalb von der größten
Wichtigkeit, da von einem solchen Anhalt mit Sicherheit
weiter geforscht werden konnte, und da die in den
Urkunden genannten zu Nachforschungen einen Anhalt
bieten.

Ich hatte ferner geäußert, Gunderam möchte ein
Compliment gegen den jüngern Cranach beabsichtigt haben,
als er in der erwähnten Denkschrift (S. 1) den Fall an-
führte, wie der Kaiser in Zweifel gewesen sei, ob eine
ihm auf dem Reichstage zu Speier geschenkte schöne Tafel
von Cranach dem Aeltern oder vom Sohne herrühre.
Herr Kugler hat dies für eine des Magisters unwürdige
und unschickliche Schmeichelei erklärt, da man dessen
Angaben überhaupt, also auch hier unbedingten Glauben
schenken müsse, und daß das Urtheil der Fürsten, die es
ausgesprochen haben sollten, doch immer beachtenswerth
bliebe. Ob Gunderam ein solches Urtheil überhaupt für
möglich gehalten habe und also wahrscheinlich, weiß ich

freilich nicht; dann aber hätte er selber wenig Urtheil gehabt, er, der doch mit beiden Künstlern zusammen gelebt hatte. Nimmt man nun dazu, daß Chyträus diesen Vorfall mit dem Kaiser Karl in Pistritz ganz in derselben Weise erzählt, aber des fraglichen Umstandes mit keiner Silbe gedenkt, so macht das doch auch etwas bedenklich. Der Zweifel an meiner Vermuthung kann schließlich seinen Grund doch nur darin haben, daß er selber, aus Mangel an gründlichen Studien, ein solches Urtheil für nicht so ganz unwahrscheinlich hält, und es fragt sich noch, ob Gunderam das Bild, wovon die Rede ist, kannte. Ja, es sind selbst in unsern Tagen, die doch kunstgebildeter sein wollen und nach mancher Seite auch sind, dergleichen Urtheile noch alle Tage zu hören. Zudem konnte Gunderam ganz anderer Meinung sein und den Vorfall doch, vielleicht gerade deshalb erzählen, er konnte die Sache, das fragliche Bild recht gut kennen.

Ein Schreiben des Kurfürsten Johann Friedrich an seinen Sohn Joh. Friedrich den Mittlern d. d. Innsbruck, den 27. November 1551, worin er meldet, daß Cranach der · Jüngere ihn um Bezahlung der fünf Tafeln gemahnt, welche sein Diener 1547 zu Augsburg an ihn verkauft habe, scheint meine Angabe auch zu bestätigen, ob es gleich nicht als entschieden angenommen werden ǀkann, daß der Diener des jüngern Cranach nicht auch Gemälde des ältern zum Verkauf nach Augsburg gebracht habe. Die Forderung betraf 30 Thaler für fünf Tafeln und zwei Conterfei, wie auf dem Rücken des Schreibens angegeben ist, allerdings ein mäßiger Preis.

Was den Vorwurf betrifft, daß ich ein historisches Verzeichniß von Cranach's Werken, wie ich es Thl. II, S. 9

der Einleitung versprochen habe, nicht gebracht, so ist er theilweise wahr; ich habe nur I. ein Verzeichniß der im ersten
Theile, in Urkunden und Rechnungen erwähnten Gegen=
stände gegeben, II. ein Verzeichniß der im zweiten Theile
beschriebenen, von mir selbst gesehenen Gemälde, Aquarellen
und Zeichnungen. Beide sind nach Gegenständen geordnet,
um die Gelegenheit des Vergleichens von urkundlich ge=
nannten und den noch existirenden zu bieten. Im III. Ver=
zeichniß habe ich alle in dem Buche vorkommenden Namen
angegeben. Hätte ich bei I. die Gegenstände der Reihe
nach aufgeführt, wie sie der Chronologie nach im ersten
Theile vorkommen, so würde sich hier eine historische
Folge in gewissem Sinne von selbst ergeben haben, es
würde aber das Aufsuchen zum Zweck der Vergleichung
mit den im zweiten Register genannten Gegenständen er=
schwert worden sein. Jetzt werde ich dem ausgesprochenen
Wunsche, soweit es möglich ist, zu entsprechen suchen;
nur kann ich mich auch jetzt nicht, nach wiederholter
Prüfung meiner angegebenen Erfahrungen, dazu ent=
schließen, alles, was ich irgendwo in so oft unzuverlässigen
Katalogen u. s. w. gefunden habe, anzuführen. So sind selbst
in Zeitblättern für Kunst Bilder als Cranach'sche beschrieben
worden, die aus einer viel spätern Zeit stammten und kaum
an Cranach erinnerten. Man sehe nur das Heller'sche Buch
an, worin nicht zwanzig von den angeführten Bildern nach=
zuweisen und nicht viel davon dem Cranach angehören. Ich
habe sonst alle die Bilder aufgesucht und die abgeschmack=
testen Dinge gefunden.

Was die Werke des jüngern Cranach betrifft, so
werde ich dieselben nur bei bestimmten Anlässen nennen,
sonst ganz aus dem Verzeichniß ausschließen, weil sie in
die Lebensbeschreibung dieses gehören und weil die von

mir beabsichtigte Trennung beider Cranache dadurch nur verwirrt und gestört würde, was später, wenn diese erst als bekannt und anerkannt feststeht, viel leichter zugleich abgehandelt werden kann. Bisjetzt gibt es keinen äußern zwingenden Grund dazu, da die urkundlichen Notizen über beide Cranache fast nirgends einen solchen bieten, wenn nicht durch Unachtsamkeit einiger Schriftsteller, wie in neuester Zeit ein Fall durch Sotzmann (s. u. unter den Bemerkungen über dessen Recension meiner Schrift) veranlaßt worden ist, die Werke beider Meister mit einander verwechselt und dadurch Streitigkeiten über die Urheberschaft des einen oder des andern Bildes veranlaßt würden. Deshalb muß dieses Kapitel erst festgestellt sein.

Die Erinnerung wegen der Bilder in Wittenberg, daß ich nur das Altarbild in der dortigen Kirche erwähnt habe, ist ganz einfach dadurch beantwortet, daß ich keins der übrigen Bilder und auch das Altarbild nur bedingt für ein Werk des ältern Cranach erkennen konnte. Einiges deshalb ist schon in den beiden ersten Theilen erwähnt und wird an betreffender Stelle auch in den folgenden Nachträgen berührt werden. *)

Was Dr. Kugler S. 60 seiner Beurtheilung gegen meine ausführlichen Angaben über das weimarische Altargemälde angibt, habe ich in einem besondern Artikel (s. unter 2) beantwortet. Ebenso habe ich seine Bemerkungen über ein Gemälde, das das Urtheil des Paris darstellt, nach andern eine englische Sage von dem König Alfred von Mercia und dem Ritter Wilhelm von Albonack mit seinen drei schönen Töchtern, in einem andern Artikel (s. unter 3) besprochen.

---

*) Man sehe weiter unten unter den Nachträgen unter Wittenberg.

Noch hat Dr. Kugler sich gegen meine in der Ein=
leitung zum Verzeichniß der Cranach'schen Kupferstiche
und Holzschnitte (II, 163) über die Eigenhändigkeit von
Holzschnitten der großen Künstler des 15. und 16. Jahr=
hundert ausgesprochene Meinung erklärt. Dieser Punkt
wird sich nie ganz erledigen lassen, solange beide Parteien
ihre Meinung für die absolut und allein richtige angesehen
haben wollen.

Dr. Kugler sagt nun, daß ich mich in diesem Streite
entschieden auf Seite der Vertheidiger der Eigenhändig=
keit gestellt habe. Das wäre nur dann wahr, wenn er
selbst sich absolut zur entgegengesetzten Meinung bekannt
hätte, d. h. daß er leugnete, daß die Künstler wie Dürer,
Cranach u. a. niemals das Schneidemesser selbst gehand=
habt hätten.

Ohne das für und wider Vorgebrachte zu wieder=
holen, behaupte ich: diejenigen, welche die Eigen=
händigkeit bei den auf unsere Zeit gekommenen Holz=
schnitten der alten Meister absolut und ohne Ausnahme
leugnen, sind im Unrecht; daß ich mich für dieselbe als
die allein und ohne Ausnahme richtige Meinung erklärt
habe, wird niemand nachweisen können. Schon der Um=
stand, daß ich viele Holzschnitte Cranach's, die sein
Zeichen tragen, nicht für eigenhändige erklärt habe, so=
daß sogar Herr Sotzmann, ein Gegner der Eigenhändig=
keit, sich gegen mich erklärte (vgl. unten), zeugt für die
Falschheit dieser Angabe.

Der Hauptgrund in dieser Angelegenheit, wenn man
die innern Gründe beiseiteläßt, scheint mir folgender:
der Kupferstich wie der Holzschnitt sind bei ihrem Beginn
keine vervielfältigenden Künste, wie in spätern Zeiten,
es sind selbstständige Kunstgattungen. Man betrachte die

früheſten Producte beider Gattungen und man wird
1) bekennen müſſen, daß es nur Künſtler waren, die ſie
übten, ſelbſt bei den geringern Producten; 2) wird
niemand die Originale nachweiſen, nach denen ſie gefertigt ſind. Das geht ſo weit, daß man noch jetzt und
mit Recht an der Originalität eines Gemäldes von
Dürer, Cranach u. a. zweifelt, wovon ein Kupferſtich
oder Holzſchnitt deſſelben Meiſters exiſtirt, d. h. ein ſolcher,
der als genaue Copie deſſelben Gegenſtandes eines Gemäldes deſſelben Meiſters gelten kann. Die früheſten
Kupferſtiche und Holzſchnitte waren eigene, für die Dar-
ſtellungsmittel berechnete und denſelben entſprechende Kunſtwerke. Die alten Künſtler waren in ihren Begriffen darüber
unendlich klarer: ſie wollten keine Kunſtſtückchen, ſondern
Kunſtwerke ſchaffen. Es kann ſogar jetzt noch kein Kupferſtich als ein genaues Facſimile eines Gemäldes betrachtet
werden, wonach er gemacht iſt, er kann nur als Zeichnung
und in Helldunkel überſetzt in Betracht kommen. Man
vergleiche nur mehrere Kupferſtiche nach demſelben Bild
von verſchiedenen gefertigt, und man wird das zugeben.
Ausdrückliche Angaben darüber ſind deshalb nicht vorhanden, weil man das für eine Sache betrachtete, die ſich
von ſelbſt verſteht, worüber niemand anders dachte.
Die Incunabeln der Kupferſtecher- und Holzſchneidekunſt
wird wol niemand als Facſimiles von Gemälden und
Zeichnungen erkennen. Copien, in gewinnſüchtiger Abſicht
gemacht, können und werden wol nicht als Gegenbeweis
angeſehen werden, und davon gibt es in früherer Zeit nur
ſehr ſeltene einzelne Beiſpiele.

Mit den Radirungen hat es dieſelbe Bewandtniß:
Man wird in den früheſten Producten dieſer Gattung
nur den productiven Künſtler erkennen, ja man hat ſich

in neuester Zeit besondere Mühe gegeben, von den großen
Künstlern Originalradirungen und Originalstiche aufzufinden wie von Rafael, Tizian, Leonardo u. s. w. Unsere Zeit
hat darin andere Ansichten oder vielmehr Moden, sodaß
es wol einem Posaunisten einfällt, ein Violinconcert
zu blasen, ein Dichter eine Anekdote als Stoff zu einem
Epos oder einer Ode verbraucht, oder ein Bildhauer die
feinsten Spitzen in Marmor meißelt und ein solches Kunst-
stück von dem Publikum bis in den Himmel, wie man
zu sagen pflegt, erhoben wird. Einen urkundlichen Beleg wird man aber doch für Cranach darin finden, was
ich für einen andern Zweck, in einem Artikel über die
Erfindung des Golddruckes (in Naumann's „Archiv für die
zeichnenden Künste", 1858, S. 295), gesagt habe *): Es
wird doch niemand leugnen, daß das, was Peutinger sagt:
daß Cranach Proben von solchem Golddruck gemacht und
dem Kurfürsten Friedrich III. dem Weisen zugeschickt habe
und dergleichen in Augsburg habe nachmachen lassen, für
die Eigenhändigkeit Cranach's spreche. Daß sich bald
handwerksmäßige Holzschneider bildeten oder Künstler, die
diesen lohnenden Kunstzweig ergriffen, wird niemand
leugnen können und wollen. Wie früh das geschehen,
weiß ich nicht. In den erwähnten Nachrichten über Peutinger kommen (1507) einige Nachweise darüber vor,
daß es in Augsburg dergleichen Holzschneider gab, die
aus den Niederlanden dahin gekommen, wie Jobst de
Necker. **) Ebenso wenig würde es genau nachzuweisen
sein, wie lange es noch Künstler gegeben, welche fort-

---

*) Man sehe weiter unten in dem betreffenden Kapitel.

**) Diese Notiz ist auch für weitere Nachforschungen über die
Behauptung wichtig, daß die Holzschneidekunst in den Niederlanden
frühzeitig geübt worden.

fuhren ihre eigenen Erfindungen in Holz zu schneiden, vielleicht so lange, als es ein lohnenderer Erwerb war, und wenn sie als Maler keine Beschäftigung fanden. Ebenso läßt es sich denken, daß sie selbst zum Schneide= messer griffen, wenn sie an Orten lebten, wo es keine Holzschneider gab, oder keine solchen, die den Anforde= rungen des Künstlers genügten. Gewiß lassen sich in unserer Zeit Beispiele nachweisen, wo Künstler eine oder die andere ihrer Compositionen in Holz geschnitten haben, sowie es unter den frühern Niederländern und Italienern Beispiele gibt.

Die Einwendung, daß die großen Künstler, wie Dürer, Cranach u. a., keine Zeit gehabt hätten, selbst das Schneide= messer zu handhaben, ist meiner Ansicht nach das Schwächste, was man angeführt hat. Zum Kupferstechen, dem weit Mühsamern hatten sie Zeit. Warum denn? Ja das ist eine weit schwierigere, weit vorzüglichere Kunst! Da liegt der Hase im Pfeffer! Schwierigere? zugegeben; vorzüglichere? nur für diejenigen, die das Technische höher schätzen als die Kunst! welche die Kunst nur in der größern technischen Geschicklichkeit finden!

Danach läßt sich auch der oben angeführte Zweifel an der Originalität eines Dürer'schen Gemäldes erklären, wenn davon zugleich ein Holzschnitt oder Kupferstich von Dürer existirt. Auch von Cranach kenne ich keinen Fall, wo beides zugleich oder ganz in derselben Weise vorkommt. Man wird deshalb nicht irren, wenn man beides zugleich findet, wenn man eins oder das andere nicht von Cranach's Hand hält.

Wenn man diese Annahme auch nicht ohne alle Ausnahme als richtig anerkennen wollte, so liegt doch in der Sache selbst ein zureichender Grund. Eine neue Kunstgattung kann nur von der Kunst, von dem Künstler

ausgehen, am allermeisten in frühern Zeiten. Man
kann nicht dagegen anführen, daß es schon zu Cranach's
Zeiten Holzschnitte gab, wozu dessen Compositionen benutzt waren; wenn man diese genauer betrachtet und mit
den Originalen vergleicht, so sprechen dieselben gerade
für die angeführte Meinung: man wird darin immer nur
eine Benutzung der Vorbilder finden, eine Copie im
heutigen Sinne nicht; ja diese Nachahmer suchten meist
durch Veränderungen, mit Absicht oder aus Unvermögen,
dergleichen völlige Aehnlichkeit zu vermeiden.

Wenn aber Herr Kugler sagt, daß ihm dabei die
Holzschneider von heute leidthäten, denen danach keine
Aussicht auf Ehre und Erfolg bleibe, und daß es danach
in Frage bleiben würde, ob die sowol technisch eleganten
als künstlerisch frei und naiv gearbeiteten Holzschnitte zu
den Werken Friedrich's des Großen von Menzel oder von
Unzelmann und den beiden Vogel geschnitten seien, so muß
ich darauf bemerken, daß dies obige Frage eigentlich gar nicht
berührt. Auf solche Weise kann man viele Fragen über
frühere und jetzige Kunstübung verwirren *), wie das
neuerlich z. B. mit Peter Vischer und seinen Söhnen geschehen sollte, die man auch nur als Rothgießer hinstellen
wollte. Wenn Vischer, meinte man, ein so bedeutender
Künstler gewesen wäre, als wofür er nach den ihm zu-
geschriebenen Werken gilt, so würde er sich nicht herbei-
gelassen haben, den Rothgießer zu machen. Jetzt thue

*) Die frühere Art in Holz zu schneiden, und die jetzige sind
vollständig verschieden, sodaß man jetzt von Holzschnitt gar nicht
mehr reden kann, sondern nur von Holzstich. Wollte man das
aber nicht gelten lassen, so könnte man doch nur das Material
und die Gattung des Abbruckes als gleich mit der frühern Weise
betonen.'

das auch kein Künstler, wenn nicht gerade ein Künstler
Neigung und Talent hat, ein Erzgießer zu werden.

Ueber das Verdienst der neuern Holzschneider läßt sich
gar nichts allgemein Gültiges sagen. Künstlerisch be-
deutendere Werke werden von den Künstlern selbst auf
den Holzstock gezeichnet oder in neuester Zeit durch Photographien auf den Holzstock gebracht, und der Holzschneider
wird nur einen höhern oder geringern Grad des Ver-
ständnisses, der Empfindung und Beherrschung seines
Instrumentes beweisen können. Ist ein Holzschneider im
Stande, eigene Compositionen zu schneiden, ist er ein
productiver Künstler, so wird man sein Verdienst als
letzterer in den Vorgrund stellen müssen. Auch derjenige
Holzschneider wird ein größeres Lob verdienen als ein
blos handwerksmäßiger, der so weit künstlerisch gebildet
ist, daß er eine Zeichnung, ein Gemälde eines andern
in einen Holzschnitt selbständig und gut übersetzen kann.
Dem productiven Künstler, dessen Werk er herausschneidet,
wie der genannte doch nur gethan, wird man ihn nicht
gleichstellen, so geschickt er auch ist.

So lassen sich eine Menge verschiedener Stufen denken,
das Verdienst der Holzschneider größer oder geringer.
Unsern Nachkommen liegt es nun ob, diese mehr oder
mindern Verdienste zu würdigen, und sie sind deshalb
in besserer Lage als wir, weil die Holzschneider jetzt
meist selbst mehr wie früher für Fortpflanzung ihres
Ruhmes auf die Nachwelt durch Beifügung ihres Namens
sorgen und weil sich kein einigermaßen bedeutendes Product finden wird, das nicht in Kunstblättern und Zeitschriften nach allen Richtungen besprochen wäre. Ja
man findet bei vielen Producten, dessen Originale man
als allgemein bekannt annimmt, wol den Holzschneider,

nicht aber den Künstler angegeben, nach dessen Werken sie geschnitten sind.

Was zuletzt gegen die allgemeine Würdigung von Cranach's Verdiensten und dessen Kunstcharakter gesagt ist, was die Zurückweisung meiner Aeußerungen betrifft, über das, was in Kugler's „Kunstgeschichte", zweite Auflage, gesagt ist, so kann dergleichen nicht ausbleiben, und es wäre besser, es zu unterlassen, wie ich das Bedenkliche eines solchen Unternehmens auch gefühlt und ausge= sprochen. Jeder Mensch wird vorzugsweise von einer bestimmten Seite angesprochen und er legt den Accent darauf; einen andern spricht diese gerade gar nicht an; er hat dafür kein Werkzeug, und so entsteht die Verschiedenheit, die auseinandergeht und schließlich doch zur Vervoll= ständigung beiträgt. Goethe sagt: „Wir unternehmen umsonst das Wesen eines Dinges auszudrücken. Wir= kungen werden wir gewahr, und eine vollständige Geschichte dieser Wirkungen umfaßte wol allenfalls das Wesen jenes Dinges. Vergebens bemühen wir uns, den Charakter eines Menschen zu schildern; man stelle dagegen seine Handlungen, seine Thaten zusammen, und ein Bild des Charakters wird uns entgegentreten." Am allerwenigsten wird es jemand gelingen, den Charakter eines Künstlers als Extract seines ganzen Wesens in einem einzigen Ge= sammtbegriff zu vereinigen und kurz auszusprechen. Das hindert die Mannichfaltigkeit der Leistungen in dem ganzen Verlauf seiner Entwickelung, das hindert die Individualität der Betrachter, wovon jeder das in den Werken des Künstlers sehen wird, was in den Kreis seiner Fähig= keiten fällt, was ihn an dem Künstler anzieht, was seinem Innern homogen ist, oder was ihn abstößt; deshalb ist es eben gefährlich, eine allgemeine Meinung auszusprechen,

der andere wird leicht finden, daß dabei vieles einzelne
unbeachtet oder nicht genug beachtet sei. Ein längerer
Verkehr darüber in Gegenwart der besprochenen Werke
würde diese Verschiedenheit der Meinungen unter verständigen Leuten aufheben oder wenigstens mildern. Besser
wird es gelingen, sich ein Bild unsers Künstlers zu
verschaffen, wenn man seine Aeußerungen, seine verschiedenen Werke in den verschiedenen Perioden an sich
und im Zusammenhalt mit andern von ihm und seinen
Zeitgenossen betrachtet.

Herr Sotzmann

hat in den „Blättern für literarische Unterhaltung", 1852,
Nr. 11, ebenfalls eine weitläufigere Anzeige meines Buches
geliefert, die etwas cavalièrement abgefaßt ist. Es wird
darin Bekanntes und bis dahin Unbekanntes nachein-
ander aufgeführt, ohne daß man erfährt, ob er denn schon
alles vorher gewußt oder ob er es erst aus dem Buche
erfahren und nur hier und da einen Seitenhieb gelegentlich auszutheilen für interessant und gescheit gefunden
habe, ohne daß derjenige, der mein Buch nicht genau
kennt, herauszufinden im Stande wäre, ob das Herr
Sotzmann nicht alles schon vorher und alles viel besser gewußt habe, oder gar nicht. Nun, es ist das auch eine
Manier; was für eine aber, überlasse ich dem geneigten
Leser zu bezeichnen.

Wer Herrn Sotzmann's literarische Thätigkeit ver-
folgt hat, wird über Einen Punkt im Klaren sein: Derselbe stellt seine Behauptungen immer als unumstößlich
auf; werden dieselben nun von andern noch so gründlich
widerlegt, so kümmert das ihn nicht: bei nächster Ge-

legenheit wiederholt derselbe sein altes Credo, als sei
gar nichts vorgefallen. Eine solche Rechthaberei fördert
die Sache nicht und den Schreiber noch weniger. Dies
vermag nur die Prüfung der vom Gegner angeführten
Gründe, ohne vorgefaßte Meinung.

Ich wüßte darüber nichts weiter zu sagen, als etwa
einige der vornehmen Seitenhiebe näher anzusehen, ob
sie getroffen haben oder in die Luft gethan sind.

1) Herr Sotzmann beschuldigt mich, daß ich in Ab=
rede gestellt habe, „daß die Abbildungen der wittenberger
Heiligthümer 1509 von Cranach's Hand seien", und be=
hauptet dagegen, daß dieselben eine seiner besten und
echtesten Arbeiten seien.

Sollte nicht jedermann daraus abnehmen, daß Herr
Sotzmann, der entschiedenste Widersacher gegen die Eigen=
händigkeit der frühern Holzschnitte, hier dafür in die
Schranken trete? Doch das soll nicht geschehen, wir
kennen seine strenge Meinung gegen diese von ihm als
völlig irrig erkannte Annahme. Wo aber hat denn der=
selbe gefunden, daß ich in Abrede gestellt habe, es sei
das Werk ein Cranach'sches? Wäre das der Fall, so
hätte ich es nicht weitläufig besprochen. Dann aber habe
ich S. 266 den Antheil Cranach's daran nach meiner
Ueberzeugung angegeben, und Herr Sotzmann hätte eher
den Spieß umdrehen und sagen können, daß ich dadurch
der Eigenhändigkeit der Cranach'schen Holzschnitte einen
Stoß gebe. Ferner habe ich bei den einzelnen vorzüg=
lichen Blättern dieses Büchleins immer meine Meinung
für Cranach ausgesprochen. Seite 260 Nr. 33, S. 261
Nr. 39, 40 und 44, S. 264 Nr. 74, 75 und 76,
S. 266 Nr. 99, S. 267 Nr. 102, 103, S. 268,
Nr. 106, 107, 111 und 112. Seite 257 habe ich deshalb

im allgemeinen bemerkt: Vergleicht man die in dem Buche enthaltenen Abbildungen unter sich und mit andern Cranach'schen Holzschnitten aus jener Zeit, so wird man eine große Verschiedenheit bemerken und die meisten wol schwerlich für seine Arbeiten erkennen wollen, besonders die einfachen Gefäße und Monstranzen, die skizzenhaft und mit wenig Sorgfalt gezeichnet sind. Auch von den meisten Figuren, selbst wenn man berücksichtigt, daß sie nach metallenen Arbeiten gezeichnet sind, wird niemand glauben, daß sie Cranach gezeichnet oder gar in Holz geschnitten habe. Von andern dagegen muß man beides annehmen. Ueberhaupt wird man doch glauben, daß Cranach, der immer eine große Zahl von Gesellen hatte, oft 16, wie im ersten Theile urkundlich angeführt ist, diese zu den vorkommenden Arbeiten gebraucht haben wird.

Wie konnte danach und nach mehrern gleichen Aeußerungen irgendein Mensch zu der angeführten Bemerkung kommen? Ich habe auch bisjetzt noch keinen Grund gefunden, meine Meinung darüber im allgemeinen zu ändern.

Ein Facsimile von einer der Zeichnungen Cranach's zu den Martern der zwölf Apostel, das sich in dem zweiten Heft der von mir herausgegebenen Blätter nach Cranach'schen Werken befindet, kann als Beweis gelten, daß Cranach nicht alles an den Holzschnitten nach seinen Werken gethan, kaum so viel, als ich ihm durchschnittlich zugeschrieben; das ändert aber in der Hauptsache nichts. Ueber das Heiligthumsbuch sehe man Thl. II, S. 255.

2) „Ebenso fertigte er Patronen für die Teppichmacher." Hat schon jemand von den Rafael'schen Patronen in Hamptoncourt für die Tapisserien gesprochen, wozu sie dieser Künstler zeichnete? Patronen hießen nach aller

verständigen Leute Ausdruck Muster für Tüncher und
Decorationsmaler. Die Zeichnungen oder Cartons *), die
Cranach für ähnlichen Zweck machte, mögen wol von
gleicher Art gewesen sein, wenn ich sie auch keineswegs
dadurch von gleichem Werth wie die Rafael'schen erklären
will. Nur zweimal sind solche Zeichnungen beiläufig von
ihm erwähnt. Wenigstens werden diese Zeichnungen für
Teppichweber Muster genannt, wie das Thl. I, S. 211
urkundlich angeführt ist.

3) „Daneben trieb er nicht blos einen Buch- und
Papierhandel, jenen doch ohne Buchdruckerei und Selbstverlag." In Selbstverlag hatte er mehrere Holzschnitt-
werkchen; es hat sich aber auch ein Druckprivilegium
für eine Bibel erhalten, das ich weiter unten (Nr. 5)
in einem besondern Artikel mitgetheilt habe, wodurch auch
der Selbstverlag erwiesen ist, obgleich man bisjetzt seinen
Namen auf keinem Buche als Drucker gefunden hat. Unmöglich wäre es deshalb immer noch nicht, daß er mit
seinen Collegen für auswärtige Verleger gedruckt habe.
Ueber diesen Punkt sehe man unter 5. Nachdem Herr
Sotzmann die verschiedenen Dinge, die Cranach fertigte
und fertigen ließ, nach meinem Buch aufgeführt hat,
fährt er fort:

4) „Bei einem so fabrikmäßigen und vielseitigen
Kunst- und Gewerbebetriebe leuchtet ein, daß er nicht alles
allein habe bestreiten und dennoch eine größere Anzahl
von Gemälden als irgendein anderer Künstler habe ausführen können." Das leuchtet Herrn Sotzmann erst ein,
nachdem diese Fälle zu Hunderten aufgezählt sind, nachdem von der großen Zahl Gesellen, die Cranach beständig

---

*) Ein solcher Carton oder eine Zeichnung überhaupt ist oben
erwähnt.

hielt, urkundliche Nachrichten beigebracht sind. Und dennoch fährt derselbe fort: „Nichtsdestoweniger läßt ihn der Verfasser noch obenein die mühsame Arbeit, seine Zeichnungen in Holz zu schneiden, selbst verrichten, eine Ansicht, die, seit Rumohr dasselbe von Holbein behauptete, vielen Eingang gefunden hat, aber wenig Stich hält. *) Namentlich in Bezug auf Cranach mag eine Stelle hier Platz finden, die ihr eben nicht das Wort spricht. Sie steht in einem Briefe des Buchdruckers Hans Luft an den Markgrafen von Brandenburg, worin er diesen bittet, ihm sein Porträt und Wappen zu übersenden, und hinzufügt: „so will ich's weiter dem Lucas Maler überantworten und ihm angeben, wie groß er sie soll aufs Holz reißen und danach auch lassen schneiden". **) Diese Stelle war freilich etwas Gefundenes für Herrn Sotzmann, nur hat derselbe in der Hitze und in seiner sorglosen Unfehlbarkeit übersehen, daß der Brief von 1560 ist, wo unser Cranach, der Vater, bereits sieben Jahre unter der Erde lag. Ob aber ich oder andere Anhänger der (bedingten) Eigenhändigkeit der Meinung seien, daß auch der jüngere Cranach in Holz geschnitten habe, müßte erst abgewartet werden, bis die Biographie des letztern gedruckt ist.

Nun findet man in der frühesten Zeit von Cranach's Künstlerleben wenig Malereien angeführt und auch aus dem Jahre bis 1509 weder in Rechnungen noch in natura

---

*) Und doch hat derselbe oben gegen mich angeführt, daß das wittenberger Heiligthumsbuch eins der besten Werke von Cranach sei.

**) Danach könnte man wol eher behaupten, daß Cranach der Jüngere gar nicht selbst in Holz geschnitten habe.

vorhanden angeführt.*) Aus diesem Jahre aber stammen
die Kupferstiche und eine Reihe der besten Holzschnitte,
sodaß ich wol nicht so ins gerathewohl angegeben habe,
daß er diesen Kunstzweig vorzugsweise in dieser Zeit
cultivirt habe.

5) „Die Fruchtbarkeit unsers Lucas will der Ver=
fasser auch daraus erklären, daß er ein Geschwindmaler
gewesen sei, und wirklich ist er auf seinem Grabsteine
sonderbarerweise nur als pictor celerrimus bezeichnet.
Aber andere halten dies, gewiß mit größerm Recht, für
eine Abkürzung von celeberrimus"**) u. s. w. Das kann nun
freilich jeder halten, wie er will; ob aber, nach den von
mir beigebrachten Nachweisen und gedruckten Schriften
aus jener Zeit, noch jemand, außer Herrn Sotzmann, bei
dem alten stereotypen Aberglauben bleibt, das ist schwer
zu glauben.

6) Herr Sotzmann kann sich nicht von der fixen Idee
trennen, daß die beiden Cranache zusammen hätten ab=
gethan werden sollen, „da der jüngere in seinen Werken
ein getreuer, nur ein wenig modernerer Abdruck des
Vaters sei". Außer der Hülfe, die er diesem als Maler
leistete, scheinen hauptsächlich die Miniatur und feinere
Briefmalerei sowie die Zeichnung für den Holzschnitt***),

---

*) Man sehe die im ersten Theile angeführten Arbeiten Cranach's
und die Beschreibung der Gemälde im zweiten Theile, nach dem
hier beigefügten Verzeichniß der mit der Jahreszahl versehenen.

**) Daß celerrimus eine Abkürzung von celeberrimus sein
könne, das ist über meine Grammatik. Auch Herr Kugler ist mit
dieser Grammatik nicht einverstanden. S. oben.

***) Womit will denn Herr Sotzmann das alles beweisen, wo
hat er denn das alles her? aus schriftlichen urkundlichen Nachrichten
oder aus vorhandenen Werken? Von beiden kannte er nichts. Es
ist also eine Annahme so ins Blaue hinein. Daß sich Cranach

die gerade zu seiner Zeit der Werkstatt viel Beschäftigung gaben, seine Sache gewesen zu sein. Vater und Sohn seien so miteinander verwachsen gewesen, daß sie gewissermaßen ein und dieselbe Person bilden.

Nach dem außerordentlich Wenigen, was bisher über Cranach den Jüngern bekannt war und worüber Herrn Sotzmann's Kenntniß auch nicht ein Iota reicht, wäre es freilich ein thörichtes Unternehmen gewesen, das Leben des jüngern Cranach abgesondert zu behandeln. Das Résumé dieser Kenntniß oder vielmehr Unkenntniß spricht sich bezeichnend dadurch aus, daß man alles Geringe dem Sohne aufbürdete. Anders stellt sich freilich die Sache bei genauerer Kenntniß heraus, und das Leben und die Wirksamkeit des Sohnes gibt ein fast ebenso reiches und eigenthümliches Bild wie das des Vaters. Derselbe steht fast in ganz gleichem Verhältniß zu dem Kurfürsten August von Sachsen, wie sein Vater zu den drei Kurfürsten. Es hätte Herr Sotzmann sich nichts vergeben, wenn er ehrlich gesagt hätte: ich weiß ebenso wenig wie andere sonst verständige und unterrichtete Leute von Cranach dem Jüngern. Dann aber ist selbst eine

------

der Jüngere hauptsächlich mit Miniatur- und feiner Briefmalerei sowie mit Zeichnung für den Holzschnitt, die gerade zu seiner Zeit der Werkstatt viel Beschäftigung gegeben haben soll, abgegeben haben solle, das ist so ohne alle Begründung und ohne alles Wissen gesprochen, daß es auf jeden damals lebenden Künstler passen könnte, bei Cranach aber nur in bei weitem geringerm Grade der Fall war als bei seinem Vater. Es wurde in seiner Werkstatt eben gethan, was sich zu thun fand, hauptsächlich aber gemalt, wie die vielen daraus hervorgegangenen und noch vorhandenen Werke zeigen, wovon eben Herr Sotzmann nichts wußte, und was zu erfahren und sich davon zu unterrichten für einen so gescheiten und hellen Mann keine geeignete Arbeit ist. Auch er hatte eine Reihe Gesellen, die für die Werkstatt thätig waren.

Aehnlichkeit beider, wie sie Herr Sotzmann voraussetzt, **noch** gar kein Grund, beide mit Einer Klappe zu fangen, da der Sohn noch 33 Jahre nach seines Vaters Tode eine große Thätigkeit entfaltete. Es ist dafür kein anderer Grund als bei jedem andern Schüler bedeutender Meister, und man müßte danach z. B. Rubens mit seinen meisten Schülern ebenfalls zugleich abhandeln, die dem Meister viel ähnlicher sind. Danach bitte ich nur, noch ein kleines zu warten, ich habe ein reiches Material beisammen, dessen abschließliche Bearbeitung sich nur durch meine Verhältnisse verzögert hat.

7) „Die Gemälde betragen ohne die Handzeichnungen an britthalbhundert Nummern, und doch sind es nur die, welche der Verfasser selbst gesehen hat. Außerdem sind aber noch viele andere bekannt, welche sowol der größern Vollständigkeit wegen, als um andere Forscher darauf hinzulenken, wenigstens nachrichtlich hätten angeführt werden sollen, zumal darunter noch manches schöne Bild, wie das in Glogau («Deutsches Kunstblatt», 1852, Nr. 1) befindliche sein mag.‟ Ueberhaupt hat man nur die zwei Nummern, das Bild in Glogau und das in der Galerie Sciarra in Rom, genannt, die ich noch dazu erwähnt habe. Wenn nur erst die sogenannten Kunstkritiker ein Pünktchen haben, an dem sie zerren können.

Von den vielen von mir nicht angeführten Cranachs weiß Keiner, weder von Quandt, noch von Quast, noch Sotzmann, noch Kugler, ein anderes anzuführen als das Bild in Glogau. Das schreibt immer einer dem andern nach. Ich habe von einer Menge Bilder, die gelegentlich erwähnt sind, Notiz, worüber ich aber geschwiegen habe, weil ich sie nicht aus eigener Anschauung kenne. Dagegen habe ich Hunderte gesehen, von denen

die Herren nichts gesehen haben. Mein Verbrechen be=
steht also darin, daß ich ohne Ueberzeugung nichts nach=
schwatzen mag. Dazu kommt, wie ich oben bemerkte, daß
ich das Bild in Glogau, Thl. II, S. 325, Nr. 5, erwähnt
habe, d. h. den Umriß danach.

So ist es! Was der eine lobt, das tadelt der andere.
Jeder will das Buch für seinen speciellen Bedarf und
zu seinem Fürsich hergerichtet haben. Herr Dr. Kugler
findet es gut, weil nur dadurch ein sicherer Grund gelegt
werden konnte, daß ich nur über Selbstgeschautes berichte.
Die Gründe dafür habe ich nochmals oben S. 14 wieder=
holt. Es ist leicht möglich, daß ein anderer mich ge=
tadelt haben würde, wenn ich dem Verlangen des Herrn
Sotzmann entgegengekommen wäre. Die Erfahrung be=
wahrheitet sich auch hier: Wer es allen recht machen
will, der macht es gewiß übel.

Wenn darüber Herr Sotzmann weiter sich ergeht,
daß „die Anordnung der Gemälde nach alphabetischer
Folge der Orte, wo sie sich befinden, die unersprießlichste
sei, da sie nicht blos Gegenstände und Alter, sondern
Echtes und Unechtes, Wichtiges und Unwichtiges bunt
durcheinanderwerfe" *), so muß man sich billig wundern.
Das konnte nur dann der Fall sein, wenn ich nach Herrn
Sotzmann's Verlangen alles aufgeführt hätte, wenn ich
es auch nicht gesehen. Warum soll denn das angehängte,
nach den Gegenständen geordnete Register denen nicht
genügen, welche die Bilder in anderer Folge aufgeführt
wissen wollen?

---

*) Ja, wenn Herr Sotzmann das gethan hätte, so würde es ge=
wiß der Fall gewesen sein. Warum er nur nicht gleich die Sache
nach seiner Weisheit selbst in Ordnung gebracht hat, wenn es ihm
nicht eine zu unbedeutende Sache war. Aber dann hätte er doch die
Sache lieber ganz ignoriren sollen.

Wenn ich in der Lebensbeschreibung und dem kritisch-
polemischen Theil oft auf einzelne Bilder eingegangen
und in den zweiten Theil Gehöriges vorweggenommen
haben soll, was hier, um Wiederholungen zu vermeiden,
Lücken hervorgebracht habe: so kann eine solche Meinung
nur auf Mangel an genauer Beachtung beruhen. Im
ersten Theil ist Cranach als Künstler zu schildern ver-
sucht und die für die einzelnen Angaben nöthigen Werke
besprochen worden, wie sie den Jahren nach entstanden,
wie weit sie noch vorhanden oder aufgesucht oder aufgefunden werden können; der zweite Theil bringt nur
Vorhandenes und von mir mit eigenen Augen Geschautes.
Es ist das beschreibende Verzeichniß alles mir bekannt
Gewordenen und noch Vorhandenen. Daß dabei einzelnes
wiederholt werden mußte, kann wol nicht als Vorwurf
gelten, es geschieht in anderm Zusammenhang und zu
anderm Zweck.

Was andere Desiderata überhaupt betrifft, so muß
Herr Sotzmann ebenso gut wie ich wissen, daß mit
bestem Willen und Kräften nicht allen und mit einem
Schlag genügt werden kann. Käme es zu einer zweiten
Ausgabe meines Buches, so würde ich manches anders
machen, als es das erste mal geschehen, wenn auch das
Wesentliche, Feststellung der historischen Data, fast gar
keine Aenderung erfahren würde.

8) Was die Frage betrifft: Ob mehrere Darstellungen
Cranach's das Urtheil des Paris oder die Sage von dem
Könige Alfred von Mercia und dem Ritter Wilhelm
von Albonack oder Albini, mit seinen drei schönen Töchtern,
zu benennen sei, darüber wird Herr Sotzmann mit meiner
Erklärung, die ich in einem besondern Abschnitt (3.) gegeben habe, hoffentlich zufrieden sein.

Herr Sotzmann möge mir über den Ton, in welchem hier seine Ausstellungen beantwortet sind, nicht zürnen; bei der vornehmen Sicherheit, dem Selbstbewußtsein von Unfehlbarkeit, mit welcher alles von ihm hingestellt ist, war ich dazu herausgefordert. Und ich muß offen bekennen: Durch Herrn Sotzmann's sogenannte Recension ist auch kein Haar breit die Sache gefördert, die vorhergehende Beurtheilung dagegen hat mich insofern angeregt, daß ich mich in diesem Supplementband bemüht habe, den ausgesprochenen Erinnerungen nachzukommen und auch später, wenn ich Gelegenheit habe, nachkommen werde, weil man darin Verständniß und guten Willen findet, was ich bei Herrn Cavaliere Sotzmann nicht finden konnte.

Herr Lilienberg
im Kunstblatt 1852, Literarische Ergänzungsblätter, und ein anderer.

Diese beiden Quasikritiker sind hier um deswillen in Eine Rubrik gebracht, weil beide nichts sagen. Zu beider Ehrenrettung muß man annehmen, daß keiner derselben das Buch angesehen hat. Wollten sie das bestreiten, so wäre das ein böses Zeichen. Herr Lilienberg gibt zwar an, er sei durch die Lektüre meines Buches „aufs neue angeregt und kritisch gestimmt worden". Das geht aber nicht. Es kann wol jemand, der keine Spur von Poesie im Leibe hat, auf den unglücklichen Gedanken kommen, eine Flasche Wein könne ihn begeistern, aber das gelingt wirklich nicht; das wäre ein gar zu charmantes Mittel, das gewiß öfter angewendet würde und vielleicht auch wird. Ganz gleich ist es mit der Kritik, dazu wird sich Herr Lilienberg niemals stimmen können, weil er keine

hat, und es bewahrheitet sich an ihm das alte küchen-
lateinische Wort von neuem: Nihil dat qui nihil hat.
Ich wiederhole deshalb zu Nutz und Frommen: Herr
Lilienberg, Sie haben Heller's und mein Buch nicht gelesen,
was ich nämlich lesen heiße. Sonst weiter läßt sich gar
nichts sagen, ohne sich zu compromittiren.

Der zweite Quasirecensent muß ein sehr kleiner Mensch
sein: Er hat mit einer eingetauchten Schreibfeder in
der Hand mein Buch aufgeschlagen gefunden, ist darüber
weggestolpert und auf der andern Seite auf die Nase
gefallen. Dabei hat die Feder einige Krakel gemacht,
die er für Inspirationen angesehen und gleich in die
Druckerei geschickt hat. Die Schlußäußerung: „Uebrigens enthält das Buch manches Gute", so ohne allen
Grund hingeworfen, muß aus solchem Munde mehr
als eine Beleidigung für den Autor gelten. Glaubt der
Herr wol, daß nur ein verständiger Mensch darauf was gibt?

Nicht allein diese beiden Herren, sondern auch viele
andere gleichen Geistes werden freilich solche derbe Aeußerungen höchst unanständig finden; man wird meinen,
ich sei durch ihre von sich gegebenen Meinung im tiefsten
Innern verletzt und entrüstet, ich halte die Existenz meines
Buches dadurch gefährdet.

Mögen sie sich beruhigen! Ich wünsche ihnen die ge-
müthliche Ruhe, die ich während des Niederschreibens gehabt habe. Mit derselben Ruhe werde ich aber jeden
Unberufenen über die Grenze weisen, wenn er sich in
ein ihm fremdes Gebiet verirrt. Schuster bleib bei
deinem Leisten, wenn du zum Glück für dich einen hast.
Aber am Ende werden die Herren uns ferner nicht mehr
mit ihrer Weisheit beglücken? Das wäre freilich ein un-
ersetzlicher Schade, den ich angerichtet.

Damit Herr Lilienberg mir aber den Vorwurf nicht zurückgebe, seine Quasikritik nicht gelesen zu haben und nun meine Anklage zugleich zu begründen, muß ich wol die Geduld der Leser bei einigen Hauptpunkten übermäßig in Anspruch nehmen.

1) Herr Lilienberg meint, man möge Heller's historisch=kritischen Forschungen nicht diejenige Aufmerksamkeit zugewendet haben, die er jedenfalls verdiente.

Das ist eine Aeußerung, die auf einer completen Unkenntniß alles dessen beruht, was in dieses Kapitel gehört. Vor Erscheinen meines Buches ist Heller's Arbeit als das einzige Handbuch über Cranach beachtet worden, fast in keinem Auctionskatalog ist die von Heller angegebene Nummer weggelassen worden, neben der bei Bartsch. Mehr kann doch nicht erwartet werden.

2) Ueberdies empfiehlt sich das Heller'sche Werk durch eine klar übersichtliche Ordnung seines reichhaltigen Materials. Auf das alles kann ich nur den Rath geben, daß man sich durch Lesen des Heller'schen Buches selbst ein Urtheil über den Werth dieser Angaben verschafft. Ueber das Buch habe ich auch nichts Nachtheiliges gesagt, aber Falsches, Unrichtiges mußte ich bemerken, sonst hätte ich meine Arbeit als unnütz unterlassen müssen.

Herr von Quandt.

Eine gelegentliche Aeußerung dieses als Kunstschriftsteller allgemeiner bekannten Herrn betrifft einen für die Unterscheidung Cranach'scher Werke interessanten und wichtigen Punkt, dessen erste Entdeckung und später erprobte Richtigkeit mich höchlich erfreute und förderte. Es ist die eigenthümliche Form des Zeichens der ge=

3*

flügelten Schlange, die sich auf eigenhändigen Werken
des ältern Cranach ganz deutlich von demselben Zeichen
auf Werken des jüngern Cranach, seiner Schüler und
Nachahmer unterscheidet. In seinem „Begleiter durch
die Gemäldesäle des königlichen Museums in Dresden",
S. 157, sagt er nämlich: daß er glaube, meine Bemerkung rücksichtlich der Verschiedenheit des Cranach'-
schen Zeichens sei nicht richtig, und meint dagegen:
„Die aufwärts stehenden Flügel haben etwas Starres,
die rückwärts liegenden etwas Schwebendes und Flüch-
tiges, daß es sehr denkbar ist, Cranach habe, als
er sich mehr an diese Bezeichnung gewöhnt hatte, einen
leichtern Schwung der Flügel angenommen, wie ein jeder
sich bei öfterm Gebrauch einen gewandten Namenszug,
eine leichtere Paraphe angewöhnt." Letzteres ist allerdings
richtig, aber nicht wie Herr von Quandt meint, daß man
deshalb die Zeichnung zu ändern braucht und ändern
wird, man lernt sie nur durch öftere Wiederholung sicherer
und besser machen. Hätte Herr von Quandt sich die
Zeichen genau angesehen, und bei der bemerkten Verschiedenheit zugleich die Verschiedenheit der Malerei, so
würde er gefunden haben, daß Cranach der Aeltere sie
mit Meisterschaft macht, wie das nicht anders zu erwarten ist. Eine Schwierigkeit wird das ihm so wenig
gemacht haben, wie die liegenden Flügel, wenn es in
seiner Absicht gelegen hätte, sie dahin abzuändern. Nur
Eins muß ich dabei bemerken. Es wird einem jeden
andern sehr schwer werden, das Zeichen, wie es der
Aeltere gemacht hat, mit gleicher Freiheit, Sicherheit
und Geschmack zu machen, wie er es gemacht hat, man
wird es sogleich erkennen, ja ich möchte sogar annehmen,
daß er diese Form mit Absicht gewählt und consequent

beibehalten habe, weil er annehmen konnte, daß kein
anderer Künstler und Nachahmer es mit gleicher Frei=
heit und Schönheit zu machen im Stande sei, und daß
man auch die Originalität aus diesem kleinen Neben=
umstande bestätigt finden könne. Bei den Worten des=
selben: „Wir glauben jedoch“, fiel mir unwillkürlich
die bekannte Anekdote von dem berliner Thorschreiber
ein, der, als er auf seine Frage nach dem Namen eines
Einpassirenden die Antwort ertheilt: „Minister Globig“,
ganz unwillig äußerte: „Glob' ich, Glob' ich! da hilft kein
Globen, das muß man wissen!“

Wenn der Glaube des Herrn von Quandt darüber der
rechte wäre, so würde alles damit augenblicklich verkehrt.
Alle Bilder des Sohnes, bis zu seinem Ende gemalt,
und alle Bilder, die er nach dem Tode des Vaters aus=
geführt, müßten dann für Werke des Vaters, und die
entschieden vortrefflichsten Werke dieses von seinem Auf=
treten bis zu seinem Ende müßten für Arbeiten des
Sohnes oder seiner Gehülfen und Nachahmer passiren.
Eine solche augenblicklich angeregte Meinung kann und
mag man wol gelegentlich äußern, sobald aber dadurch
eine begründete Annahme wankend gemacht werden soll,
dann muß man sich wol erst nach Beweisen, nach posi=
tiven Gründen umthun; sonst schadet man der guten Sache. *)

---

*) Ueberdies darf ich nicht unerwähnt lassen, daß Herr von
Quandt gerade einer von denjenigen ist, welcher Cranach am
meisten gerecht gewesen ist, und der sich um Bekanntwerden und
Würdigen seiner Werke besonders verdient gemacht hat. Man
sehe, was er in seinem Entwurf der Geschichte der Kupferstecher=
kunst, S. 44 fg., über ihn geäußert und auch über die Auffindung
von Cranach'schen Werken in Leipzig u. s. w. berichtet hat.
Kunst und Alterthum von Goethe.

Eine schöne Zeichnung des Cranach'schen Wappens, die sich in der erlanger Universitätsbibliothek befindet und die gewiß von Cranach's Hand ist, habe ich erst vor kurzem kennen lernen, und diese auch bestätigt vollkommen meine Annahme. Eine verkleinerte Nachbildung in Kupferstich ist diesem Theile vorgedruckt.

2) Ueber die Composition:

Sündenfall und Erlösung der Menschen, oder der alte und neue Bund.

Als Erklärung auf die Erinnerungen, resp. anderweiten Angaben, die von Dr. Kugler und Dr. A. Hagen, theils in Beziehung auf die von mir gegebene Beschreibung des weimarischen Altarbildes, theils im allgemeinen über diesen Gegenstand aufgestellt worden, habe ich Folgendes anzuführen.

Dieser, so oft und verschieden von Cranach dargestellte Gegenstand gehört, sowol in künstlerischer Ausführung als seines Inhalts wegen, nicht minder aus andern, das weimarische Altarbild allein betreffenden Gründen, zu den bedeutendsten Werken unsers Künstlers. Es ist dasselbe vielfach erwähnt und ausführlich besprochen worden, und ich selbst habe, das alles berücksichtigend, in den beiden ersten Theilen weitläufig davon geredet (Thl. I, S. 211 und 260, Thl. II, S. 126).

Mehrere Darstellungen dieses Gegenstandes kann man als den Gipfelpunkt von Cranach's Kunstvermögen ansehen, und man wird es deshalb natürlich finden, wenn ich auf jede Aeußerung und Mittheilung darüber aufmerksam gewesen bin und dieselben entweder an das,

was ich in den angeführten Stellen darüber gesagt, an=
zuschließen oder das dagegen Geäußerte zu beleuchten und
zu widerlegen versuche.

Eine Broschüre: „Vortrag zum Andenken an Lucas
Cranach bei der 300jährigen Wiederkehr dessen Todes=
tages, den 16. October 1853, von Dr. A. Hagen",
gibt unter der Benennung „Gesetz und Gnade"
die nähere Beschreibung von drei verschiedenen Dar=
stellungen dieses Gegenstandes, welche sich in Königs=
berg befinden: 1) von einem Holzschnitt, Titelblatt der
ältesten Matrikel der Albertina, 2) von einer Gravi=
rung in Silber auf einem der Einbände der soge=
nannten Silberbibliothek, und 3) von einem Holzschnitz=
werk in dem Antiquarium daselbst.

Es ist anzunehmen, daß, wie auch Herr Dr. Hagen
glaubt und nachweist, allen diesen drei Werken die Cranach'=
sche Darstellung zum Vorbild und Anhalt gedient, ja
daß der Holzschnitt wahrscheinlich aus Cranach's Werk=
statt hervorgegangen sei. Letzteres würde sich durch Ver=
gleich mit den von Herrn Dr. Hagen angeführten Bibeltiteln
oder andern Blättern bestimmt feststellen lassen.

Der Hauptzweck dieses Schriftchens betrifft zumeist
den Sinn, den Inhalt dieser Darstellung, eine Seite,
über die H. Meyer in seiner Schrift *) „als mystisch
und wenig reizend" still weggehen wollte. „Dieser
soll hier laut besprochen werden, in der Mei=
nung, daß es etwas Reizendes habe, zu erfahren,
welche Ansichten damals die Gemüther bewegten
und wie man es sich angelegen sein ließ, das

---

*) Heinrich Meyer, „Ueber das Altar=Gemälde von L. Cranach
in der Stadtkirche zu Weimar" (Weimar 1813).

Wort der Bibel durch Pinsel, Grabstichel, Schnitz=
messer und Meißel im protestantischen Sinne
anschaulich zu machen."

Das ist freilich eine andere Sache: Für den Theo=
logen mag diese Seite in erster Reihe stehen, für die
Beurtheilung als Kunstwerk kommt sie erst in die zweite
Reihe. Die Meyer'sche Schrift befaßt sich nur mit letzterer.
Ob nun gleich der Sinn, der Inhalt einer Darstellung
eine große Hauptsache ist, so sind davon doch rein theo=
logische Fragen zu trennen, und es kann mir deshalb
nicht einfallen, mich hier darauf einzulassen, ich will nur
auf einige Punkte antworten, welche die Bezeichnung der
einzelnen Gegenstände der Cranach'schen Darstellung be=
treffen.

Cranach hat diesen Gegenstand verschieden behandelt,
einmal ausführlicher, einmal ins Engere gezogen. Am
ausführlichsten hat er es in einem Bilde in der Ständi=
schen Galerie in Prag gethan (S. oben Thl. II, S. 107,
Nr. 386). Das Ganze ist, wie fast immer, durch einen
Baum in zwei Hälften getheilt, links sind die einzelnen
Momente des Alten, rechts die des Neuen Testaments:
Sündenfall — Erlösung.! Links zu oberst reicht Gott
Vater dem knienden Menschen die Gesetzestafeln, ganz
in der Weise, wie bei Moses, der die Zehn Gebote
empfängt; darunter der Sündenfall: Adam und Eva essen
von der verbotenen Frucht; zu unterst die Folge der
Sünde, der Tod: ein Mensch im Sarge. Am Fuße des
Baumes in der Mitte sitzt der sündige Mensch, den ein
Prophet auf der linken Seite und Johannes auf der
rechten Seite auf den Erlöser am Kreuz hinweisen,
neben letzterm steht das Lamm. Dem Crucifix gegen=
über auf der linken Seite, ist als Parallele die Erlösung

der ehernen Schlange. *) Das Werk der Erlösung, der neue Bund, beginnt rechts oben mit der Empfängniß; Maria steht auf einem Berge, ein kleiner Christus mit dem Kreuz, in einer Engelsglorie, schwebt auf sie zu. Hinter der Maria ist eine andere Glorie von Engeln, welche näher bezeichnet ist: „Engel erhalten zu dem Dienste Christi." Darunter kommt das schon erwähnte Crucifix mit dem Lamm daneben, und zu unterst rechts die Auferstehung. Diese Darstellung ist an sich und in ihrer Folge klar.

Statt des Todten im Sarge kommen bei den meisten Darstellungen Tod und Teufel vor, welche den gefallenen Menschen in die Hölle treiben, wobei fast jedesmal ein Papst, Cardinal oder Mönch in den Höllenflammen schmoren. Es ist das auf den Bildern in Gotha, Wei= mar, Leipzig (von dem jüngern Cranach) und auf den weiter unten beschriebenen Holzschnitt= und Bibel=Titel= blättern der Fall (S. 43 fg.). Ebenso fehlen auf mehrern die Empfängniß, wie auf dem weimarischen, gothaischen und leipziger Bilde. Bei mehrern kommt noch der gen Himmel fahrende Christus vor, meist nur der untere Theil sichtbar.

Auch der Baum in der Mitte ist verschieden darge= stellt, meist ist die linke Seite unbelaubt, wie Herr Hagen richtig bemerkt hat **), mehrmals sind aber auch beide

---

*) In den meisten Fällen steht die Erhöhung der ehernen Schlange auf der linken Seite, die Verkündigung an die Hirten auf der rechten Seite gegenüber.

**) Auf mehrern Darstellungen, wo es die Gelegenheit gestattete oder gebot, wie auf Flügelbildern, ist auf der einen Tafel die Hälfte des Baumes mit den verdorrten Aesten, auf der andern Tafel die andere Hälfte mit den grünenden Aesten.

Seiten belaubt; an Stelle des Baumes tritt in dem
weimarischen und leipziger Bilde Christus am Kreuze.
Aus diesen Verschiedenheiten ersieht man, daß Cranach
immer nur den allgemeinen Gedanken von dem Fall und
der Erlösung der Menschen darstellen wollte; und ich
glaube nicht, daß er sich durch rein theologische Sub-
tilitäten dabei habe bestimmen lassen.

Gegen mehrere der angegebenen Punkte hat nun Herr
Dr. Hagen Einsprache gethan; zuerst gegen die Bezeichnung; er hat es Gesetz und Gnade genannt. Die
dafür angeführte Bibelstelle kann meiner Meinung nach
keinen Grund abgeben. Indessen wird darauf nichts ankommen: der Sündenfall setzt ein Gesetz voraus, und .
die Erlösung Gnade. Mehr für die Meinung des Herrn
Dr. Hagen sprechen die Beischriften bei Gott Vater und
der Empfängniß der Maria auf dem prager Bilde, bei
erstern Gesetz, bei der zweiten Gnade. Das ist als
Beischrift für die einzelnen bestimmten Gegenstände ganz
richtig: der Herr gibt aus Wolken das Gesetz und gegenüber gewährt er dem sündigen Menschengeschlecht durch
die Sendung seines Sohnes Gnade.

Als falsch bezeichnet nennt Dr. Hagen ferner die Empfängniß Mariä. Der kleine Christus mit dem Kreuz
ist ihm nicht Christus, sondern ein Knabe *), ein Kind
mit dem Kreuz.

---

*) Dagegen spricht auch der auf der Silbergravirung unter der
weiblichen Figur und dem herabschwebenden Christus befindliche,
von dem Verfasser angeführte Vers:

> Die Schlang den Menschen want von Gott,
> Daburch kam er in Sünd und Tobt,
> Christum der Vater senden wolt,
> Ders wibber zu Recht bringen solt.

Dies soll sich durch die alte Sage erklären, daß in dem über alle Welt hinleuchtenden Stern, der die Geburt des Heilandes verkündigte, die Gestalt eines Kreuzes und eines Kindes gesehen wurde. Ein Kind habe ich noch bei keiner der Darstellungen gefunden, fast immer ein Kind mit Heiligenschein und Kreuz. Immer steht aber dieses herabschwebende Kind mit dem Kreuz in Beziehung zur Maria, die man sonst gar nicht erklären könnte. Was sollte diese Frauengestalt, die mit gefalteten Händen dem kleinen Christus mit dem Kreuz oder auf dem Kreuz entgegensieht, vorstellen?

Diese Art der Darstellung der Empfängniß ist übrigens sehr alt und kommt sehr häufig vor, entweder als wirkliches kleines Crucifix oder als Kind mit dem Kreuze auf der Schulter.

Bei der Beschreibung des Schnitzwerkes heißt es, daß der neue Mensch zwischen einem Propheten und einem Apostel sitze. Als Apostel ist mir noch keiner auf den vielen Vorstellungen bezeichnet erschienen, ein solcher paßt auch gar nicht daher, es sind auf der linken Seite, auf Seite des alten Bundes, die Propheten, auf der rechten Johannes. Dann heißt es: „Mehr zur Seite gewandt, wo wir den Sündenfall, den Bock u. s. w. erblicken." Auch von diesem Bock habe ich noch auf den sämmtlichen Cranach'schen Darstellungen nirgends eine Spur entdeckt, kann mir auch keine Vorstellung von der Bedeutung desselben hier machen.

_____

Auf einem Holzschnitt nach Cranach dem Jüngern, der ganz ähnlich dem prager Bilde angeordnet ist, steht über dem herabschwebenden Christus mit Kreuz, mit einer Glorie um den Kopf: „Die Gnad des Allmechtigen ewigen Gottes." Das kann doch nur auf den kleinen Christus bezogen werden.

Es kann, wie bereits gesagt, nicht in meinem Plane
liegen, mich darüber in theologischen Streit einzulassen,
wozu mir die nöthige Kenntniß fehlt; aber ich kann mir
ebenso wenig denken, daß Cranach etwas anderes als
die einfache protestantische Lehre habe darstellen wollen.
Vielleicht gibt der schon erwähnte Holzschnitt, wahrscheinlich nach dem jüngern Cranach, oder doch nach den
Cranach'schen Darstellungen, die Sache deutlicher, weshalb ich die Gegenstände und die beigedruckte Bezeichnung
hier angeben will:

Ueberschrift: Eine schöne Figur des Alten vnd
newen Testaments, darin klerlich angezaigt vnd augen-
scheinlich vorgebildet wirdt, was in einem yeden, durch
die Propheten vnnd Aposteln *) gelehrt vnd gehandelt
sey worden, wie in der Schrifft vnten deutlich verfasset
vnd erkleret ist.“

An dem Baume: „verbotne Frucht.“

Unter Adam und Eva: „Uebertretung vnser erften
eltern.“

Ueber dem Todten im Sarge: „Der Todt ist der
sünden soldt.“

In der Mitte bei dem Baume:

Neben Moses: „Moises sträffer.“

Neben dem am Stamm sitzenden nackten Mann:
„Mensch Sünder.“

Neben Johannes: „Johannes tröster.“

---

*) Da im Bilde selbst keine Apostel vorkommen, so kann die
Ueberschrift nichts für die einzelnen Darstellungen selbst beweisen:
darin ist gegeben, was im Alten und Neuen Testament über
diesen Punkt von den Propheten und Aposteln berichtet, was auch
durch die Ueberschrift über den drei Figuren am Fuß des Baumes:
Abbildung des Alten und Neuen Testaments bestimmter
ausgesprochen ist.

Ueber diesen drei Figuren noch besonders: „Bildung (Abbildung) des Alten vnd newen Testaments."

Rechts oben über dem kleinen herabschwebenden Christus: „Die gnad des Allmächtigen ewigen Gottes."

Ueber Christus am Kreuze: „Das einige Opfer für die Welt."

Ueber dem Lamm am Fuße des Kreuzes: „Das Lämm= lein Gottes."

Ueber Christi Auferstehung und Sieg über den Tod: „Triumph Christi."

Mehrere Bänder, Zettel und Tafeln haben keine Inschrift, wie z. B. die Maria auf dem Berggipfel *) u. s. w.

Wie sehr beliebt diese Darstellung gewesen sei, sieht man unter anderm auch daraus, daß sie auf Bücherdeckel eingepreßt vorkommt, z. B. auf mehrern Bücherdeckeln in rer Universitätsbibliothek Erlangen, wie: „Sexta pars homiliarum etc." von Georg Major 1567, vorn Sündenfall, auf dem hintern Deckel Erlösung. — Dann gibt es noch mehrere Titelblätter unter ben sogenannten Autographis Lutheri, mit derselben Vorstellung, z. B. „der Spruch St. Pauli" u. s. w., Wittenberg 1538. Eine Predigt vom Ehestand durch Erasmum Alberum 1546, u. s. w.

Ebenso hat Dr. Kugler in der obenangeführten Be= sprechung meines Buches einige Bedenken gegen meine Angaben über das weimarische Altarbild geäußert:

1) Daß Cranach sich dadurch als Hauptperson des Ganzen hingestellt habe, daß er auf dem Mittelbilde den

---

*) Der mir vorliegende Abdruck des Blattes ist ein sogenannter Schmuzdruck, wo die Druckschrift noch nicht vollständig gesetzt war.

erlösenden Blutstrahl aus der Wunde des Gekreuzigten
auf sein Haupt treffen lasse, während die Glieder der
fürstlichen Familie knieend auf den Flügelbildern angebracht seien; daraus leuchte etwas zu stolz Bewußtes und
Anmaßliches hervor, das auch die Verhältnisse jener Zeit
keineswegs begreiflich machen könnten.   .

2) Darin, daß der Sohn auf ein Werk, das im
wesentlichen von dem hochgefeierten Vater herrühre, sein
Zeichen statt desjenigen des Vaters gesetzt habe, liege
eine Anmaßlichkeit des Sohnes, die so wenig mit der
kindlichen Pietät in Einklang zu bringen sein möchte, wie
noch weniger mit der Sorge, durch solches Verfahren
den doch vielleicht sehr bedenklichen Unwillen der fürstlichen
Herrschaft, welche den alten Meister jedenfalls sehr werth
hielt, zu erwecken.

Auf das alles läßt sich nur antworten, daß es eben so ist,
wie es ist. Beides liegt offen da. Sollte aber der zweite
Punkt ein Bedenken gegen die Richtigkeit meiner ausführlich dargelegten Ueberzeugung ausdrücken, daß der
Sohn den größten Antheil an dem Bilde habe, so kann
ich darauf nichts weiter antworten, als daß dieselbe das
Resultat langjähriger ernster Bemühungen ist, das sich
durchgängig bewährt hat, und dem auch andere geübte
Kunstkenner schließlich beistimmten.

Die Anmaßlichkeit des Vaters und in zweiter Reihe
die bedenkliche Anmaßlichkeit des Sohnes gegen den
Vater: des erstern, wegen des Platzes, den er sich auf
dem Bilde gegeben, des zweiten, weil er sein Zeichen
auf ein Werk des Vaters gesetzt, muß doch nicht so gefährlich und unbedacht gewesen sein. Das Bild wurde
erst zwei Jahre nach des Vaters Tode vom Sohne beendigt
und von den Söhnen des Kurfürsten für die Kirche,

jedenfalls für den letztern zu dessen Gedächtniß, nahe an dem Grabe der Aeltern aufgestellt. Die Söhne haben es errichtet, mag das ursprünglich dazu von den Aeltern bestimmt gewesen sein, oder von Cranach für sein Gedächtniß — schließlich ist es doch für den Kurfürsten als ein Votivbild errichtet.

Das Mittelbild stellt das reformatorische Glaubensbekenntniß des Fürsten und seiner Familie dar. Luther als Stifter und Cranach durch seine Werke als Beförderer und eifrigster Bekenner sind die bedeutsamsten Personen dabei. Die Stifter eines solchen Werkes sind auf all dergleichen Bildern fast ohne Ausnahme auf die Flügel verwiesen, weil das kein untergeordneter Platz ist, es ist der Ehrenplatz, sie sind dadurch eben als Stifter bezeichnet, die einem andern einen Vorzug, einen Platz auf dem Hauptbilde erlauben konnten. *) Anders wäre es, wenn sich Cranach unter die fürstlichen Glieder gemischt hätte. Auf Vorzüge in religiöser Beziehung ist man auch selten eifersüchtig gewesen.

Will man sich aber dabei dennoch nicht beruhigen, so bietet die von mir referirte Angabe den glücklichsten Ausweg, daß nämlich Cranach das Bild ursprünglich als

---

*) Nebenbei war es Sitte, Gebrauch damaliger Zeit, ein Zeichen christlicher Demuth vielleicht: Auf einem Bilde des jüngern Cranach in der Kirche zu Dessau, wo die Reformatoren als Apostel beim Abendmahl figuriren, erscheinen die Fürsten und der Künstler als Diener. Auf dem mehrmals erwähnten Bilde des jüngern Cranach in dem leipziger Museum kommt etwas Aehnliches vor. Auf der Predella ist der Stifter mit seiner Familie dargestellt; auf dem Hauptbilde steht neben Johannes, als derjenige, auf dessen Brust der erlösende Blutstrahl fällt, nicht das Haupt, der Aelteste der Familie, sondern der Sohn. Jedenfalls hatte dieser das Bild malen lassen, als Gedächtnißtafel für seinen Vater, und sich auf der Hauptdarstellung nochmals darstellen lassen, als Sünder, der auf Erlösung hoffe, und als Familienglied.

Gedächtnißtafel für sich gemalt habe, und daß es später
von den Söhnen Johann Friedrich's erworben und als
Denkmal für ihre Aeltern geweiht worden sei. Zu dem
Ende wurden die Flügel mit den Porträts der fürstlichen
Familienglieder von dem jüngern Cranach dazugemalt.
Malte er aber die Flügel, und wie ich mich nach sorg-
samster Untersuchung überzeugt habe, auch den größten
Theil des Mittelbildes, so konnte er sich leicht für be-
rechtigt, ja für verpflichtet halten, sein Zeichen bei der
Beendigung daraufzusetzen. Auf die Beendigung durch
den Sohn ist dabei ein besonderes Gewicht zu legen.
Man kann es, mit der Jahreszahl zusammengenommen,
recht füglich lesen: „ich, der Sohn habe das Werk meines
Vaters 1555, zwei Jahre nach dessen Tode, vollendet".
Vor Beendigung des Bildes konnte doch das Zeichen
nicht daraufgesetzt werden, und der Sohn machte dasselbe
anders wie der Vater, wenn man auch das Jahr unbeachtet lassen wollte.

---

3) Ueber die Composition:

Das Urtheil des Paris oder König Alfred von Mercia und Ritter Wilhelm von Albonack mit seinen drei schönen Töchtern.

Dieser so häufig und so verschieden, oft phantastisch
von Cranach dargestellte Gegenstand hat schon viel Kunsthistoriker, Kritiker und Liebhaber beirrt. Viele konnten
darin nicht das Urtheil des Paris erkennen. Heller nennt es
daher (S. 209, Nr. 256 [405]): Der sterbende Paris,
der auf dem Berge Ida von den drei Göttinnen
besucht wird. Dr. Kugler fand darin eine märchen-
hafte Darstellung des Venusberges und damit

zugleich einen Beleg für die phantastische Richtung Cranach's. Andere erkannten darin eine englische Sage von König Alfred von Mercia*) und dem Ritter Wilhelm von Albonack mit seinen drei schönen Töchtern.

Da, meines Wissens, für die erste Annahme in der alten Mythologie kein Anhalt vorhanden, die zweite Meinung sich durch diese Darstellungen auch nicht begründen läßt, so schien mir die dritte Meinung gar nicht unwahrscheinlich. Ein Kupferstich von J. B. Michel nach B. West, stellt diesen Gegenstand dar, und von Weißhuhn**) gibt es eine dramatische Bearbeitung dieser Sage. In einem Auctionskatalog von 1812 über den Kunstnachlaß des Kaufmanns Kroger in Hamburg, ist ein Bild von Cranach unter dieser Benennung aufgeführt.***) Ferner hat auch Rathgeber, „Beschreibung der herzoglichen Gemäldegalerie zu Gotha" (1835), S. 179, zwei dort befindliche Darstellungen ebenso benannt. Auch Heller bringt das Cranach'sche Bild mit derselben Darstellung, in der Sammlung des Regierungsraths Martinengo in Würzburg, das er S. 209, Nr. 256, seines

---

*) Nicht Alfred dem Großen, wie viele gethan.

**) Friedrich August Weißhuhn, geb. 1759 zu Langenroda, seit 1787 Magister zu Leipzig, Freund Fichte's (von W. von Humboldt Dr. Weißhuhn aus Schönroda genannt), kam 1794 nach Jena. In Goethe's und Schiller's Briefwechsel (I, 21) und in Heinr. Dünzer's Erläuterungen dazu (S. 65) ist dessen erwähnt. Dünzer, S. 79 unten, 80, zu Brief 51.

***) Dieses Cranach'sche Bild habe ich später in Köln wiedergefunden, im Besitz des Kaufmanns Reinhard, der auch die Notizen über dessen Erwerb aufbewahrte. Dadurch widerlegt sich zugleich die Vermuthung Rathgeber's, daß das in Würzburg, im Besitz des nun verstorbenen Regierungsrathes Martinengo (Thl. II, S. 158, Nr. 464) befindliche, oder das in der Gothaer Galerie vorhandene (Thl. II, Nr. 308) das hier erwähnte sein könne.

Buches als Besuch des sterbenden Paris von den drei
Göttinnen aufgeführt hat, unter derselben Benennung, sowie
auch das Kroger'sche Bild, früher in Hamburg, S. 72.

Ich glaubte, daß diese Annahme nicht ohne jeglichen
Grund sein könne, und hatte deshalb kein Bedenken,
diese letztere Benennung für die vielfachen Wiederholungen
als richtig gelten zu lassen, da auch ich das Urtheil des
Paris nicht darin finden konnte.   Dagegen wurde von
anderer Seite, namentlich von Herrn Sotzmann in seiner
Beurtheilung meines Buches in den Brockhaus'schen
„Blättern für literarische Unterhaltung" *) und von Herrn
Dr. Kugler im „Deutschen Kunstblatt" **) Einsprache erhoben.   Ersterer meint, daß die alleinige Quelle dieser
irrthümlichen Bezeichnung in dem erwähnten Kupferstiche
nach B. West und in den englischen Journalartikeln
darüber zu finden sei. ***)   Als allgemeiner Grund für
seine abweichende Meinung gibt Herr Sotzmann an:
„Jeder Kundige weiß, daß der Trojanische Krieg durch
Konrad von Würzburg und andere ganz im Geist der
mittelalterlichen epischen Rittergedichte häufig bearbeitet
und das Urtheil des Paris in solcher Umgestaltung (?)
ein Lieblingsgegenstand für die Kunst geworden ist, der
bis ins 16. Jahrhundert häufiger als irgendein anderer
in Miniaturen und Schnitzwerken, wie in Gemälden,
Kupferstichen und Holzschnitten vorkommt.   Der idaische
Schäfer ist zum trojanischen Ritter geworden und
erscheint daher ebenso wie die jüdischen Helden und

---

*) 1852, Nr. 11.
**) 1852, Nr. 6 fg.
***) Nicholl's History of Leicestershire, Part I, Vol. 2, p. 24
in einer Endnote.

Heerführer, in der Eisenrüstung eines Götz von Berlichingen. *) Gewöhnlich ist er von seinem Streitroß
abgestiegen und schläft in einer einsamen und felsigen
Gegend; Mercur **), gepanzert wie er, oder sonst phantastisch angethan und durch seinen Cabuceus und die
Flügel an der Bekleidung des Kopfes und der Füße zu-
weilen ausdrücklich als Götterbote bezeichnet, weckt ihn
und führt ihm die drei Göttinnen vor, und wenn diesen
auch die sonst gewöhnlichen Attribute fehlen, so ist doch
der Apfel selten vergessen. Nur bei Künstlern, die
schon den Einfluß des italienischen Geschmacks oder der
sogenannten Renaissance verrathen, wie bei den Behaim
und Brosamer, sind Paris und Mercur nackt oder auf
römische Weise leicht gerüstet. Es ist also nicht der
mindeste Grund vorhanden, daran zu zweifeln, daß hier
das Urtheil des Paris vorgestellt wird, eine Geschichte,
die damals in ihrem alterthümlichen Gewande allen bekannt und verständlich war, während die ganze deutsche
Literatur des 15. und 16. Jahrhunderts von der Albonacksage keine Spur enthält. ***) Zum Ueberfluß nennt
Cranach selbst in einem (Thl. I, S. 206 meines Buches)

---

*) Das wäre nun schon etwas spät, da Götz von Berlichingen
1562 starb, in welcher Zeit das Urtheil des Paris nicht mehr so
mittelalterlich ritterlich vorkommt.

**) In Darstellungen, wo er als Mercur angenommen werden
muß, wo er durch Beischriften als solcher bezeichnet worden, habe
ich nie ein Pferd gefunden.

***) Wenn auch in der deutschen Literatur keine Spur zu fin-
den wäre, so fragte es sich doch weiter: 1) haben die deutschen
Künstler ihre Gegenstände nur aus der deutschen Literatur geschöpft,
und 2) beweist der Mangel eines Nachweises darin, daß es überhaupt keinen Nachweis in einer andern Literatur gibt, daß man
denselben nur nicht kennt?

angeführten Rechnungsextract eins dieser Bilder «ein
paris auf Tuch von oelfarben»."

Selbst wenn man diesen Angaben im allgemeinen bei=
stimmte, so würde es sehr leicht sein, für das Gegen=
theil sprechende Angaben aufzustellen, wenn man nur
diese anführen, alles andere aber beiseitelassen wollte. Es
sind durch dieselben keineswegs die sämmtlichen andern
Darstellungen ausgeschlossen, abgesehen davon, daß unter
dem Angeführten vieles sehr ungenau und oberflächlich ist.

1) Der sein sollende Paris schläft auf allen den Cra=
nach'schen Vorstellungen (auch bei Altdorfer) niemals in
einer einsamen felsigen Gegend, er schläft jedesmal an
einem Brunnen in der Nähe einer Ritterburg, jedesmal
sieht man ein weißes Pferd bei ihm: bei den etwas
spätern oder auch gleichzeitigen Behaim, Brosamer u. a.,
wo die Göttinnen nackt erscheinen und die Attribute nicht
fehlen, fehlen Roß und Burg. Der sein sollende Mercur
weckt ihn, meist durch Berühren mit einem Stabe. Dieser
Stab ist aber kein Mercuriusstab mit Schlangen und Flügel,
es ist ein einfacher Stab, ein Scepter; der Mercuriusstab
kommt aber schon viel früher auf deutschen Kunstwerken vor.
Den schlafenden Ritter hat ein anderer, wie ich erwähnt, für
einen sterbenden oder todten genommen, und ist dadurch zu
der oben angeführten Bezeichnung eines Besuches der drei
Göttinnen bei dem sterbenden Paris verleitet worden.
Cranach hat den Schlaf des Ritters einigemal sehr tief
angenommen, da eine der drei Schönen es für nöthig
hält, das Wecken des Vaters mit dem Stabe durch einen
Anstoß mit dem Fuße zu unterstützen.

Nun läßt die englische Sage den König Alfred die
Burg des Albonack umkreisen und ihn in dessen Forste
einschlafen. Dabei scheint mir aber Ein Umstand auf die

Parissage nicht zu passen: Auf den meisten Cranach'schen Darstellungen schießt ein in der Luft schwebender Amor einen Pfeil auf die Schönen ab, was keinen Sinn hat: Die Göttinnen wollen nicht zur Liebesglut erregt werden, das könnte nur bei Paris oder bei den Töchtern von Albonack geschehen. *) In Virgil's Aeneide von Sebastian Brand, 1502, ist das auch auf dem Holzschnitte dazu so dargestellt, wobei der Paris nicht als Ritter, sondern als Schäfer erscheint; die drei Göttinnen sind nicht allein durch ihre Attribute, sondern auch noch durch die bei= geschriebenen Namen bezeichnet.

2) Die Darstellung der jüdischen Geschichten zu Flavius Josephus in der Rüstung des Götz von Ber= lichingen paßt nicht hierher, da der Anführer Moses nicht geharnischt vorkommt, die Krieger als solche aber hier gar nichts beweisen.

Wenn aber auch früher dieser Gegenstand ganz so dar= gestellt wird, wie er ähnlich bei Cranach vorkommt, z. B. auf einem Kupferstich aus dem 15. Jahrhundert, welcher in dem Weigel'schen Archiv (1857, III, 348) **) von

---

*) Auf einer Titeleinfassung, die dem Cranach zugeschrieben wird (Thl. II, S. 292, Nr. 140), ist das auch beobachtet.

**) Historia Trojana des Guido von Colonna, etwa um 1642. — Schon von Murr, „Beschreibung der vornehmsten Merkwürdig= keiten in des H. R. Reichs freien Stadt Nürnberg", hat einen fast gleichen, vielleicht denselben Kupferstich beschrieben, da die Beischriften zu den Figuren fast gleich sind. Oben über der Stadt steht; Troja magna, zur Rechten Pallas mit dem Zettel: Tribus victoriam et potestatem ultra sampsonem; Juno mit der Beischrift: Divicia mundi mea sunt dico tibi; Venus: O mea sunt dona amoris; Mercur mit den vier Zeilen: Paris de troja affectantem considera illarum trium pulchriorum ydolorum cui donabit hoc puram nec denegabitis nam vobis multas dabunt laudes et honores. Paris geharnischt, liegt am Springbrunnen: paris de troja. O mercury certe multum apparet difficile et venus vere pulchrior mihi videtur esse. —

Director Momsen beschrieben ist, so ist dabei alles durch
Namen und Beischriften so bezeichnet, daß über den
Gegenstand kein Zweifel entstehen könnte. Das alles
schließt aber gar nicht aus, daß eine Anwendung der
Parisgeschichte auf eine andere Sage unzulässig oder unwahrscheinlich wäre, da doch hundert andere christliche,
historische und mythologische Darstellungen gleichmäßig
auf andere Gegenstände gedeutet und dargestellt worden.
Durch den erwähnten Holzschnitt zu Birgil's Aeneide erfährt man, daß diejenigen, welche vom classischen Alterthum Kunde hatten, wie Brandt, sich auf beibildlichen
Darstellungen deutlich ausgesprochen haben. Da nun
Cranach mit den gelehrtesten Männern auf einer der
berühmtesten Universitäten in vertrautestem Verkehr lebte,
dieselben an seinen Arbeiten lebhaften Theil nahmen, so
läßt sich wol annehmen, daß er die Geschichte des Parisurtheils gekannt und daß er sich in der Darstellung
deutlicher ausgesprochen habe. Die meisten dieser Bilder

Herr Momsen hat sein Blatt beschrieben: Paris liegt, vollständig wie ein Ritter gerüstet, schlafend, rechts auf dem Bilde,
mit dem Kopfe (Helm darauf) auf dem Rande eines Brunnens,
mit der Rechten hält er an einer in die Erde gepflanzten Parti-
sane. Dabei die Legende: Paris de troja, darunter: O Mercurii,
certe multum apparet difficile sed Venus vere pulchrior videtur
esse. — Mercur mit hoher Mütze und langem Kleide, den Apfel
in der Rechten, berührt mit dem in der Linken gehaltenen Stabe
den Paris. Dabei Mercurius, und dann die Legende: Paris
de Troja, affectanter considera istarum trium pulchriorum
idolarum, cui donabitis hoc pomum nec denegabitis, nam
vobis multas dabunt laudes et honores. Dann immer weiter
von rechts nach links gehend, folgen die drei Göttinnen.
Venus (mit der Krone), von der ein Schleier herabfällt, Juno
(in Zöpfen), Pallas (mit einer Blume), alle nackt. Bei Venus
die Legende: O mea sunt dona amoris vincula; bei Juno diese:
Divitiae mundi mea sunt dona, dico tibi; bei Pallas die
folgende: Tribuo victoriam et potestatem ultra sampsonem.

sind dazu aus seiner spätern Zeit, und sein Sohn hat
diesen Gegenstand auf gleiche Weise dargestellt, wie auch
Künstler, wie die Richter, welche in der ersten Hälfte
des 17. Jahrhunderts lebten, es gleichfalls gethan haben.
Das von mir angeführte Bild (I, 206), das Cra=
nach in der Rechnung „ein Paris auf Tuch (Lein=
wand) in Oelfarben" nennt, hat er 1550 in Augsburg
gemalt, wo er mit Tizian in persönlichem Verkehre lebte
und von dem er wol manches erfahren und angenommen
haben mag, z. B. daß er auf ölgrundirte Leinwand malte,
wovon kein zweiter Fall bei ihm vorkommt; sollte er da
nicht auch bei der Darstellung des Parisurtheils von ihm
belehrt worden sein, sodaß er das Bild mit Fug nnd
Recht nun einen Paris nennen konnte. Fände sich das
Bild auf, so würde das in dieser Angelegenheit ent=
scheiden.

Auch Dürer hat diesen Gegenstand ganz in derselben

Der Brunnen und die fünf Figuren sind von einer Umpfählung
eingeschlossen, in deren Bereich Gras und Blumen sprießen.
Hinten sieht man eine vielthürmige „Troja magna", Wasser da=
vor mit einem Schiff, rechts auf einem Berge ein Castell, links
der Thurm eines Wächters. Alles recht deutsch aussehend. Der
Stil und die Behandlung mit dem Grabstichel scheinen mir (doch
ich verstehe nichts davon) wenig oder gar nicht von dem bei Nr. I
verschieden. (Ein Kupferstich aus gleicher Zeit wie der beschriebene:
die zehn verschiedenen Lebensstufen, vom 10. bis zum 100. Jahre
darstellend.) Der Schluß der Beschreibung dieses Kupferstiches
lautet bei Momsen l. c.: „Die Schraffirungen der Schatten sind
meist sehr fein und nur aus geraden Linien bestehend; Köpfe zu
groß, Nasen und Finger lang. Die lateinischen, sehr undeutlich
gothisch geschriebenen Legenden enthalten offenbar ungewöhnlich viel
Fehler; der Graveur mochte sie zum Theil selbst nur halb ver=
stehen. Das Plattdeutsch (?) weist wol nach Köln und Umgegend
hin." Diesen Schluß habe ich nur wegen der Bemerkung ange=
führt, daß die beiden Blätter aus derselben Zeit sein möchten.

Weiſe in einem kleinen Kupferſtich dargeſtellt *) (B. 65)
wie Cranach auf einem Bilde der gothaer Galerie:
Der ſein ſollende Mercur iſt ein alter Herr, mit langem
Bart, ohne Kopfbedeckung, mit bis an die Knie reichen-
dem Ueberkleide mit breitem Pelzkragen, wie Dürer ſich
auf dem Bilde der zehntauſend Märthrer, jetzt in der
wiener Galerie, und Cranach auf dem weimariſchen Altarbild dargeſtellt hat. Der jugendliche geharniſchte Ritter
auf dem Dürer'ſchen Blättchen liegt vorn links in der
Nähe eines Brunnens, und der alte Herr rührt ihn am
Kopfe an, um ihn zu wecken, während er in der Linken
einen Apfel oder eine Kugel hält. Darin wird man aber
eher einen Burgherrn als einen Mercur erkennen, da
man nicht die geringſte Andeutung von Flügeln bemerkt.
Links ſtehen die drei weiblichen Geſtalten, wovon zwei
nur mit einem Tuch um die Hüften bekleidet ſind, die
dritte ganz nackt iſt. Dagegen hat dieſe eine Art Haube
mit Flügeln daran. Ganz zurück ſieht man ein Pferd
von hinten. **)

Nun iſt zwar richtig, daß der Apfel in verſchiedener
Form ſelten fehlt, es wäre aber doch Cranach und andern
damaligen Künſtlern gar zu wenig Witz zugetraut, wenn
ſie nicht das Urtheil des Paris auf einen ähnlichen Fall,
als Gleichniß, hätten anwenden können, zumal, da dergleichen Parallelen, Anſpielungen oder wie man es nennen
will, der damaligen Zeit ganz eigen waren. Orpheus

---

*) Ueber dieſes Blatt, wie einige andere, die dem Dürer zu-
geſchrieben werden, wahrſcheinlich aber von Cranach herrühren,
ſehe man weiter unten.

**) Die ganze Zeichnung und auch der Stich dieſes Blättchens
macht eher den Eindruck von Cranach als Dürer, ſowie der Holz-
ſchnitt B. 134 gewiß nicht von Dürer, ſondern von Cranach iſt.

wird auf Christus gedeutet, die Erhöhung der ehernen
Schlange auf die Kreuzigung Christi, Jonas auf die
Auferstehung u. s. w. Aus Perseus ist bei den christlichen Künstlern ein heiliger Georg geworden, sodaß es
niemand einfällt, dabei noch an Perseus zu denken.
Altdorfer hat auf dem Holzschnitt von 1511 einen phan-
tastischen, aber entschiedenen Mercur und das Parisurtheil
dargestellt, wo Frau Eris den Zankapfel unter die Göttinnen wirft; aber auf dem Kupferstiche von ihm ist
der sein sollende Mercur ganz wie bei Dürer bekleidet,
scheinbar noch einen Kranz um eine eigenthümlich ge-
staltete Krone oder Mütze, und mit einem Scepter in
der Rechten. Er faßt den sitzenden jüngern Mann, der
nicht geharnischt ist, aber ein Schwert neben sich liegen
hat, mit der Linken an die Schulter, um ihn zu wecken.
Der Apfel fehlt ganz. Von den drei Schönen hat keine
ein Attribut, oder ist sonst charakterisirt, nur vor der
mittelsten steht ein Amor, der aber wol als ein allge-
meines Zeichen, Erläuterung des Vorganges gelten kann.

Nimmt man noch dazu, daß durch die neuesten
Forschungen über alte Sagen sich immer mehr heraus-
stellt, daß fast keine als ausschließliches Eigenthum eines
bestimmten Volkes, einer bestimmten Periode oder Gegend
erscheint, wie z. B. die Faust- und Tellsage, so könnte auch
von dieser Seite noch Aufschluß kommen.

Brosamer, der oben auch gegen die Albonacksage
angeführt ist, lebte zwischen 1537 und 1554, und kannte
gewiß auch Cranach's Werke und die fragliche Darstellung,
wovon ein Holzschnitt aus dem Jahre 1508 existirt.
(Thl. II, S. 273, Nr. 118.) Auch auf einem der sogenannten Authographa Lutheri kommt diese Darstellung
vor. Ebenso kannte er gewiß das oben beschriebene

kleine Dürer'sche (?) Blatt, sodaß es nicht wahrscheinlich
ist, daß er, wenn er darin das Urtheil des Paris er=
kannt haben sollte, es in ganz anderer Weise dargestellt
haben würde.

Aus dem Bisherigen wird man wenigstens erkennen,
daß ich nicht um jeden Preis die Geschichte des Ritters
von Albonack durchzufechten die Absicht gehabt habe; ich
habe deshalb sogar manches angeführt, was nur für
die Parissage spricht, und was von den Gegnern nicht
angeführt ist. Demungeachtet konnte ich nicht unter=
lassen, weiter über die englische Sage nachzuforschen,
über die Möglichkeit und Wahrscheinlichkeit, daß und
wie dieselbe im Mittelalter auch in Deutschland bekannt
geworden sein könne. Deshalb versäumte ich keine Ge=
legenheit, bei englischen Kunst= und Literaturfreunden
anzufragen und durch befreundete Männer nachfragen zu
lassen.

Nach vielen vergeblichen Versuchen erhielt ich durch
die liebenswürdigste Gefälligkeit des Herrn Dr. Carlyle
in London, durch Vermittelung des Herrn Geh. Hofrath
Marshall in Weimar, folgende Mittheilungen:

„Es findet sich in keiner Geschichte Alfred's des Großen
die Erwähnung eines Mannes wie Wilhelm von Al=
bonack *), ich versicherte mich dessen vergangenes Frühjahr.

---

*) Bei dieser Sage ist, wie auch hier geschieht, gewöhnlich
König Alfred der Große mit König Alfred von Mercia verwechselt
oder zusammengebracht, obgleich in dem folgenden Auszuge aus
Leland's „Itinerary" ausdrücklich letzterer genannt ist, und obgleich
auf dem Kupferstiche von Michel, nach Benj. West, Alfred König
von Mercia angegeben ist. Auch Rathgeber in seinem Buche über
die gothaer Galerie hat den gleichen Fehler begangen, wie ich
selbst nach den verschiedenen Angaben anderer gethan hatte. Daß
man die beiden Könige schon früher nicht gehörig geschieden hat,

Gleich als ich nach London kam, habe ich in der Angelegenheit an den Herzog von Rutland geschrieben. Er
ist ein alter Mann, und Lord John Manners, sein ältester
Sohn, beantwortete meinen Brief. Ich schließe die Antwort bei. *) Auch habe ich für Sie abgeschrieben, was
John Leland in seinem «Itinerary» sagt, beibehaltend
seine alte Orthographie, welche Herr Marshall Ihnen,
wenn es nöthig ist, erklären kann. Leland starb im
Monat April des Jahres 1552 und ist noch jetzt im
Ansehen."

Der von Herrn Dr. Carlyle mitgetheilte Auszug aus
Leland **) lautet:

„Im Jahre unseres Heils 734, kam Alfred V.

---

geht schon daraus hervor, daß das weiße Pferd, welches bei Alfred
dem Großen eine Rolle spielt, in der Darstellung, wovon hier
die Rede ist, niemals fehlt. Rathgeber führt aus Francis Wise's
„Letter to Dr. Mead" u. s. w. (Oxford 1738) und andern Schriften
an: „Bekanntlich sieht man an einem Hügel auf dem Wege nach
Bath Alfred's weißes Pferd in einem hohen Kalkhügel ausge-
graben, von so beträchtlicher Größe, daß es 160 ☐ Ruthen einnimmt
und zehn englische Meilen weit deutlich gesehen werden kann u. s. w."
Eine kleine Abbildung davon soll sich im „Gentlemen's Magazine",
J. LXVI, P. I, p. 105, Fig. 2, und in „Blätter aus der Gegenwart für nützliche Unterhaltung und wissenschaftliche Belehrung"
von A. Diezmann (Leipzig, Juli 1833, Nr. 29) befinden.

*) Diese Antwort bezieht sich nur auf das von B. West ge-
malte Bild und lautet: „Ich bin vom Herzog von Rutland be-
auftragt, Sie auf Ihr Schreiben (vom 28. Mai 1856) zu be-
nachrichtigen, daß das Bild von Wilhelm von Albonack oder
Albini und seinen drei Töchtern von Benj. West in des Herzogs
sogenanntem Ankleidezimmer in Belvoir-Castle bis zum Brande
1816 hing, wo es mit vielen werthvollen Gemälden ein Raub
der Flammen wurde. Sie werden die Geschichte, welche das Bild
darstellt, in einer Schlußbemerkung in Nicholl's «Leicestershire»,
S. 24 des ersten Theiles, Bd. II, finden u. s. w."

**) Leland's Itinerary, 3. Edition by Hearne, Vol. VIII, fol. 70.
Gedruckt ist das Buch erst 1710. Leland lebte mit Hans Holbein

dritte König von Mercia, im .. Jahre seiner Regierung
auf das starke Schloß von Albonack nahe bei Grentham,
und begehrte eine der drei Töchter des Guliani von Albonack zur Liebsten (wyfe, altenglisch), worauf Guliani
verlangte, daß er die Nacht auf seinem Schlosse bleiben
solle. Am folgenden Morgen brachte Guliani seine älteste
Tochter, Abeline genannt, ganz nackt, an der einen Hand
und ein Schwert in der andern. Dessen Frau führte
die zweite, Ethelrede, und Guliani der Sohn führte die
dritte, Maude, und ein Schwert in der andern Hand.
Guliani der Vater sagte zu König Alfred: Sire, hier
sind meine drei Töchter, wählt zur Gattin welche ihr
wollt, wollt ihr aber eine zu Euerer Beischläferin haben,
so werde ich sie mit eigener Hand tödten. Der König
antwortete, daß er die Absicht habe, eine derselben zur
Frau zu nehmen, und wählte Ethelrede, die ein fettes
Hintertheil hatte. Und von ihr hatte er Alurede, welche
so die erste der Sachsen der englischen Monarchie
wurde."

Leland bemerkt dabei, daß er diese Erzählung in
einem alten Buche (out of an old book *)) gefunden
habe, das sich in der Bibliothek des Grafen Rutland
befunden. In einer Randbemerkung fügt er zwar bei,
daß er die Erzählung für Unwahrheit, für eine Lüge

---

im Verkehr, wie daraus erhellt, daß dieser sein Porträt in Holz
schnitt. Da nun Holbein diese Erzählung aus dem Manuscript
oder durch mündliche Mittheilung kennen konnte, so ist das Bekannt=
werden in Deutschland durch ihn doch keine so arge Unwahrschein=
lichkeit. Holbein starb nur ein Jahr später als Cranach, und
dieser konnte auch schon früher bei dem Verkehre der Reformatoren
Kunde von der Sage erhalten haben.

*) Es fragt sich freilich, ob unter old book nur ein gedrucktes
Buch oder auch ein Buch in Manuscript verstanden werde.

halte; darauf kann aber für den Zweck der Kunst gar
nichts ankommen; wir müßten sonst vielleicht den besten
Theil aller poetischen Darstellungen als Unwahrheiten
beseitigen, wenn man nur historische prosaische Wahr=
heit gelten lassen wollte. Interessant wäre es aber
jedenfalls, das old book aufzufinden, aus dem Leland
diese Erzählung mittheilt, und eine Notiz über das Be=
kanntwerden in Deutschland. Es ist schon manches für
unwahrscheinlich Gehaltene durch einen Zufall dennoch zur
Gewißheit geworden. Unterdessen kann jeder bei seiner
Ueberzeugung beharren. Schließlich kann man doch immer
zu der Frage wieder veranlaßt werden: Wie kommt
denn nur das old book zu der unbekannten Sage, und
was konnte Benj. West verleiten, wenn er sie für
gar nicht existent hielt, eine Vorstellung danach zu
wählen? Notiz von dem Buche mußte er doch haben
und wahrscheinlich andere auch, wie die englischen Jour=
nalartikel das zeigen, und wie kein Engländer außer
Leland, der die Sache für unwahr hält, etwas dagegen
erwähnt. Es bleibt also immer das Ende der For=
schungen abzuwarten.

Sollte ein Künstler oder Gelehrter irgendeine auf
diese Angelegenheit bezügliche Notiz finden, so wird er
sie gewiß bekannt machen oder sie mir freundlichst mit=
theilen.

-----

4) Ueber Gold- und Silberdruck von Lucas Cranach.

Herr Archivar Herberger in Augsburg hatte in einer
Schrift: „Conrad Peutinger in seinem Verhältniß zu
Kaiser Maximilian I.", eine urkundliche Nachricht ge=

bracht, wonach ein Hofmaler Kurfürst Friedrich's III. von Sachsen Bildniffe mit Kurisser (Küraffe, Harnische) mit Gold und Silber druckte. In einem Artikel im „Deutschen Kunstblatt" (1851, S. 419) bezog ich die Erwähnung des Hofmalers auf Cranach.

Da ich nun in einem Artikel im „Archiv für die zeichnenden Künste (II, 171) über einen andern Maler diefes Fürsten (Meister Johan) einiges mittheilte, der gleichzeitig in deffen Dienften war, so äußerte Herr Dr. Nagler *) die Meinung, daß es ebenso gut diefer Meister Johann sein könne, von dem die erwähnten Gold- und Silberdrucke gemacht worden.

Die Behandlung des erwähnten Golddruckes scheint mir aber neben andern Gründen, wie ich sie in einer Bemerkung zu Herrn Nagler's Artikel in derselben Zeitschrift (IV, 295) mitgetheilt habe, nur für Cranach zu sprechen; von ihm existiren die erften Holzschnitte von 1506 in Hellbunkel (clairobscurs).

Später fand ich in einem französischen Buche: „Essai typographique et bibliographique sur l'histoire de la gravure sur bois par Ambroise Firmin Didot" (Paris 1863) eine Notiz über diesen Gegenstand.

S. 34 sagt der Verfaffer, sich auf den Artikel von Dr. Nagler in dem Weigel'schen (Naumann'schen) Archiv beziehend:

„Un renseignement, que je dois à l'obligeance de M. le Feld-maréchal Hauslab, m'apprend qu'il possède, imprimé sur velin, le portrait de la statue équestre de l'empereur Maximilien I (probablement imprimé

---

*) Weigel's Archiv für die zeichnenden Künfte, Jahrg. 3, S. 56.

en camaïeux, daté de 1505, comme l'exemplaire sur
papier que je possède; mais son épreuve est r e h a u s s é e
d'or par l'impression d'une autre planche.
C'est peut-être le seul exemple qui nous soit resté
de ce genre d'impression appliquée aux' cuirissers,
d'ont parle Peutinger."

Jedermann wird zugeben, daß das ein interessanter
Fund für obige Frage wäre, nur schade, daß nicht ein=
mal muthmaßlich angegeben, von wem das Blatt her=
rühre. Wäre die angeführte Jahreszahl 1505, die auf
dem Blatte befindlich sein soll, richtig, so wäre die Nach=
richt Peutinger's jedenfalls falsch. Die von Herrn Archivar
Herberger S. 26 abgedruckte Nachricht desselben lautet:
„In verschinem Jahre (1507) hat E. F. G. Kamerer
Herr Degenhart Pessinger (Pfessinger) mir kurisser von
golb vnnd Sylber, durch E. F. G. Maler mit dem Truck
gesertiget, geanntwurt, mich damit bewegt, sollche Kunst
allhie auch zu wegen zu pringen, vnd wie wol ich das
ain Costen getragen, so hab ich doch von golb vnnd
Sylber, auf pirment*) getruckt, kurisser zu wegen ge=
bracht, wie E. F. G. ich hiemit ein prob zuschicke, Ewr
furstlich durchlauchtigkeit unterthanigklich bittende, wöllen
die auß gnaden besichtigen vnd mir zu erkennen geben,
ob die also gut getruckt seyen, oder nit. 1508 Sonnt.
nach Mauritii." (Peutinger an den Herzog Friedrich zu
Sachsen, Kurfürsten.)

---

*) Von den Cranach'schen Abbrücken ist nicht gesagt, daß sie auch
auf Pergament gedruckt gewesen; der bei Didot erwähnte ist aber
auf Pergament gedruckt, und es ist schade, daß Peutinger nicht
angegeben, was sein Pergament- oder Cranach's Abbrücke vor-
stellten.

Wäre also die Jahreszahl 1505 auf dem von A. F. Didot angeführten Abdruck mit der Reiterstatue Maximilian's I. richtig, so wäre der Versuch Cranach's, der nicht wohl früher als 1506 oder 1507 gesetzt werden könnte, nicht ein erster, und Peutinger hätte den frühern nicht gekannt und erst 1508, auf Veranlassung des Cranach'schen Abdruckes, dasselbe versuchen lassen. Deshalb wäre es interessant, festzustellen, von wem und wo die Reiterstatue Maximilian's gemacht worden, weil dadurch zugleich die Entscheidung über die Erfindung des Hellbunkels einen Schritt näher gebracht würde, die bisjetzt nach den vorhandenen sichern Beweisen dem Cranach zugesprochen werden muß.

Nun gibt Bartsch unter Burgkmair (S. 211, Nr. 32) die Beschreibung der Reiterstatue Maximilian's I. mit der Jahreszahl 1518 und erwähnt dabei auch des Clairobscur, ohne anzugeben, ob es mit drei Platten gedruckt sei und ob auch dieses die Jahreszahl 1518 habe. — Ritter von Bartsch, „Die Kupferstichsammlung der Hofbibliothek in Wien", gibt S. 288 ebenfalls einen Abdruck dieses Blattes von zwei Platten, mit der Jahreszahl 1519, an, und in dem Lagerkatolog (der Kupferstichsammler) von Posonyi in Wien, Nr. 2338, ist ein heiliger Georg zu Pferd in Clairobscur als Seitenstück zu Maximilian I., mit Jost de Necker's Namen, mit 275 Fl. angeboten. Nach alledem scheint die Angabe von Firmin Didot auf einem Irrthum oder absichtlicher Täuschung zu beruhen. Ueber den angegebenen Golddruck läßt sich ohne eigene Anschauung unter solchen Umständen nichts für und nichts wider äußern.

5) Noch einige Worte über die Eigenhändigkeit der Dürer'schen, Cranach'schen u. a. Holzschnitte der großen Meister des 15. und 16. Jahrhunderts.

In der Einleitung zu dem Verzeichniß der Holzschnitte, welche Cranach zugetheilt werden (Thl. II, S. 163), hatte ich ausführlich über dieses Kapitel gesprochen. Gegen meine Ansichten über diesen Punkt haben nun Herr Dr. Kugler sowol als Herr Sotzmann in ihren Beurtheilungen meines Buches mancherlei eingewendet. Darüber will ich hier theilweise wiederholend, theils ergänzend Folgendes anführen: Die verschiedenen Meinungen über diesen Punkt werden sich nie vereinigen lassen, solange man die eine oder andere Ansicht als die allein und ausschließlich richtige anerkannt wissen will. Hier liegen so viel Fälle vor und Nachrichten, daß es thöricht ist, diese durch Verschweigen oder gar aus Gründen beseitigen zu wollen. Daß ich für die ausschließliche Eigenhändigkeit überhaupt gesprochen, ist eine falsche Behauptung, vielmehr habe ich beständig mich dagegen geäußert, wie ich im allgemeinen und bei einzelnen Fällen angegeben, sodaß Herr Sotzmann sogar gegen meine Meinung für eine Cranach'sche Arbeit das Wort genommen, die ich nicht durchschnittlich als solche anerkennen konnte. Wer aber unbedingt die Eigenhändigkeit der großen Meister des 15. und 16. Jahrhunderts ableugnen will, wie Herr Sotzmann thut, der begeht eben den Fehler, dessen er andere beschuldigt. Siehe

auch oben unter den Bemerkungen zu den Kugler'schen
und Sotzmann'schen Recensionen.

Eine gelegentliche Aeußerung Peutinger's bei Gelegenheit des Goldbruckes: Euer Maler hat's gemacht,
spricht auch für meine Meinung.

B. Biographisches.

1) Cranach Buchdrucker und Verlagsbuchhändler.

Daß Cranach Verschiedenes unternommen, daß er unter anderm Buch= und Papierhandel betrieben habe, daß er eine Apotheke gehabt, ein Landgut u. s. w., war bekannt; es war auch anzunehmen, daß er einige Holz= schnittwerkchen und einzelne Holzschnitte selbst verlegt habe; daß er aber größere Werke, eigene Verlagsartikel habe drucken lassen, darüber hatte sich bisjetzt noch keine sichere Nachricht vorgefunden.

Heller, §. 7 seines Buches über Cranach, erwähnt „daß nach Aussage des Dr. Joachim Beust Cranach mit Christian Goldschmidt aus Thüringen, nach andern im Jahre 1506 mit dem Goldschmied Georg Döring, und wieder nach andern unter seinem eigenen Namen eine Druckerei errichtet habe, wozu sein Freund Christian Goldschmidt die Kosten größtentheils bestritt. Allein jede dieser Meinungen ist sehr zu bezweifeln".

Der angegebene Grund dieses Zweifels, daß noch von keinem einzigen Bibliographen ein Buch erwähnt sei, worin der Name Cranach's oder einer der genannten vorkomme, schien allerdings richtig.

5*

Die erwähnte Stelle aus einer Rede Beust's: „De vita Jo. Schneidevini" *), lautet nun in der Uebersetzung: „Der ehrsame Mann aus der ehrenwerthen Familie dieser Stadt, mit dem Geschlechtsnamen der Thüringer, mit dem Zunamen Goldschmidt, hat hier in Gemeinschaft mit dem Maler Lucas dem Aeltern, zuerst auf seine Kosten eine Druckerei errichtet, damit die Verbreitung der Lehre durch Herausgabe und Veröffentlichung der Schriften Luther's und Bibeln in deutscher Sprache in großer Zahl gefördert werden könnte."

Diese Angabe stimmt nun vollkommen mit einem Druckprivilegium überein, das Cranach und Christian Döring von Johann I. erhielten. Das könnte freilich erst im Jahre 1525 nach dem Tode Friedrich's III. gewesen sein; es befindet sich dieses Privilegium nämlich in der heidelberger Bibliothek, in einem Quartbande mit Abschriften von Urkunden, die aus der Kanzlei des Kurfürsten von Sachsen Johann I., des Beständigen ergingen; es ist dies wahrscheinlich ein sogenanntes Copialbuch, in welches wichtigere Urkunden eingetragen wurden. Der Band hat die Jahrzahl 1524 auf dem Titel, und die folgende Befreiung, wie sie genannt wird, befindet sich Fol. 50 b **):

Befreyung denn Buchdruckern zu Wittenberg.

Von gots genadenn Wir Johanns hertzog zu sachssen vnnd churfurst cz. Nachdem vnns vnsere lieben getreuen Lucas Cranach vnnd Cristen Doring beide vnsere Burgere

---

*) Viteb. excud. Matth. Welack, 1577, 8., am Schlusse des zweiten Bogens.

**) Herr Erbkämmerer G. von Berlepsch zu Braunschweig entdeckte dieses interessante Actenstück und theilte mir auf meine Bitte die Abschrift davon gefälligst mit.   D. Verf.

zu Wittennberg zu erkennen geben, Wie wir den das
zuvor auch genugsam bericht worden, das sie ein zeither
zu anrichtung des drucks in vnnser stat daselbst zu Wittennberg, damit die Biblien new vnnd alt Testament auch
andere bucher gotlicher vnnd heiliger geschriften souil
dester mehr gefurdert werden mochten etwas merglichs
Irer narung gewanntt Vnnd sonderlich hetten sie Itzt
newlich got zu lob vnnd ehre auch der gemeinen Christen-
heit zu gut das obberurt new vnnd alt Testament castigirt vnnd also vonn newenn lateinischer sprach gedruckt,
Vnnd ob sie wol verhofft Sie woltenn sich mit der Zeit
Ires gelbes so sie zu furderung solches wercks darge-
wannd widerumb erholt habenn, So weren Inen doch
gemeiniglich die exemplare eher vnnd zuuor sie solchs In
druck pracht heimlich entwannt gedruckt vnnd also die
Bucher hin vnnd her In vnnser furstentumb zuuerkauffen
geschoben wordenn, Welchs Inen zu merglichen nachteil
gereicht vnd darauff unterteniglich gebeten Das wir Inen
zu erholung und ergetzung solchs erliben schadens die
genad erzeigen vnnd sie befreien wolten damit in einem
Jar das nechstvolgend von keinem Buchdrucker In vnnsern
Lannden furstentumben gebieten vnd obrigkeiten dann
allein durch sie beide oder Ire beuelhaber, das alt vnnd
new Testament lateinisch, zu Wittemberg gedruckt, auch
In andern vnnsern steten kein exemplar dauon verkaufft
mocht worden. Weil es dan die gelegenheit hat, das sie
zu furderung des wercks Irer Narung etwas ein merglichs dargestreckt vnnd also durch annbere frembde buchdrucker vnd buchfurer In schaden vnnd nachtheil gefurt,
Wir auch diese Ire bitt vnnd suchung nit vor vnzimlich
achten, So wollenn wir sie aus denselben obangezeigten
suchen vnnd vnnser furstlicher obrigkeit befreiet vnnd be-

gnabt haben, Als wir sie dan hiemit In vnnd mit
Crafft dis brieffs befreien vnd begnaden das die La=
teinisch biblien Welche sie Itzt castigirt nun furder
vonn Dato anzufahen ein Jar lanng In keiner andern
vnnser Stat oder andern vnser furstentumb Land ge=
bieten vnnd obrigkeiten gedruckt noch feyl gehabt werden
sollen, den allein zu Wittennberg durch obbenannts Lucas
Cranach vnd Cristen During oder Ire beuelhaber Ob
auch Jemants diese vnnser Befreiung vnd begnabung
übertreten die Lateinisch Biblien drucken oder in vnsern
steten gebieten vnnd obrigkeiten sahl haben wurd, dem
oder denselben sol es In keinen wege gestatt, sondern
Inen die biblien genomen, auch darzu so oft Ir einer
damit betretten, vnd also wider diese vnsere gegebene
Freiheit vnnd begnadung handeln wirdet ernstlich gestraft
werden. Befelen auch darauf allen vnnd iglichen vnnsern
grafen, freien hern amptleuten. den vom adel schossern
schultessen Gleitzleuten, Castnern Burgermeistern Reten
der Stete vnnd allen andern den vnnsere Ob dieser vnnser
befreiung vnd Begnadung die bestimpt Zeit aus vestig=
lich zu halten, vnd dawider niemals zu hanndeln gestaten,
das wollen wir vns zu euer Iden gentzlich vorsehen,
vnnd geschiet daran vnnser ernste mahnung zu urkunt cꝛ.
(Das Datum fehlt.)

Interessant wäre es nun, wenn man ein Buch auf=
fände, worin die Namen eines oder beider dieser Ver=
leger neben dem Druckort Wittenberg vorkämen.

Ob aber Cranach mit Christian Döring 1526 oder
nach J. Beust mit Georg Döring schon 1506 wirklich
eine Druckerei errichtet habe, oder ob es bei dem Vor=
haben und erwirkten Privilegium geblieben sei, darüber

war nichts weiter nachzuweisen. Erst ganz neuerlich hat
sich durch die Gefälligkeit und Aufmerksamkeit des Ar-
chivars Herrn Dr. Burkhardt ein neuer Beweis in dem
großherzoglichen und herzoglich sächsischen Gesammtarchiv
gefunden.

Es ist eine Beschwerde des Buchdruckers Melchior
Lotter des Aeltern von 1524 *) über Lucas Cranach u. s. w.
an den Kurfürsten, daß derselbe ihn aus seinem Hause
auf die Gasse gesetzt, und Dr. Martin Luther ihm den
zugesagten Druck der Bibel entzogen und an Cranach
gegeben habe.

Die betreffenden Stellen lauten:

„So hat mich meyster Lucas kranach mit dem andern
zeuge und armut ich noch in seinem Hause gehabt aus
seinem Hause barinnen ich eine gutte zeyt gewest auch
ausgetrieben vnd seine Druckerey selbst darein ge=
legt, borauf ich balbe in Wittenberg keyn Hauß hab be=
kommen mogen, vnd bin also nit mit geringen Schaden
vnd schmach aus großer nott gedrungen wurden mit
meynem weyb kindern gesinde vnd allem getzeuge vnd habe
In einen Stall eins barwirers Hause zu tziehen u. s. w.:
Aber gnebigster Churfürst vnd Herr Es ist ein anders
bahynder verborgen vnd nemlich das, das alle yr fur=
nehmen vnd anschlag bahyn gericht stehen, das sie C.F.G.
zu ungnaben wiber mich bewegen vnd mich vnd bie
meynen ganz vnd gar von Wittenberg bringen vnd ver=
treiben mechten. Und solchs ist aus yren handelungen
so sie wiber mich practiciren leichtlich abzunehmen zc.“

Nun gibt Lotter an, daß Martin Luther ihm den

---

*) Dieses Datum trifft nun mit obigem in der Heibelberger
Handschrift angegebenen Jahre zusammen, und die bestimmten Angaben zu der Beschwerde Lotter's lassen keinen Zweifel mehr übrig.

Druck der deutschen Bibel zugesagt, daß er alles dazu angeschafft habe: Papier, Lettern u. s. w. Seit der Zeit habe ihm Luther nicht ein Blatt zu drucken gegeben. Auch die lateinische Bibel habe ihm Dr. Martin Luther zugesagt und er habe alles dazu angeschafft, aber man habe ihn abermals hintergangen, man habe ihm beide Bibeln genommen. Da habe er Dr. Martin gebeten, Lucas Cranach und Christian Goldschmidt zuzureden, aber alles habe nichts geholfen, sie hätten einen fremden Drucker genommen. Eine Erwiderung Cranach's und Luther's darauf findet sich nicht vor, und man muß sich nur an das Factum halten, ohne die Gründe zu kennen, welche beide zu diesem Verfahren bestimmten.

Auch in einem Briefe Luther's an Spalatin vom Jahre 1525 kommt eine Nachricht über Cranach's Druckerei vor. Es heißt darin: „Optaram eam (epistolam) Lucae typis dari", und in einem folgenden andern: „Commendavi omnia Lucae nostro, ut curet 100 exemplaria Praeceptori mittere."

Auch schreibt der Kurfürst 1547 an seine Räthe, daß sie von Lucas Maler noch 2000 Salvagarben auflegen und ausstreichen (illuminiren) lassen und ihm durch zwei Boten zuschicken sollten. (S. unten bei den urkundlichen Notizen.)

2) Cranach's Apotheke.

(Proceß wegen gelieferter Waare und Beschwerde an den Kurfürsten wegen Beeinträchtigung des Apothekerprivilegiums.)

Wie bereits mehrfach erwähnt worden, besaß Cranach auch eine Apotheke, die er durch Diener verwalten ließ. Es läßt sich denken, daß es dabei nicht ohne Verdrießlichkeiten abgegangen sei. Ein derartiger Fall ist schon

oben Thl. I, S. 165, erwähnt, wo er durch einen Diener
Namens Seiffart in einen Proceß verwickelt wurde.
Dieser hatte nämlich Waaren bezogen, von denen Cranach
leugnete, daß sie für die Apotheke gewesen, und wollte
deshalb nicht zahlen. Dieser Proceß war 1550 noch
nicht beendigt, obgleich die Verschreibung schon 1539 er-
folgt war. Der Kläger, Johann vom Hofe in Braunschweig, macht Cranach den Vorwurf: „Er, der Maler,
suche nichts anders als eitel Hinterlist."

Zu Weiterführung dieses Processes stellte Cranach
für Matthias Gunderam Vollmacht aus. Dieser war,
wie wir oben aus einer Urkunde erfahren haben, Haus-
lehrer bei den Kindern des jüngern Cranach, und war
ebenfalls aus Cranach gebürtig. Die Vollmacht lautet:

„Ich Lucas Cranach der Elder Mahler vndt Burger
zu Wittenberg bekenne hiemit effentlich das Ich zu
Meynem Volmechtigern Anwaldt conſtituirt hab Mathiam
Gunderam meinen Vettern ꝛc."

Ob durch die Benennung Vetter eine wirkliche Ver-
wandtſchaft gemeint ſei, iſt nicht anzunehmen. *) Ueber
die endliche Beilegung des Proceſſes befand ſich nichts
Weiteres in den Acten.

Cranach beſchwert ſich aber auch mehrmals über Beeinträchtigung ſeines Privilegiums, daß andere Waaren
verkaufen, deren Alleinverkauf für Wittenberg ihm darin

---

*) Auf den Titel eines Buches, das dem Gunderam gehörte,
hat derſelbe geſchrieben: „Mathias Gundramy Cranach ſibi com-
parabat." Dazu iſt von ſpäterer Hand bemerkt: „Uitebergae obijt.
Mr. Johannes Voulffruum de Regiomonte. Vitebergae 1568."
Mit dieſem Autograph war nur von dem Titel abgeſchnitten:
„Cum Gratia et Privilegio Caes. Majeſt. ad decennium", wonach
alſo ſchon damals Druckprivilegien für kürzere Zeit ertheilt wurden,
ja nur für ein Jahr, wie oben in dem Druckprivilegium für Cranach zu erſehen.

zugesichert war. Da seine Beschwerde beim wittenberger
Stadtrathe nichts fruchtete, so wendet er sich in folgendem Schreiben an den Kurfürsten:

Durchlauchtigster Hochgeborner Churfurst meine vnter-
thane willige Dynst seyende E. Ch. F. G. mit hohem vhleyß
allzeyt zuuor an bereytt. Gnedigster Herr ich fueg E. Ch. F. G.
hiemith vntertheniglich wissenn das vnnd wiewol E. Ch. F. G.
awß sunder gnediger betrachtung das die Apothecke allhie zur
Wyttenbergk schwerlich one sondre E. Ch. F. G. Freyheitenn
mit yrer Zeuegeher statlich zue erhaltenn, haben E. Ch. F. G.
awch zue gnediger Forderung ge Stadth nuzes mich vnnd
mein Erbenn gemelter Apotheckenn besyzcer, lautts E. Ch. F. G.
daruber vorbriefftenn priuilegien vnther anbernn stuecken do
mith genediglich befreyhet vnnd begnad das kein Inwohner
allhie zcu Wittenbergk noch Frembder kramer gestoffene wurzce,
Confect, Zuckerr vnnd der gleychenn, hye seyhl Zcuhaben
ober Zcuverkauffenn macht habe, Welche E. Ch. F. G. priuilegien vnnd gnedige Freyheytt alles vbres fernhers lautts.
Wie woll ichs einem Erbarnn Rath allhie angezceygth
furbracht vnnd auffgelegt mich awch bey der selbichenn nach
vermugen E. Ch. F. G. barynne vorleyttenn begerenß Hannb
zcuhaben mehrmalß angeredt vnd gepettenn E. Ch. F. E. ernst-
lichs begerens vnnd volgender meiner gebettner Handhabung
vnangesehen Ist ezclichen einwohnernn allhyr an strefflich
einredt von gedachtenn Erbann Rath hyn vnnd wider ge-
stadt wordenn obangezceygte gestoffene warhe zcu vnleuttlichenn
schaden vnd vnrechtlichenn nachteyl entzcogens nuzces seyhl
zcuhabenn vnnd zcuverkawffenn. Derhalben pitt ich vnther-
teniglich E. Ch. F. G. wollen mich vnnd mein vnerzcogne
kynnd bey gegebener vnd vorschriebener E. Ch. F. G. Frey-
hetten vnnd priuilegien sunderlich diß sfalls gnediglichen handhaben Auch gemelten dießer E. Ch. F. G. Stadt Erbarn
Rath do hye bewtten vnnd weyßenn laffen do mith E. Ch. F. G.
vorschribne Freyheyt durch solch vngepurlich vbertrettung hin-
fur nicht veracht noch geschwecht werbe. Szo thue ich E. Ch.
F. G. zcue wissenn das ich vor zcweyen Iharen als ich die
Apothecken hab angenohmen da seind die Doctores vnd Erzth

darzcue gefordertt wordenn vnnd hab ben Apotecker von
Berlin hie her gebracht bie haben alle materiale vnnb krewtter
befichtiget was vnthuglich erffunben ist worden bas hat man
hinwegk gethan. Wie wol ich solchs nicht vorstenbig bin
Szo hab ich boch groffen vhleyß gehabt bas ich syber her
zcue Franckfurth vnnb zcue Leypzigk bas best hab laffen ba=
ryn kawffenn vnb. mir fawr ist worden bas ichs stebts umb
bar gelth gekaufft hab bas ichs nicht von einem Jharmargkth
zcu bem andernn gebordt hab als bie anbern Apotecker bie
man nicht lest allßo awßglawben Szo sye es awff ben
borgk nehmen, Noch hat man vil vnnuzcer rebe, es sey nichts
guts in der Apoteckenn Szo ist es boch stebts mein ge=
mueth gewest bas beste einzcukauffen vnnb bitt welcher etwas
fynbe bas nicht tuglich sey solches anzcuzceygen Darumb
ist meyn vnthertenige bitth an E. Ch. F. G. wolth ein ge=
nebigs einfehen habenn vnb vororbenen bas bie Doctores vnnb
Erzt nachmals in der apoteckenn vhleuffiglich wollen befichtigen
awff bas ich solches nachrebens enttlegigeth werbe, bas auch
wiberumb keine Doctor noch arczt kein Arczney awß feinem
hawß verkawfft berhalben solches zcu vorkhumen bitt ich
E. Ch. F. G. bevhel zeugewen bas ber felbige gestrafft werbe
als gebuerlich ist in andern Stebthen.

Solches E. Ch. F. G. gnebiges einfehens vnnb Hanb=
haben will ich mith meynem willigen trewen Dienst vmb
E. Ch. F. G. zcu vordienen in aller Demuth awff bas
hochst beslissen seyn E. Ch. F. G.

vntherteniger verpflichter
williger Diener Lucas
Chronach Maler.

Die Resolution ist auf biefer Eingabe bemerkt:

Lauts mallers supplicacion bem rabth ber gestoffe wurcz
zcuecker rc. halben vorzcuhalbenn.

Jt. ber Vnneverfitet ber matterialien halben rc.

Vniverfitet vnb
Capitel zu Wittenberg
belangent.

3) Ueber eine Statue Johann Friedrich's I. und einige andere Sculpturen.

Daß Cranach, wie mehrere andere Künstler seiner Zeit, namentlich Dürer, selbst Sculpturen, wenn auch nur kleinere oder Schnitzereien gefertigt habe, darüber findet man nirgends Nachricht oder noch vorhandene Arbeiten; nur Zeichnungen zu Münzen und Medaillen machte er, wie wir urkundlich nachgewiesen.

In einer Schrift Scheurl's *) wird eines größern Werkes gedacht, das in Cranach's Atelier, wahrscheinlich von einem Italiener, Namens Bangio, ausgeführt wurde. Ob Cranach auch dazu die Zeichnung gemacht habe, ist nicht gesagt, nur die Vergoldung daran wird von ihm besorgt.

---

*) Christophori Scheurli I. U. Doctoris libellus de Sacerdotum ac rerum ecclesiasticarum prestantia etc.: 1511. Johann Weyssenburger Impressit Landesutensi. Die ausführliche Angabe und Beschreibung lautet: „Et ut cetera taceam, in medio basilice, optimorum principum jussu et impensis columna marmorea tante pulchritudinis ut enea putetur nuper erecta, erecte simulachrum deipare virginis, ex utraque parte quippe duplicatum est, filiolum et sceptrum gestantis impositum conspicitur. Virgini herent angeli servientes ad quadraginta: duo illam coronant, quattuordecim candelabra lucentia tenent: alii dominam laudant in timpano, in cithara alii. Opus in officina Chronachia arte et ingenio Conradi Vangionis sculptum et pictorum opera ita suis locis deauratum existit ut preter spiritum parum deesse putes. Ut qui mores hominum multorum viderunt et urbes affirment longe lateque tam egregium non extare.

Regina celi tota pulchra, tota amabilis, facie oblonga vultu sereno et delectabili, crinibus expansis, oculis demissis. Hinc puero uvis alludit, illinc ave angelus applaudit. Quam die in noctem vergente, clerici ordini circumstant, alta voce reverenter consolantes. Quod et ipsi religiosissimi principes his diebus instituerunt: quibus gloria pax, victoria et sempiterna salus.“

Ueber eine Statue Johann Friedrich's I., welche sich nach Wegführung desselben in die Gefangenschaft unter denjenigen Gegenständen befand, welche in Cranach's Gewahrsam geschafft wurden, ist Thl. I, S. 192, eine urkundliche Nachricht mitgetheilt. Daß diese Statue in Stein dieselbe sei, welche sich noch jetzt in der Schloß-kirche zu Wittenberg befindet, von wo sie der Kurfürst wegzunehmen und in Cranach's Haus zu schaffen befahl, ist wahrscheinlich; sie mag später wieder dahin gebracht worden sein.

Mentzius in seinem „Stammbuch", 1598, Bogen M. v., gibt auch eine Nachricht von einer Statue Johann Friedrich's I.: „Das man jm eine steinern statuen zur gedechtnus in die Festung setzen vnd aufrichten wollen wie sie dann dem maler mit Farben Gold vnd Silber vffs prechtigst zu zieren ins Haus bracht. Weil aber der Kayser den Kurfürsten vberzogen, bey Möllberg gefangen, Wittenberg belagert, vnd die Chur ihm entwendet, ist gedachte statue in Lucas Malers Hoff in einem Winckel bis vff diesen Tag vnverfertigt liegen blieben." Da diese Statue dem Kurfürsten wegen Befestigung der Stadt Wittenberg errichtet worden sein soll, so läßt sich nicht annehmen, daß es diejenige sei, welche nach obiger Nachricht aus der Kirche in Cranach's Haus geschafft wurde.

In einem Briefe Luther's an Spalatin (1545) ist ebenfalls von einer Statue Johann Friedrich's die Rede, aber von einer hölzernen, die von Cranach angemalt werden sollte, die sich aber in Torgau befand: „Deinde statua illa principis Torgae posita lignea est. Vidi eam in Domo Lucae, antequam pingeretur."

4) Berufung Cranach's zu seinem Herrn, dem Kurfürsten Johann Friedrich, während dessen Gefangenschaft.

Oben im ersten Theil, S. 195, hatte ich schon die Notizen und Urkunden beigebracht, woraus hervorgeht, daß Cranach auf besonderes Verlangen des Kurfürsten Johann Friedrich dessen Gefangenschaft getheilt habe. Dadurch wurde die oft wiederholte Angabe widerlegt, daß Cranach aus eigenem Antriebe freiwillig seinem Herrn gleich von Anfang an in die Gefangenschaft gefolgt sei. *) Dabei hatte ich vermuthet, daß die Unterhandlungen darüber durch Briefe möchten zum Abschluß gekommen sein, die nicht mehr vorhanden wären. Das letztere ist größtentheils unrichtig, da sich später mehrere Briefe gefunden haben, die den ganzen Verlauf deutlich bezeichnen:

1) Ein Brief des nachherigen Canzlers Christian Brück d. d. Weymar montags nach Quasimo= bogeniti Anno Domini 1550.

Ich bin bedacht auff heuth dat. gegen Wittenberg mit Gottes hülff zu reysen vndt wil doselbst Ewe. F. G. beuehlich mitt meynem Schweher dem alten Lucassen fleyssig ausrichten, Auch alsbald zu meiner widberkunft anhero nicht vnterlassen Ewer F. G. von allerley vmstenden, desgleichen auch was Ich bey M. Philippo des abenteurlichen vndt kyrchendiebi= schen Pfaffen halber von welchen erzelung gethan, vor mich selbsten erforschen werde, vnthertenniglich zu berichten zc.

---

*) Wenn man nur die Gunderam'sche Denkschrift beachtet hätte, worin ausdrücklich gesagt ist: „Als aber der Kurfürst von Sachsen nach Belgien abgeführt worden war, wurde Lucas von seinem im Auslande lebenden Herrn wiederholt von Wittenberg zu sich verlangt, und er ging endlich 1550 nach Augsburg u. s. w." S. Thl. I, S. 187.

Durch diesen Brief ist außer allen Zweifel gesetzt, daß der Kurfürst ein Verlangen hatte nach dem Umgang des vieljährig erprobten treuen Dieners und Freundes, und daß er deshalb dem Schwiegersohne desselben Auftrag gab, bei Cranach zu erforschen, ob er sich zu ihm in die Gefangenschaft begeben wolle. Cranach mochte eine gleiche Sehnsucht nach seinem verehrten Fürsten hegen, und die Anfrage mochte alle die glücklichen Erinnerungen des frühern Verhältnisses wach rufen, sodaß er sich sogleich bereitwillig erklärt, dem Willen des Kurfürsten zu folgen. Dies geht aus einem weitern Briefe hervor, worin er wegen des empfangenen und ausgerichteten Auftrags in Wittenberg berichtet:

2) Brief des jüngen Brück an den Kurfürsten, wegen seiner und L. Cranach's Reise nach Augsburg. Donnerstag nach den heyligen Pfingsten Anno Domini 1550.

Ich bin etliche die nechst vorschinene wochen zu wittenberg in meines vatters obliegenden geschefften gewesen, vndt doselbsten auch vnter anderen Ew. F. G. gnedichsten mihr gegebenen beuehlich bey meinem Schweher meyster Lucassen ausgerichtet, demnach weyß Eueren F. G. Ich In vntherthenikeyt nicht zu verhalten Das ich erstlich genanbten meinen Schweher frisch vndt gesundt gott lob befunden Vndt wiwol er an seinem Alter vndt mitt zimlich vielen Jaren zugenommen, So habe Ich doch an seinem leybe vndt gemueth kein abnehmen gespuhret, Sondern selbsten von Ihm gesehen, das er Itziger zeydt nicht weniger als zuvor keine stunde ledig obber muessig sitzen kahn, welches mich dan sehr verwundert, Zum andern hat er sich auff mein gethanes anbringen Jegen Eweren F. G. von wegen derselbigen gnedichsten begerens ꝛc. mitt ernstlichen Seufftzehn vndt weynenden augen In aller vntherthenikeyt bedancket, vndt mich gebethen, Eueren F. G. von seinetwegen vntherthenichstes zu schreyben vndt mitt wenig

wortten ſeine arme vntherthenichſte vndt alzeydt gehorſame
Dinſte zuvormelden, Dan er wehre durch vorlehung Gott=
licher Hilff In willens, ſein vntherthenichts Ehrbieten mitt
dem werg zu beweyſen, ſich auch gehorſamlich einzuſtellen
vndt vm Johannis vngefehrlich albier zu weymar anzukommen,
Dan nach dem nuhn mehr faſt vor den altſechſiſchen elbeſten
Diener einen erkennen vndt halten müſte, So wolte er nicht
vnbillich aus vntherthenichſter zuverſicht von Euerer F. G.
weytheres beſchevdts albier erwartten, vndt wi Ich Ihnen
vorſtanden, So wirdet er auff Eueren F. G. bruehlich wo=
hin vndt wiferne ſie Ihnen auch zu ſich erfordern laſſen werden
gantz gehorſamlich erſcheinen.

Dinweyl aber nuhn gnedichſter herr, gedachter mein
Schweher ahm liebſten von wittenberg vnvormergt abreyſen
wolte, So thut er aus allerley vrſachen In Euerer F. G.
gnedichſtes gefallen vnthertheniglich heimſtellen, ob Euere
F. G. Ihnen von hiden aus eine fuhre mitt zweyen Pferden
vndt einem Rollwagen vorordenen vndt anhero bringen laſſen
wollen.

Er wirdet Euerer F. G. forderlich ein clein gemelde
aber meins bedunckens ein ſchon kunſtſtucke zuſchicken, welches
Euere F. G. gegen den nidderlendiſchen gemelden wol werden
konnen anſchauen vndt vrtheylen laſſen ꝛc.

3) Brief des jungen Brück wegen dieſer Ange=
     legenheit. Dat: Weymar Freytags nach Bo=
     nifacii Anno Domini 1.5.5.0.

Meines Schwehers meyſter Lucas Cranachs ankunfſt bin
ich vm odder baldt nach Johannis gewertig Demnach werden
Ewre F. G. auff mein jungſtes vntherthenichs ſchreyben mitt
gnedigem beſchedt gegen Ihm ſich vornehmen laſſen ꝛc.

Der Kurfürſt antwortet auf dieſen Bericht Brück's
von Brüſſel aus, unterm letzten Mai 1550:

So du auch deinem erbieten nach deinen Schweher mitt
dir gegen Weymar gebracht betteſt oder wyrde noch dahin
kommen Vns ſolchs berichten. Wollen wir daruff Ihn be=
ſcheiden laſſen wen er zu vnns gegen Augsburg ſol kommen ꝛc.

Unterm 11. Juni schreibt der Kurfürst von Köln aus ausführlicher an Brück:

2c. vnd das dein schweher Meister Lucas gewilliget sich von Wittenberg gegen Weymar vnd volgends zu vns wohin wir Ime erfordern zu begeben, das heren wir, auch das er noch vermugens, gantz gerne, vermerken auch solche seine vndterthenige guttwilligkeit vnd deinen vleiß von dir vnd Ime gnediglich. Vnd dieweil wir dich zu vnns gegen Augsburg zu komen erfordertt haben vnns gentzlich zu dir versehen, du werdest dich dorinnen vndterthenig vndt wilferig erzeigen vnd halten, So bedencken wir das bequembste sein das du gemelten Meister Lucas mit dir gebracht hettest vnd furett beide vff ainem weglein zu vns.

Vnd damitt du seinenn halben nicht lange burffest vfge= halttten werden, So wollest Ime schreiben, das er sich als= bald zu dir gein Weymar verfuge, vnd danibben vff vnsere Cost vnd Zherung wagen vnd pferde bestelle weil die des= orts whol zubekomen vnd one sonder geschrei besser dan das Ime von Weymar die fur hinab, solt gefertigett werden gein Weymar komen kann, Sollt sich aber sein ankomen etwas verweilen vff den vhal wollestu seinett halben dich nicht vffhalten lassen, Sundern zu vnns gein Augsburgk komen vnd deinen Schweher hinach faren lassen, Dan nachdeme der Remische Key. Maj. vff heutt gein Cellen komen ist vnd morgen Dornstags das ist den 12. dieß Monats alhie hinauf vorrücken wird So vermuten wir vnns Iro Maj. solln von Dato an Innerhalb dreien Wochen, oder zulengsten In der vierdten wochen zu Augsburg sein.

So haben wir vnsern freundtlichen lieben Sone Itzo geschrieben das S. L. euch beide nach Augsburg mit einer Fure das Ir muget fortkomen sol versehen.

So wollen wir alsdan auch des gemeldes vnd Kunst= stuckes so meister Lucas vnns zuschicken willens desgleichen auch deines mundlichen berichts, was du vff dem wege nach Wittenbergk geheret hast gewertig sein.

Das du vnns auch bi Neue des bewusten Gottseligen Mannes Cronifen vberschicket, daran hastu vnns zu be=

sondern gefallen gethan, Nachdem wir aber in der vorrede befinden, das Aurifaber die Croniken so Johan Funck hab lassen ausgehen, fer rumett vnnd lobet di war fer anders deutsch in Druck außgangen ist, Zuuorn nicht gesehenn haben, Als begeren wir du wollest vleiß habenn das du vnns dieselbigen des Funcken Croniken deutsch mugest zuwegen bringen, vnd bestellen das sie dir gein Augsburg geschicket werde Was die gestehen (kosten) wollen wir dir zalen lassen.

Anhang.

An den Herzog Johann Friedr. d. M. den Dr. Brück und Lucas Cranach nach Augsburg abzufertigen und wenn Meister Lucas zu lange ausbleiben sollte, jeden besonders abzufertigen. An Brück liegt dem Churfürsten sehr viel.

---

5) Brief Luther's an Spalatin, wegen eines des Mordes angeklagten Malers, Hans Schmol, der sich bei Cranach aufhält.

Luther's Briefe *), Thl. II, S. 7ᵇ (Eisleben 1520. Lateinisch).

Der Brief ist lateinisch und lautet in der Uebersetzung:

Es hält sich bei Lucas ein Malergehülfe (Mercenarius Pictor), Hans Schmol auf, welcher vor ohngefähr zwei Jahren von dem Fürsten, entweder erlangt oder darum gebeten hat, daß er unter seinem Schutz so lange sicher lebe, bis seine Angelegenheit wegen Todschlags beigelegt werde. Jetzt, soviel ich sehe, wird er vom Gewissen gequält, und, wie er sagt, durch Reden der Leute im Haus beunruhigt, fürchtet er alle Gefahr und Verrath und vermuthet Gefangennahme; er bittet deshalb kläglich durch mich, daß er erfahren

---

*) Dr. Mart: Lutheri Epistolar: T. I et II coll: a I. Aurifaber. Jena 1556. Eisl. 1565. 4.

könne, ob der Fürst so umgewandelt, und aufhöre, ihm
Sicherheit im Lande zu gewähren. Meinen und anderer
Worten vertraut er nicht genug, soviel ich ihm auch einzu=
reden suche, daß der Fürst einen solchen Sinn nicht habe,
noch daß Lucas einen hinterlistigen Verrath und Gefangen=
nahme dulden werde, bevor er es anzeigt oder Vorstellungen
macht.

Es beweist dieser Brief wenigstens, daß Cranach
großen Einfluß bei dem Kurfürsten gehabt habe.

---

6) Ein Epigramm auf ein Bild einer frühern Geliebten Cranach's.

In einer Anmerkung (I, 127) hatte ich, nach Heller
(S. 14) ein Epigramm erwähnt, auf eine frühere Ge=
liebte Cranach's, das der wittenberger Professor der
Medicin, Dietrich Bloch, 1515 schrieb. Heller hatte
wie gewöhnlich die Quelle, woraus er geschöpft, nicht
genannt. Später fand ich dieselben in Ebert, „Ueberliefe=
rungen", Thl. I, 1., S. 205. Dabei ist zugleich bemerkt,
daß ein anderes Epigramm auf denselben Gegenstand
nicht gut mittheilbar sei. Diese Epigramme befinden sich
in einem Manuscript der wolfenbütteler Bibliothek und
ich wendete mich durch einen Kunstfreund in Braunschweig
dahin, worauf der Oberbibliothekar Herr Dr. Bethman
mir das Folgende freundlichst mitgetheilt hat:

Codex Guelferbytanus Augusteus, fol. 58, b hat
auf Fol. 108 folgendes Epigramm ohne Inschrift:

Fusca parum, formosa tamen, vocor Hildesemensis
Gesa, cui patrium est Hanoverense solum.

Blochia Gesa *) quidem; nam Blochius ipse benigne
Me tonet atque fovet muneribusque colit.
Illi me propriam, vitam nostramque dicavi;
Quod jubet, illud agam nocte dieque lubens.
Ille mihi vita est: erit hic mihi deinde morique.
Quid moror? est animus Blochius ille meus.
Gloria pictorum me Lucas pinxerat ille
Chronus, Saxonie quem coluere duces.

Eine andere Hand fügt unmittelbar daran, weshalb gar nicht zu behaupten ist, daß Bloch auch dieses folgende gemacht habe:

Epitaphium: Imaginis Anne quam venustam dicunt, amasiusque ejus Lucas Chronus pictor ducum Saxonie depinxit.

Anna venusta vocor. Me pinxerat alter Apelles,
Fortes Saxonie quem coluere duces.
At veluti nostrum multum est versatile nomen
Sic corpus poterit vertere quisque meum.

(vel: sic uti poterit corpore quisque meo.)
vel sic brevius:
Anna venusta vocor, utque est versatile nomen
Sic corpus poterit vertere quisque meum.

Daneben auf dem Rande von derselben Hand als Variante:

Anna venusta vocor: velut Anna volubile nomen
Sic mens, sic cunnus volvitur atque culus.

---

*) vel nimpha von derselben Hand auf den Rand geschrieben.

Was mit gesperrter Schrift gedruckt ist, hat eine andere Hand etwas später auf dem Rande hinzugefügt. Dieselbe Hand hatte erst geschrieben: Amasieque ipsius Chroni pictoris, hat es aber corrigirt in: Amasiusque ejus Lucas Chronus pictor ducum Saxonie depinxit.

---

7) Einzelne Nachrichten.

Notiz über Lucas Cranach, welche sich in einem Büchlein von eigener Hand des bekannten nürnbergischen Schreib= und Rechenmeisters Johann Neubörfer befindet, mit schätzbaren Nachrichten über nürnberger Künstler. Die Handschrift befindet sich in dem von Scheurl'schen Archiv in Erlangen. Sie führt den Titel:

„Mancherley schöne vnd nutzliche Künstlein, durch Johann Newdorffer Rechenmaister zusammentragen vnd probirt, welche er Hieronymo Baumgartner dem Jüngern seinem gewesen lieben schulsun zu gutter gedechtnus den 7. Junii Anno 1555 verehrt.“

„Schwertz — schwartz molen oder schreiben.

Maister Lucas churfürstlicher Moler zu Wittenberg, hat vnnder anderm auch bis lob gehabt das er den besten samet soll gemolt haben darumb das er in schwartz noch schwertzer vnd aufs allerschwerzist hat molen kunen dem thue auch allso.

Nymb bey combasten meher 1 S helffenbeynene abschniblein (kost 4 dn.) thue es in ein vnvergleßt seibe hefelein bedth ein sturtzlein darüber verklebs mit lainen auf das allergenaueſt gibs ainem hafner das ers mit annbern hefen die er breñd einsetz, so es nun aus dem ofen wie andere Hefen genommen wird brich die sturtzen herab, stos inn einem morser zu Pulver wann das zum schreibenn oder molen brauchen wilt reibs unnder Leynöl so wirstu sehen das es schwertzer dann kein schwartz ist."

———

In einer langen Vorrede (Dedicatoria) zu Josse Ammon's „Icones novi testamenti etc., Francofurti ad Moenum 1571", ist über Cranach gesagt:

„Germani nostri paulo liberioris ingenij minus ad rem intenti sunt: attamen inter eos quoque Lucas Cranacherus Wittembergensis, ut arte, ita et pietate insignis, magnas et opes et dignitates est adeptus."

C. Schüler Lucas Cranach's des Aeltern.

1) Drei Söhne desselben.

In dem erften Theile meiner Schrift über Cranach, S. 96 fg., hatte ich alles zufammengeftellt, was ich über Johann Lucas, Cranach's älteften Sohne aufgefunden hatte. Zunächft war durch ein lateinifches Gedicht von Joh. Stigel an Cranach den Vater bei dem 1536 zu Bologna erfolgten Tode des Sohnes feftgeftellt, daß diefer ein fehr gefchickter Künftler war, was man vorher, ohne Angabe irgendeines Grundes, nur vermuthet hatte. Nach einigen Angaben in diefem Gedicht namentlich auch über darin aufgeführte Gegenftände habe ich verfucht, einige Bilder zu bezeichnen, von denen man vermuthen konnte, daß fie von ihm herrühren möchten. Es war dabei um fo mehr nöthig, mit einiger Kühnheit zu verfahren, da Cranach während feines langen Lebens eine außerordentlich große Anzahl von Lehrlingen, Schülern und Gefellen gehabt hatte, von denen man ebenfalls wenig Werke nachzuweifen im Stande ift, da alles aus der Werkftatt Hervorgegangene unter Cranach's Namen und unter deffen Zeichen ging.

In jüngster Zeit fand ich bei Herrn von Zehmen auf
Schleinitz bei Meißen ein Bild, weibliche Figur, vielleicht Venus, mit dem Cranach'schen Zeichen; ganze lebensgroße Figur von vorn, auf dunkelm Grunde, einen
schmalen Schleier über den Unterleib ziehend, zugleich
einen kleinen Zweig über die Scham haltend, weshalb
man die Figur auch für eine Eva halten könnte, wenn
der Schmuck, ein reiches breites Halsband und goldene
Ketten mit einem Kranz auf dem herabwallenden Haar,
nicht widerspräche. Eins der anmuthigsten Köpfchen
auf schlanker Figur, es scheint Porträt zu sein. Behandlung und Farbe sind ganz anders als bei Bildern des ältern und vorzugsweise so genannten jüngern
Cranach, und doch muß man das Bild als Cranachisch
nehmen; es gleicht im ganzen dem Bilde im landauer
Brüderhause in Nürnberg in Proportion und Zeichnung
(Thl. II, S. 120, Nr. 373), nur ist es wärmer in Farbe,
überhaupt freier behandelt. Nach manchen Zeichen könnte
es zu den Bildern von Cranach's ältestem Sohne
gehören, von welchem ähnliche Gegenstände in dem
Stigel'schen Gedicht (I, 104) genannt werden, Cypris,
Helena, Hebe, die Grazien, die Bildnisse der Schwestern.
Das Zeichen in rother Farbe ist größer, die in die Höhe
stehenden Fledermausflügel doppelt und meisterhaft ursprünglich. Vielleicht gibt auch diese bei Cranach nicht
gewöhnliche Größe des Zeichens und die Farbe desselben
einen kleinen Anhalt für weitere Entdeckungen.

Was Cranach den Sohn, vorzugsweise der Jüngere
genannt, betrifft, so will ich auch jetzt noch nichts weiter
sagen, da ich in der Kürze dessen Lebensbeschreibung zu
vollenden denke.

Erst vor kurzem fand ich in den Urkunden im

großherzoglichen Gesammtarchiv zu Weimar einen dritten Sohn Cranach's, Hans Cranach, als Künstler aufgeführt.

Aus dem Archive zu Koburg waren vor mehrern Jahren eine Partie Acten und Urkunden an das Archiv in Gotha abgegeben worden und von da in das Gesammtarchiv zu Weimar gekommen, meist Rentereirechnungen.

Darin fand ich folgende Rechnungsansätze:

Schloß Torgau 1536/37.

sechß person haben Lhon Entph. dorunter sein zween son Iglichen ij fl. (1½), die andern Iglichen j (½) fl. vj gulden rv gl. ir ☉ Meister Lucas selb ir zu kost ij wochen vom Nauen Ihar biß uf den Dornstag nach trium Regum von Ider person Ein wochen rj gl. Nemlich Meister Lucas zwen son zwen Lehrknaben franz. pauel Jobst vnd Mercker. vnj gulden uf sechß person die ij wochen zu lohn. Nemlich seinen zwen son Jedem ein wochen ij fl. die Anderen vor Iden 1 wochen rj gl.

Schloßbaw Torgaw 1538 beschlossen.

mj. fl. Hanßen Cranach für Ein buch fein gold Ist kommen zu den kneuffen des Rondten Thurm. 1 fl. rv gl. ir ☉ Hanßen Cranach für 1 ℔ iij virtel blaw den tischern zu den bencken. rrrij gulden Hanßen kranach Meister Lucas sohn hat rrj wochen gearbeitet die wochen ij (1½) fl. jv gulden Meister Lucas sohn Lucas kranach iij wochen gearbeitet rv gl. Gurlon Meister Lucas son Lucas hat den stammen anher gebracht. viij fl. Meinen Sohn Lucas v wochen von Ursula biß sonnabend nach catharine.

War dieser Hans nun ein dritter Sohn oder war
das der älteste Johann Lucas, der 1536 in Bologna
starb. Letzteres könnte nur der Fall sein, wenn die
Rechnungen über frühere Arbeit im Schlosse zu Torgau erst
1538 gestellt und bezahlt worden wären. Das könnte man
bei den Jahren 1536/37 wol noch annehmen, nicht aber
bei der Rechnung von 1538, zumal da es nicht Original-
quittungen Cranach's sind, sondern von dem Rentmeister
geführte Rechnungsbücher.

Dagegen spricht aber, daß dieser Hans Cranach
nur noch zu Anfang dieser Rechnungen aus dem Jahre
1538 vorkommt, im Verlauf aber nur „Meister Lucas
sohn Lucas". Das wäre der vorzugsweise Lucas
Cranach der Jüngere genannte. Dann hätte diese
Angabe nur insofern einigen Werth, insofern er als
Gehülfe bei den Arbeiten seines Vaters thätig erscheint.

Ein Umstand spricht aber für die Meinung eines
dritten Sohnes: Der Markgraf Albrecht von Brandenburg schickt einen jungen Menschen, Veit Königswieser,
mit einem Briefe an Cranach den Vater, daß dieser ihn
in die Lehre nehme. Da derselbe aber bei dem gefangenen
Kurfürsten in Innsbruck ist, so nimmt ihn der Sohn an
und schreibt deshalb 1553 an den Markgrafen. Dabei
unterschreibt er sich: Lucas Cranach der Mittlere
Moler. Ferner war Cranach der Jüngere erst 28 Jahre
alt und noch nicht verheirathet; er hatte also selbst
noch keinen Sohn, und oben ist angeführt: „seinen
(Cranach's) zwen Sohn."

Da nun unter den Söhnen Cranach's des Jüngern
keiner als Maler, wenigstens in diesen Jahren 1536—38,
genannt sein konnte, so muß Cranach der Aeltere noch
einen dritten Sohn gehabt haben, denn sonst würde sich

der Jüngere 1553 nicht Lucas der Mittlere Maler unterschrieben haben.

In diesen und frühern Rechnungen werden noch eine Menge Malerlehrlinge und Gesellen aufgeführt, von denen man aber keine weitere Kunde hat. Solange sie in Cranach's Werkstatt waren, scheint es selbstverständlich gewesen zu sein, daß ihre Arbeiten nur auf den Namen dieses in die Welt gingen, und daß sie mit der geflügelten Schlange quasi gestempelt wurden. Auf einem einzigen Bilde vom Jahre 1537 habe ich eine Ausnahme gefunden. (Thl. II, S. 132, Nr. 419.) Dasselbe ist entschieden Cranachisch, hat auch das Zeichen der geflügelten Schlange, mit aufrecht stehenden Flügeln, aber doch abweichend von denen des Vaters. Zu beiden Seiten hat es aber die Buchstaben H und C. Möglicherweise könnte das Hans Cranach heißen. Das Jahr träfe mit den hier angeführten Baurechnungen 1536/37 u. s. w. zusammen.

Ein anderes Bild, das ich früher bei Herrn Rudolf Weigel in Leipzig sah und das als ein Cranach'sches Werk galt, könnte wol, besonders dem Gegenstande und der Form nach, als eine Copie oder Nachahmung von Fr. Francia gelten; die Behandlung war völlig Cranachisch und war auch als solches zum Verkaufe ausgeboten. Da das Bild kein Monogramm hatte, und ich es damals nicht einzurangiren wußte, so nahm ich keine nähere Notiz davon. Später konnte sich Herr Weigel auf meine Erkundigung danach nicht mehr erinnern, von wem es ihm zugeschickt worden war. Wenn man dasselbe jetzt zur Ansicht erhalten könnte, so gäbe es vielleicht einen Anhalt für Erkennen der Werke des ältesten, 1536 in Bologna verstorbenen Sohnes Cranach's.

2) Peter Robbelstedt genannt Peter Gottland.

Beim Erscheinen des ersten Theils dieser Schrift konnte ich nur weniges über diesen Künstler berichten; ich hielt ihn für einen Schüler des jüngern Cranach (I, 211). Bei fortgesetzter Aufmerksamkeit auf denselben fand ich immer mehr Nachrichten über ihn und theilte das Gefundene in einem Artikel in dem von Rudolf Weigel und Robert Naumann herausgegebenen „Archiv für die zeichnenden Künste" im Zusammenhange mit (Bd. 1, Heft 2, S. 86). Von Gemälden habe ich darin nur im allgemeinen gesprochen, wovon ich hier ausführlichere Nachricht geben will, sowie von einigen neuentdeckten oder vielmehr für Werke von ihm erkannten Kupferstichen und Holzschnitten.

Bartsch in seinem „Peintre-Graveur", IX, 233, kannte von diesem Künstler einige Kupferstiche, die mit PG bezeichnet sind, er kannte aber den Namen nicht und warnt nur, das Zeichen nicht mit dem des Philipp Galle zu verwechseln. Brulliot (I, 2233) erwähnt noch zwei andere Blätter, ebenfalls ohne Namen.

Außer den von diesen beiden Schriftstellern aufgeführten Kupferstichen entdeckte ich noch mehrere, auch Holzschnitte, die durch den Gegenstand, Auffassung und Ausführung auf eine Thätigkeit dieses Künstlers in Weimar, auf die Cranach'sche Schule wiesen. Deshalb angestellte Nachforschungen im Gesammtarchiv zu Weimar bestätigten auch bald diese Vermuthung. In den fürstlichen Rentereirechnungen kommen Zahlungen vor für gefertigte Malereien an Peter Maler, Peter den Maler, Meister Peter den Maler. Die früheste ist von 1548—49. Später fand ich auch dessen Anstellungsdecret, worin er Peter Gottland genannt wird,

das ich hier einschalte, da es nicht lang ist und nicht
ohne Interesse für die damaligen Zustände:

Von gotts gnaden Wir Johans Friedrich der Elder,
Hertzog zu Sachsen, Und geborner Churfürst ꝛc.: bekennen
hiermit gegen menniglich das wir Petern Gottlandt zu unserm
Maler, vff drey Jar lanngk bestalbt vnd angenohmen haben,
Bestellen vnnd nehmen Ihnen darzu auff vnnd ann, hirmit
vnnd inn Krafft ditz Brieffs, Also vnnd dergestalt, das er
die drey Jar vber Vns alle Arbeit, so wir an Inhe be-
gern vnnd bevelhen werden, mahlen vnnd vorfertigen vnnd
die Farbe zu allem mahlen vff seinen Costen selbst zu ver-
schaffenn schuldigk sein solle. Dargegenn vnnd zu ergetzlich-
keit wollen Wir Ihme Jerlichen, vnnd ein jedes Jar besondern
zwanzig gulden zu Besoldung, Zehen groschen wochentlichen
Costgeldes, vnnd ein lendisch Sommer hoffkleydt reichen vnnd
gebenn lassen. Was er auch vff vnseren Bevehl arbeiten vndt
molen wirdet Wollen wir vnns mit Ihne darumb zu vor-
gleichen wissen, doch soll er Vns seine arbeit vmb ein gleiches
vnnd was billig ist, auch allwegen näherer dan einem andern
verfertigen vnd geben u. s. w.

Darauf folgt noch der Befehl des Kurfürsten an die
Beamteten, die erwähnte Besoldung an Peter Gottland
gegen Quittung zu verabreichen, d. d. Grimmenstein (Gotha),
Dienstag am Tage Jacobi 1553.

Zu Gunsten Gottland's als Künstler spricht dabei,
daß seine Anstellung als Hofmaler noch bei Lebzeiten
Cranach's erfolgte. Daß die Anstellung nur auf bestimmte
Zeit war, scheint damals allgemeiner Gebrauch gewesen
zu sein; doch habe ich keinen Fall gefunden, wo ein
Künstler nach Verlauf der gestellten Frist entlassen worden
wäre. Ueblich war es auch, daß den Hofmalern zu den
Malereien für ihren Herrn Farbe und anderes Material
geliefert wurde. Das mag aber oft gemisbraucht worden
sein und deshalb ist hier in dem Decret vorgebeugt worden.

Dadurch war nun festgestellt, daß unser Künstler Peter Gottland heiße, womit auch die Namenschiffre IG übereinstimmt. Erst später fand ich ein eigenhändiges Schreiben desselben, d. d. Weimar den 8. October 1549, an den Herzog Johann Friedrich den Mittlern, mit der Unterschrift Peter Robbelstedt Maler aus Gottland. Dasselbe enthält ein Verzeichniß verschiedener, für denselben gefertigter Malereien und am Schluß die Bitte, daß ihm der Herzog bei seiner vorhabenden Verheirathung behülflich sein solle.

Dasselbe lautet:

Durlauchtiger rc. Auf Eur f. g. beger vbergebe Ich hie eine vorzeigung (Verzeichniß) der arbeit So ich Euer f. g. zum wil verfertigt, vnd so noch hinderstellig, nicht gar ausgemacht, aufs furderlichts vnd erst, auch ausmachen vnd Euern f. g. zustellen. Erstlich E. f. g. vier contrafact welche machen 16 taller, Zum andern für zween knauf vnd fanen 2 taller, Zum dritten für 2 wappen 2 fl. Zum vierden Euer f. g. herrn Bruder meynes gnebigen herrn contrafact 4 taller.

Dieweil auch durchlauchtigster hochgeborner Fürst vnd Herr, die Zeit sich nahet, vnd herbei komet da Ich mich vormittelst gottlicher hülff vnd gnade gedenck zu begeben In den Stand der heiligen Ehe So ist meine vntertheníge bitt an E. f. g., Euer f. g. wollen wir gnebiglich, zu solchem meinem fürstehenden vnd fürhabenden werck behülfflich sein, Solchs vmb Eur f. g. In aller vntertheniglkeit vnd gehorsam, sampt meinem gebett zu gott, In welchs gnade vnd almechtigkeit Ich den Eur f. g. befelch, Zuverschulden wil. Ich beflißen vnd alzeit bereit sein. Datum Weimar d. 8. Octobris 15.49.

Euer f. gnaden
vntertheniger vnd gehorsamer
Peter Robbelstedt
Maler aus
Gottlandt.

Nur einmal habe ich in einer Rechnung den Namen Rudestedt statt Robbelstedt gefunden, jedenfalls ein Schreib= fehler, oder wie es damals sehr häufig vorkommt, eine Nichtachtung der wirklichen Rechtschreibung; man be= achtete blos das Gehör, ohne weiter an etwas zu denken. Aus allem ersieht man, daß er sich selbst am häufigsten Peter Gottlandt nannte und von andern genannt wurde, oder blos Meister Peter. Statt seines gewöhnlichen Monogramm hat er auf einen Holzschnitt ein anderes aus PR bestehend gesetzt, das man ohne alle Nachweisung als Paul Reffler gedeutet hat, von dem Niemand etwas Bestimmtes weiß. Man sehe darüber weiter unten.

Ob dieses Gottlandt ein bestimmter Ort dieses Namens sei oder die zu Schweden gehörende Landschaft Gothland zwischen Norwegen, dem eigentlichen Schweden, der Ost= see und dem Kattegat, darüber läßt sich nichts nachweisen; doch ist das letztere darum wahrscheinlich, weil Cranach im nördlichen Deutschland eines großen Rufes genoß, und Schüler von daher zu ihm kamen.

Die Frau Peter Gottland's, die er 1549 als Witwe geheirathet hatte, starb 1569; eine Stieftochter desselben heirathete den Vogt zu Magdala, Merthen Sommer; er selbst lebte noch 1572.

Außer diesen Nachrichten über Gottland finden sich noch eine Reihe einzelner Notizen in dem weimarischen Archiv.

1548—49.

viij fl. Peter dem Malher von allerlei arbeit.

1549—50.

ri gulden vor etzliche gemalte tucher Sonnabents nach Oculi zcalt.

rvj gulden Meister petern dem Maler von etzlichen Renndecken zu malhen laut eines bevehels.

Ein Bittgesuch Peter Gottland's an Herzog Johann Friedrich den Mittlern um Verabreichung von drei Scheffel Korn, die er auf Bartholomä an Gelde oder Korn zurückerstatten will. Sonntag nach Albani. 1550.

1551—52.

1553 Montags nach Estomihi Befehl des Kurfürsten Johann Friedrich, dem Maler Peter Gottland sechzehn Gulden als Lehrgeld für Lorenz Schroter, Lorenzen Schroter's nachgelassenen Sohn, auf vier Jahr zu zahlen.

> vij gulden ir gl. ausgeben Als meine gnedigste fraw bei peter malers weibe Zur gefatterschaft gestanden.

> riiij gulden vj gl. Meister petern dem maler von j ℔ Salvegarden zu malhen In der erffurdischen Belagerungen.

1553—54.

iiij gulden Peter mallern alhiezu Lehrgelde das er her Lorenzen schretter (Schröter) seligen sone das maller hantwergk lernen soll er.

ij gulden vj gl. Meister peter dem Maller von den ongerischen Wappen auszustreichen Inhalt des beuehls.

v gulden auf Abkündigung.

iij gulden iij gl. peter malern für meines gnstl. hern Conterfey.

vj gulden meister pertern dem maler der meine gnedigen Jungen hern Abconterfeiet hat. *)

rrviij gulden peter malern von diffem gegitter (um das Grab Kurfürst Johann Friedrich's und deffen Gemahlin in der Stadtkirche) zu malhen.

vi gulden peter Malern von der vifitunge der Begrebnus zu machen Idem.

---

*) Auch ftach er das Porträt des Propftes Amsdorf in Kupfer. S. unten.

vi gulden xviij gl. berurtem Maler von des Jungen
hern Conterfei zu machen.

xl gulden vij gl. peter Malern fur etzliche Arbeit
Inclusis iiij gulden das Er Lorentz Schröters
sohn das Maler hantwergk lernen soll.

xxvj fl. xviij gl. für viij Wapen die man an die
herbergen zu schlaen pflegt zumachen vnd anders
laut das Rechenbuchs.

1555—56.

xv fl. peter Malern vom S. f. gn. schreibstublein
zu malhenn geben lauts der Zetteln.

xxxiiij fl. vi gl. Meister peternn dem Maler für iiij
Contrafetten so dem hertzogen von Gulich zugeschickt wordenn.

iiij fl. peter Mahlernn vonn dem muster Zum Te-
bicht darein des altten Meister Lucas Mahlers *)
seligen vnd Dr. Wolturny Conterfect gewirckt
zu machenn.

1556—57.

xxv fl. iij gl. vor etzliche conterfect so peter maler
gemacht laudt des vnderschriebenen zettels.

iij fl. vor f gl. Conterfey.

xv gulden x gl. meister Peter dem Maller, das er
etzliche vhanen (Fahnen) auf die gezelt vnd die
panier an die Trometen gemahlen hat. Inhalt
der vnterschriebenen Zcettel.

1557—58.

xviij fl. peter Malern vonn zwölff Renndecken zu
mahlen lauts der vnterschriebenen Zettel.

viij fl. vor ein gemalt tuch darann die Beschneidung Christi so S. S. G. vonn einem Maler-
gesellen kauffen lassen lauts der vnterschriebenenn
Zetteln.

.*) Thl. I, S. 21.

Lucas Cranach. III.

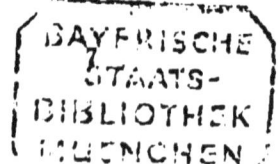

xxviij fl. xviij gl. vonn vj Trometerfanen, vnd ij
fahnen vber die keßelpaufen zu malhen, vonn
jeder v fl. vnd vonn einem wappenn vffs gezelt.
Ittem von xij Eiſern Fahnenn off die wagen
zu mahlen von Jeder v gl welches alles M. g. S.
vnnd h. hertzog Johann Wilhelm mit nach Stank=
reich genohmen.

iiij fl. xviij gl. peter Malernn vonn M. g. f. vnd h.
wapenn zu malhen welches zu Naumburgk ann
Ihrer f. g. Herberg geſchlagen wordenn lauts
der vnnderſchriebenenn Zetteln.

xj fl. ix gl. Peter Malernn für die viſirung ſolches
Conterfets, lautt bemelter Zetteln (Porträt Jo=
hann Friedrich's des Mittlern und ſeiner Gemahlin,
die der Teppichmacher auf einen Teppich wirkte,
der 200 Fl. koſtete).

v fl. xv gl. vor j Conterfett peter Malernn ſo ehr
meinem gnedigen fürſtenn vnd hern gemacht lautt
der vnderſchriebenen Zetteln.

xj fl. ix gl. für Herzog Johanes Friedrichs Conter=
fett, lautt der Zettelnn.

vij fl. Peter Malernn von einer Trommeterfanen
zu machenn gebenn lauut der vnderſchriebenen
Zetteln.

xxiiij fl. Peter Malernn vonn etzlichenn Wapen zu
machenn Laut der vnderſchriebenenn Zetteln.

Das ſind alles für damalige Zeit und auch ben
Preiſen, die Cranach erhielt, gegenüber ſehr gute Preiſe.

Noch vorhandene Werke Peter Gottland's.

Von Malereien Gottland's finden ſich ſonſt noch viele
erwähnt. Außer den im obigen Schreiben an Herzog
Johann Friedrich ben Mittlern angegebenen, ſind noch
andere in den fürſtlichen Rechnungen genannt: „Ein gros
tuch in die Schloßkirche zu Gotha, ein gemalt tuch,

rarin die Beschneidung Christi", u. a., eine Reihe Porträts, Renndecken, Fahnen, Wappen u. s. w. In De Wette, „Beschreibung der Stadt Weimar", I, 145, ist angeführt, daß Kurfürst Johann I. von Cranach den großen Christoph an den Schloßthurm habe malen lassen, der 1555 von Peter Gottland erneuert wurde.

Da diejenigen Malereien Gottland's, welche ich zu sehen Gelegenheit hatte, wegen ihres gegenwärtigen Zu= standes keine günstige Meinung erregen konnten, so unter= ließ ich früher in dem erwähnten Aufsatz in Weigel's Zeitschrift deren nähere Beschreibung. Da ich jedoch die Beschaffenheit der von ihm herrührenden Kupferstiche und Holzschnitte damit nicht zusammenreimen konnte, so habe ich erstere später genauer untersucht und dabei ge= funden, daß nur weniges daran in dem ursprünglichen Zustande erhalten ist, daß sie sämmtlich arg mishandelt und bös restaurirt sind. Was aber bei dieser Ueber= malung mehr oder weniger verschont geblieben ist, das läßt in Gottland einen tüchtigen Künstler erkennen, einen Cranach's würdigen Schüler. Charakteristische Mannich= faltigkeit des Colorits, sichere Pinselführung und feine Behandlung. Die sämmtlichen landschaftlichen Gründe lassen aber gar nichts von Cranach's Eigenthümlichkeit erkennen, man glaubt sie seien von Bemmel gemalt, und zwar noch schwächer. Nur an einem kleinen Stückchen erkennt man, daß Ton und feinere gewandtere Behand= lung dem Cranach näher stand. Die vier Bilder, welche ich jetzt genauer beschreiben will, sind sämmtlich Gedächt= nißtafeln für Verstorbene, welche auch sonst der Männer wegen, für die sie bestimmt waren, ein Interesse haben.

7*

Oelgemälde.

In Jena, in der Stadtkirche.

1) Christus im Sturm auf dem Meere.

Epitaph für Johann Stigel.*) Auf Holz mit dem Monogramm
Gottland's und der Jahrzahl 1564. 4 Fuß 3 Zoll hoch, 3 Fuß
5 Zoll breit. Die Inschriftentafel darunter 1 Fuß 2 Zoll hoch.

Die Jünger wecken den Herrn, einige sind beschäftigt
die Segel einzuziehen, um die Gefahr abzuwenden; links
im Grunde Theil einer mit Mauern umgebenen Stadt,
in den Wolken Cherubimköpfchen, vorn quervor eine
steinerne Brücke, davor knien in Gebet links vier männliche Familienglieder, voran jedenfalls J. Stigel, rechts
zwei Frauen, die eine zwei, die andere ein Mädchen
neben sich. An der Brücke ist das Zeichen Gottland's
und die Jahrzahl.

Auf einem Abschnitt unten befindet sich eine Inschrift
in Distichen:

Quisquis ad hunc tumulum veniens, subsiste viator —
   Praeditus ingenii consiliique fuit, etc.

Das Bild ist flüchtig, aber mit Virtuosität gemalt;
mehrere Köpfchen, namentlich der von Stigel und einige
der Kinder, sind sehr gut in Cranach's Weise gefärbt
und gemalt, namentlich sind auch die Umrisse in Cranach's
Weise. Im übrigen ist das Ganze übermalt.

---

*) Einiges über dessen äußere Lebensverhältnisse ist oben Thl. I,
S. 97, angeführt.

2) Epitaph für den Schwiegervater von Professor Stoffel.

Auf Holz gemalt, von ungefähr gleicher Größe wie das vorhergehende, mit dem Zeichen.

Der auferstandene Christus mit der Siegesfahne, in einer Glorie. Links vorn kniet der Verstorbene, jeden-falls Professor Stoffel's Schwiegervater und zwei jüngere Männer, rechts eine Reihe von neun Frauen und Mädchen, wovon drei goldene Kränzchen tragen als früher Ver-storbene.

Die Behandlung an diesem Bilde ist fast noch flüch-tiger, aber meisterhaft; die Färbung ist sehr schön ge-wesen, wie noch aus mehrern Spuren zu sehen ist. Das Ganze ist überhaupt besser gezeichnet und behandelt, als eine nur oberflächliche Betrachtung erkennen läßt. Ein männlicher Kopf links am Rande, die gefalteten Hände desselben, ja die ganze Figur zeigt die Verdienste der Cranach'schen Schule in hohem Grade. Diese Figur allein schon kann einen richtigen Begriff von Gottlanb's Kunstvermögen geben. Der Figur Christi kann man zwar als Christusideal keinen großen Werth beilegen, die technische Behandlung aber ist, soviel davon noch zu sehen ist, solid, gewandt und zierlich.

Der Schluß der Unterschrift gibt den Namen des Stifters der Gedächtnißtafel:

Talia Stosselius socero successor Jenae
Constituit grata symbola mente genes.

Wer dieser Schwiegersohn und dessen Schwiegervater waren, würde sich wol leicht ermitteln lassen.

3) Epitaph für Ehrhard Schnepfius.

Ungefähr von gleicher Größe, auf Holz gemalt, mit dem Zeichen
und der Jahrzahl 1564.

Im Mittelgrunde ist die Taufe Christi dargestellt, an
den beiden Ufern des Flusses eine Stadt mit Schloß und
Thürmen. In den Wolken erscheint Gott Vater mit
dem herabschwebenden Heiligen Geist. Links vorn knien
fünf männliche, rechts vier weibliche Glieder der Schnepfi=
schen Familie; zwei der letztern sind durch Kränze als
früher Verstorbene bezeichnet. Die Unterschrift auf dem
Abschnitte lautet:

Doctor ad hanc cathedram post fata sepultus Erhardus
Gloria Christiadum Schnepfius ossa tegit etc.

Das Folgende erzählt dessen Schicksale, daß er in
Stuttgart Prediger gewesen, daß er von Tübingen ver=
trieben worden, daß er von da nach Jena kam, hier
predigte und docirte.

Das Ganze ist fast noch flüchtiger behandelt als die
beiden ersten, aber ebenso meisterhaft virtuos. Die meisten
der fünf männlichen Köpfe sind sehr gut, die Hände
sämmtlich gering, sodaß man sie für übermalt halten
muß. Die Figuren im Mittelgrunde sind zwar gering,
doch ist der allgemeine Eindruck in Verbindung mit der
Landschaft recht gut. An einigen von der Uebermalung
unberührt gebliebenen Stückchen, z. B. an der weißen
Wäsche bei einigen der Porträts, bemerkt man, daß das
Ganze solid und sehr gut gemalt war.

In Buttelstädt bei Weimar.

4) Epitaph für den Pfarrer Konrad Düring.

Auf Holz gemalt, mit dem Zeichen und der Jahrzahl 1563.
5 Fuß hoch, incl. der Inschriftentafel, 3 Fuß 3 Zoll breit.

Christus am Kreuz in einer Landschaft mit Stadt, links ein Berg, über welchem Christus auf Wolken er= scheint, rechts und links, etwas tiefer und auf dem Berge Gruppen von Anbetenden. Links vorn, neben dem Kreuz knien vier männliche, rechts sieben weibliche Glieder der Familie des Stifters. Die Inschriftentafel ist mit archi= tektonischen Ornamenten eingefaßt, durch welche sich Früchte schlingen.

Der allgemeine Eindruck des Ganzen ist recht gut; be= trachtet man aber das Einzelne, so würde man es für eine ganz unbedeutende Malerei halten, wenn nicht die vier Köpfe und nächste Umgebung sogleich vermuthen ließen, daß das übrige beschädigt und deshalb übermalt sein müsse. Diese Köpfe sind sehr gut, charakteristisch, mannichfaltig in Colorit und Zeichnung, fein in Be= handlung. Wäre das Ganze diesem Theile gleich, so müßte es einen sehr guten Begriff von Gottland's Ver= dienst geben. Die Früchte um die Inschriftentafel sind zwar nicht sehr sorgfältig ausgeführt, aber von sehr harmonischer, warmer, gesättigter Farbe, gut angeordnet und vertheilt. Die Inschrift beginnt:

> Dein Leib alhie mit Trawigkeit
> Tief in der Erdt begraben leit
> Cunradt der du zu ider Frist
> Eine schöne Zier gewesen bist
> Dein Geschlecht und dein Vaterland
> Mit Gott und Ehre alweg bekannt u. s. w.

Auf der untern Leiste des Rahmens steht: „Grabschrift des ehrwürdigen und wolgelarten Herrn Conradis Düring, gewesenen Pfarhers zu Buttelstedt, welcher in Gott seligen entschlafen seines Alters 62."

Bei diesen vier Bildern ist mir noch ein Umstand besonders aufgefallen, die Breite, welche dem Landschaftlichen eingeräumt ist, und zwar in mehr naturalistischer Weise, als dies bei dem ältern Cranach der Fall ist. In ganz gleicher Weise finden wir auch der Landschaft bei dem jüngern Cranach mehr Rechte in seinen Bildern eingeräumt.

Kupferstiche.

1) Jonas.

Mit der Jahrzahl 1552 und dem Zeichen. B. IX. p. 234. 5 Zoll 3 Linien breit, 3 Zoll 1 Linie hoch.

Der Prophet klagt dem Herrn, daß der Kürbis, dessen Blätter ihm Schatten geben, verdorret sei. Jonas sitzt rechts unter einem Laubdach; Gott Vater erscheint in der Mitte oben in den Wolken; links in der Ferne sieht man die Stadt Ninive; darüber steht: der „Herr sprach zu Jonas — solcher großen Stadt." Zeichen und Jahrzahl darunter.

2) Der alte und neue Bund.

Mit dem Zeichen und der Jahrzahl 1552. 7 Zoll 8 Linien breit, 5 Zoll 6 Linien hoch. B. Nr. 2.

Dieses Blatt ist nach einem Cranach'schen Gemälde, das sich in der gothaer Galerie befindet, mit einigen Abweichungen. Es stellt einen Gegenstand dar, welcher,

wie mehrmals erwähnt, in Anordnung und Format verschieden, von den beiden Cranachs wiederholt worden ist.
In der Mitte steht Moses mit einem Schwert umgürtet,
hinter ihm zwei Propheten; links der sündige Mensch
oder Adam von Tod und Teufel in die Hölle gejagt,
rechts Johannes, welcher Adam auf den Gekreuzigten
hinweist, und Christus als Sieger über Tod und Teufel.
Rechts vorn auf einem Steine das Zeichen, links die
Jahrzahl.

3) Der triumphirende Christusknabe, das Papstthum bewältigend.

Mit dem Zeichen und der Jahrzahl 1552. 7 Zoll 3 Linien breit,
5 Zoll 4 Linien hoch.

Dieses Blatt ist an und für sich, besonders aber
des Gegenstandes wegen interessant. Die Legende vom
heiligen Georg als Jungfrauenbefreier ist auf den Sieg
des Christenthums oder vielmehr Lutherthums über das
Papstthum angewendet oder gedeutet: Von links kommt
der Christusknabe auf muthigem Rosse angesprengt und
stößt den Schaft des Siegesspeeres einem rechts liegenden,
vierfüßigen, dreiköpfigen Ungeheuer in den Leib. Der
eine ist ein Papstkopf mit der Tiara, der zweite ein
Türkenkopf, der dritte ein Kinderkopf mit Flügeln. Aus
dem aufgerissenen Leibe dringen Schlangen statt der Ein-
geweide. Auf derselben Seite, etwas zurück, ist eine
eingestürzte Kirche mit der Bezeichnung daran: „Collapsa
ecclesia Papae." Unter einem niedern Gewölbbogen derselben sieht man eine Urkunde mit mehrern Siegeln daran,
welche durch die Aufschrift „Ablas Brif" bezeichnet
ist. Neben derselben bemerkt man einen Mönchs- und

Thierkopf, dahinter einen mit Carbinalshut. Im Mittelgrunde ist die Stadt Wittenberg, in der Nähe derselben
die kniende Prinzeß im Gebet, neben ihr ein Lamm, hier
wol die befreite Kirche bedeutend. In Andeutung auf
die Legende vom heiligen Georg liegen auch hier neben
dem besiegten Ungeheuer menschliche Gebeine. Etwas
nach rechts oben in den Wolken erscheint Gott Vater
mit dem Heiligen Geist. In der obern Ecke dieser Seite
befindet sich eine achtzeilige Inschrift: „Bestia saeva
triceps — ab immundo tuta Dracone manet, 1552."
Das Zeichen befindet sich rechts unten. Erfindung, Anordnung und Zeichnung sind gleich gut, sodaß Peter
Gottland, wenn man auch weiter nichts von ihm kennte,
als ein geschickter Künstler gelten müßte.

4) Madonna in einer Landschaft.

Ohne Zeichen, mit der Jahrzahl 1555. 5 Zoll 10 Linien breit,
4 Zoll hoch.

Nach rechts sitzt Maria auf einer Bank in einer
Landschaft und hält den vor ihr stehenden Christusknaben an einem um den Leib gelegten Tuche. Dieser
tritt auf die sich unter seinen Füßen windende Schlange
und zerstößt ihr mit dem Kreuzesstabe den Kopf. Links
steht ein anbetender Knabe, wahrscheinlich herzoglicher
Prinz, mit einem Schilde neben sich, worauf man das
sächsische und pfälzische Wappen sieht. Im Mittelgrunde
ist der Sündenfall und die Taufe Christi dargestellt.
Links in der obern Ecke ist eine Inschrift: „Also sagt
Got Gen 3 im Paradies von solchem Ampt entledigt
werden 1566", die letzten beiden Ziffern verkehrt. Wie
der anbetende Knabe, so scheint auch Maria Porträt zu

sein. Auf einem Abbruck dieses Blattes fand ich mit gleichzeitiger Schrift geschrieben: „Friedrich Wilhelm Herzog zu Sachsen", wonach es der Sohn Johann Wilhelm's, Enkel des Kurfürsten Johann Friedrich I., wäre; Maria die Gemahlin Johann Friedrich's?

Ruhe auf der Flucht nach Aegypten.

Verkleinerte Copie nach dem Holzschnitte Cranach's, Nr. 8, Thl. II, S. 196. Ohne Zeichen.

5) Kurfürst Johann Friedrich I. von Sachsen.

Mit dem Zeichen und der Jahrzahl 1551. 9 Zoll breit, 6 Zoll 9 Linien hoch. B. Nr. 6.

Gürtelstück mit Pelzkleid und Puffenärmeln, in der Linken das Baret haltend, dahinter ein Vorhang, neben welchem man links in einer Landschaft Daniel und den Löwen zwischen Ruinen sieht. Rechts oben ist das sächsische Wappen, links unten eine Inschrift: „Daniel in lacu leonum Dan. VI Exul apud Medos Daniel virtute fideque creverat etc. M. D. L. I." Das Zeichen ist an einem Stein in den Ruinen in der Landschaft.

6) Herzog Johann Friedrich der Mittlere von Sachsen.

Mit dem Zeichen und der Jahrzahl 1552. 7 Zoll 7 Linien hoch, incl. der Unterschrift, 5 Zoll 11 Linien breit. B. Nr. 4.

Gürtelstück in reicher Kleidung, in der Rechten das Baret, in der Linken einen Handschuh haltend. Rechts oben in einer Fensteröffnung sieht man das sächsische Wappen, links das Schloß Friedenstein zu Gotha, worüber Gott Vater in den Wolken schwebt. Auf einem flatternden

Bande steht: „IN GOTTES M. H. F. D. M. H. Z. S."
(In Gottes Macht Hans Friedrich der Mittlere Herzog
zu Sachsen.) Unten halten zwei Löwen eine Banderole
mit der Inschrift in zwei Columnen: „Der hochgeborne
Fürst und Herr, Herr Johann Friedrich der Mittlere
war wie das conterfeit Bilt gestalt, da er drei und
zwentzig jar war alt — Friede, Zucht erhalten im Lande
Dein. Amen 1552." Das Zeichen befindet sich rechts
unten auf der Brüstung.

7) Derselbe.

3 Zoll 9 Linien hoch, 5 Zoll 10 Linien breit ohne Zeichen, nur
mit der Jahrzahl.

Gürtelstück nach links gewendet, die Hände auf eine
Brüstung gelegt, mit kleinem Federhut oder Baret, mit
Pelzüberkleid und Puffenärmeln. Links oben das sächsische
Wappenschild, an dessen vier Ecken vier andere kleine
ausgeschweifte Wappenschilde sich anschließen. An der
Brüstung befindet sich die Inschrift:

Rectorem generi benedicam conditor inquit
Et vocem exemplis comprobat ipse suam
Ergo pic natum te Jan frederice parente
Proteget aeterni dextera fida Dei. 1552.

Obgleich dieses Blatt kein Zeichen hat, so zeigt es
doch so entschieden die ganze Eigenthümlichkeit Peter
Gottland's, auch in allen Nebendingen, daß man nicht
in Zweifel darüber sein kann. Nur die Schönheit desselben
machte mich anfangs stutzig, da mir kein anderes darin
gleich vorgekommen war. Man erhält durch dieses Blatt
einen noch bei weitem bessern Begriff von der Geschicklichkeit Gottland's.

Bartsch beschreibt wahrscheinlich dasselbe Blatt (Nr. 5), aber nur kurz, sodaß man nicht mit Gewißheit auf die Gleichheit schließen kann. Das von ihm angegebene Maß stimmt bis auf eine Linie in der Breite, der von ihm angegebene Anfang der Unterschrift und das Jahr stimmt auch. Auf dem vor mir liegenden Blatt fehlt aber das Zeichen.

8) Johann Wilhelm, Herzog zu Sachsen.

Mit dem Zeichen und der Jahrzahl 1569. 7 Zoll 4 Linien hoch, incl. der Unterschrift, 5 Zoll 7 Linien breit. B. Nr. 3. u. s. w.

Gürtelstück mit kleinem Hut, in der rechten Hand einen Handschuh haltend, dahinter ein Vorhang bis über die halbe Höhe, über welchem man in eine Landschaft mit festem Schloß sieht. Auf der Mauer links sitzt ein Genius mit dem sächsischen Wappenschilde. Auf einer Tafel unten steht die Inschrift: „Dux facie hac septem lustris et quatuor annis Saxoniae exactis Jan Guilelmus erat etc."; rechts darüber das Zeichen, die Jahrzahl oben in den Wolken.

Bartsch gibt an, daß es von diesem Porträt Abdrücke von mancherlei wesentlichen Veränderungen gebe: Der Kopf ist ganz anders, in einem frühern Alter, wobei die Jahrzahl 1554 in 1569 verändert; zwei geflügelte Genien, die eine Banderole mit der Inschrift halten: „Der Christum hat F..? ganzen Reich u. s. w.", ist ausgelöscht und durch eine Steintafel mit obiger Inschrift ersetzt.

Daß das Blatt mancherlei Veränderungen erfahren habe, sieht man an verschiedenen Spuren von früher Dagewesenem, doch habe ich keinen der frühern Abdrücke gesehen, um ihn vergleichen zu können.

9) Johann Friedrich der Jüngere, Herzog zu Sachsen.

Mit dem Zeichen und der Jahrzahl 1562. 6 Zoll 9 Linien hoch, incl. der Inschrifttafel, 5 Zoll breit.

Gürtelstück nach rechts gewendet, mit kleiner runder Mütze und Feder darauf, in der Rechten eine Blume haltend, links oben auf einem von Säulen getragenen Gesims befindet sich ein Genius mit dem sächsischen Wappenschild. In einem Abschnitt unten auf einer Tafel ist die Inschrift: „Von Gottes Gnaden Johans Friederich der Jünger u. s. w." Links auf der Brüstung die Jahrzahl und darüber das Zeichen.

10) Johann Friedrich der Mittlere, Johann Wilhelm und Johann Friedrich der Jüngere, Herzoge zu Sachsen.

Mit dem Zeichen. 5 Zoll 7 Linien hoch, 4 Zoll 5 Linien breit.
Brulliot, I, 2233.

Drei Gürtelstücke nebeneinander, sämmtlich mit kleiner Mütze und Feder darauf; der Jüngste befindet sich in der Mitte unter einem Bogen. Im Grunde sieht man das sächsische Wappen als Säule auf einer Krone, ein bekleideter Genius begießt die um die Säule sich windende Raute. In den beiden obern Ecken sind zwei Löwen. Das Zeichen ist links an der Brüstung, in einem Abschnitt unten sind die Namen und Titel der drei Dargestellten angegeben.

11) Nikolaus von Amsdorf, Bischof von Naumburg.

Mit dem Zeichen und der Jahrzahl 1558. 6 Zoll 6 Linien hoch,
5 Zoll breit.

Brustbild, wenig nach rechts gewendet, mit Pelzkappe
und pelzverbrämtem Kleid, vor einer Nische. Das Zeichen
ist über der Schulter links. Unterschrift:

Cum ter quinq. suae numeraret lustra senectae.
Amsdorfus. talis vultu habituque fuit. Anno Christi 1558.

Dasselbe Porträt ist auch von Robbelstedt gemalt
worden, wie aus den obenerwähnten fürstlichen Rechnungen hervorgeht; doch habe ich keine Spur davon auffinden können.

Holzschnitte.

12) Johann Friedrich der Mittlere, Johann Wilhelm und Johann Friedrich der Jüngere, Herzoge von Sachsen.

Mit dem Zeichen. 9 Zoll 4 Linien hoch, 5 Zoll 10 Linien breit.

Drei Halbfiguren nebeneinander, alle drei mit kleinen
runden Mützen und einer Feder darauf, in reicher Kleidung mit Pelzübergewand; jede hält einen Handschuh in
der Hand; sie stehen vor einer bis zur halben Höhe des
Blattes reichenden Brüstung. Den Grund bildet das
Innere einer Kirche oder eines Schloßgebäudes. Auf
einer über die Brüstung hängenden Draperie oder Teppich

befinden sich drei herzförmige Schilde mit dem herzog=
lich sächsischen Wappen und der Luther'schen Rose. Das
Zeichen ist oben rechts an einem Querbalken.

Dieser Holzschnitt befindet sich als Titelblatt vor
einer von Christian Röbiger zu Jena gedruckten Ausgabe
von Luther's Werken. Ob Peter Gottland das Blatt
selbst in Holz geschnitten habe, dafür liegt kein anderer
Beweis vor, als daß sich kein anderes als sein Zeichen
darauf befindet und daß die Zeichnung und Behandlung
seinen Kupferstichen gleicht.

12*) Dieselben drei Porträts. Gürtelstücke.
Mit dem Zeichen I. A. in 4°.   6 Zoll 8 Linien hoch, 5 Zoll
9 Linien breit.

Dieselben drei Porträts, in gleicher Stellung, nur
in etwas verschiedener Kleidung und veränderter Um=
gebung. Den Hintergrund bildet, statt eines schloß= oder
kirchenartigen Innern, ein Zimmer mit runden und eckigen
Pilastern und Säulen, die Brüstung ist mit einem Teppich
behangen, auf welchem auf sehr ausgeschweiftem Schilde
das sächsische Wappen, mit der Luther'schen Rose zu unterst
angebracht, gemalt ist; zu beiden Seiten des Wappens
sind Fruchtbüschel, die von knienden Kinderengeln gehalten
werden. Auf dem andern Blatte befinden sich drei sächsische
unten abgerundete, ganz gleiche Wappenschilde unter den
drei Porträts, ebenfalls mit der Luther'schen Rose zu
unterst. Die Buchstaben I. A. befinden sich zu unterst
über der Randlinie getrennt.

Dieses Blatt ist in Becker's Schrift über Jost Amman
unter dessen Namen, S. 172, F. VII, 318, angeführt;
Andresen erwähnt es in seinem und Weigel's deutschem

„Peintre-Graveur", Thl. I, S. 206, Nr. 19, ebenfalls unter Amman als drei sächsische Fürsten.

Man findet diesen Holzschnitt in dem ersten Theile auf dem ersten Blatt von Luther's Schriften, gedruckt zu Jena 1575, durch Thomas Rebart's seligen nach= gelassene Erben. Darunter sind 12 Zeilen Verse:

> Des Luther's Bücher gros und klein
> Las dir mit vleis befohlen sein.
> Darin recht offenbaret ist
> Der Bapst der ware Endechrist u. s. w.

Auf der Rückseite steht das Privilegium der drei Herzöge von Sachsen: „Johans Friderich des Mittlern, Johans Wilhelm und Johans Friderich des Jüngeren für Christian Röbinger, Buchdrücker zu Jhena", „geben auf Schlos Grimmenstein (Gotha), Montag nach Elise= beth Anno Domini M. D. L IIII.". Dann folgt eine Vorrede Niklas von Amsdorf's an die drei Herzöge von Sachsen.

Im vierten Theile, Jena, gedruckt durch Christian Röbinger 1556; in einem andern vierten Theil, gedruckt ebenfalls zu Jena durch Donatum Richtzensen 1574, und im sechsten Theile, gedruckt ebendaselbst durch Richtzensen und Rebart 1568, befindet sich das andere Blatt, Nr. 12, von Peter Gottland.

Für die andere Annahme, daß das zweite Blatt von Jost Amman geschnitten sei, könnte man durch das Mono= gramm, das Becker in der Vorrede zu seinem Buch, S. VIII, Anm. **, und Andresen im deutschen „Peintré-Graveur" angibt, einen kleinen Anhalt haben; aber wer sollte von den beiden Monogrammen der Holzschneider, wer der Zeichner sein? Ueberall wird Amman nur als Zeichner für Holzschnitte angegeben und nur bei wenigen eigenen Blättern zugleich als Holzschneider. Als Zeichner wird man denselben aber in den Porträts am wenigsten erkennen wollen.

Ein fernerer Grund für den Antheil beider an der Arbeit wäre das von Becker und Andresen angegebene Monogramm, was aus I. A. und P. G. verbunden besteht. Ein Verkehr zwischen beiden ist aber bisjetzt nicht bekannt und die Porträts erinnern mehr an Cranach den Jüngern und an Gottland als an Jost Amman.

13—15) Johann Friedrich der Mittlere, Johann Wilhelm und Johann Friedrich der Jüngere, Herzoge von Sachsen.

Drei einzelne ganze Figuren, jede 8 Zoll 10 Linien hoch, mit dem Zeichen. Auf dem zweiten Blatte steht gedruckt: „Wolfgang Stㅁhürmer, Formschneider zu Leipzig", wonach also blos die Zeichnungen von Peter Gottland wären, nicht aber der Holzschnitt. Ueber jeder der Figuren steht: „Wahrhaftige Contrafeh, des durchlauchtigsten Fürsten und Herrn, Herrn Johans Friderichen des Mittlern (resp. Johans Wilhelm und Johans Friderichen des Jüngsten) Hertzogen zu Sachsen cꝛ. M. D. X. LIX." Diese Figuren sind in Zeichnung und Bewegung sehr gut, sie sind fast nur in Umriß.

16) Wilhelm von Grumbach.

Mit dem Monogramm aus P. und R. ineinander verschlungen und der Jahrzahl 1567. 10 Zoll 5 Linien hoch, 8 Zoll 4 Linien breit.

Brustbild nach rechts gewendet, in einer Fensteröffnung sitzend, den Arm auf die breite Brüstung gelegt.

Rechts an der Fensterwölbung ist das Grumbach'sche Wappen angebracht, im Grunde Belagerung des Schlosses Grimmenstein. An der Fensterbrüstung sieht man zwei gekreuzte Krücken und daneben eine Inschriftentafel von einem schwebenden Engel gehalten, zu dessen Füßen sich das Monogramm befindet. Auf der Tafel steht: „Wilhelm von Grumbach Aetat sue LXX Anno 1567."

Bartsch, IX, 436, hat dieses Porträt und das Monogramm unter den Anonymen aufgeführt und Brulliot, I, 304, gibt an, daß man den Künstler Paul Reffler *) genannt habe. Nach einigen soll er ein Nürnberger, nach andern ein Prager gewesen sein.

Da nun das Jahr 1567 mit dem Aufenthalt Grumbach's in Gotha, bei Herzog Johann Friedrich dem Mittlern zusammentrifft, dem Jahre, wo derselbe infolge der über ihn und den Herzog durch Kurfürst August vollzogenen Reichsacht hingerichtet wurde; da ferner Robbelstedt in dieser Zeit Hofmaler des Herzogs war, so läßt sich mit Gewißheit annehmen, daß dieses Porträt von ihm gefertigt sei. Daß er statt seines gewöhnlichen Zeichens das aus seinem Tauf- und Familiennamen, Peter Robbelstedt, zusammengesetzte hier anwendete, könnte in äußern Umständen seinen Grund gehabt haben, er könnte durch sein verändertes Monogramm seine Urheberschaft für manche Leute haben verstecken wollen, es konnte aber auch nur ein augenblicklicher Einfall sein.

---

*) Der Name Paul Reffler stammt nach einer Angabe in dem von Derschau'schen Werke aus dem Katalog des nürnbergischen Zoll- und Wag-Amtmann Paulus Behaim, der 1618 ein Verzeichniß seiner Sammlungen fertigte, das Herr von Derschau besaß. Dieser Katalog hat auch den Streit über die Existenz der Schöpfungstage in geschrotener Arbeit erregt.

Vergleicht man den unter Nr. 12 beschriebenen Holzschnitt mit diesem Blatt, so wird man in der Zeichnung beider Uebereinstimmung finden, zumal wenn man die verschiedene Größe in Anschlag bringt. Auch der Geschmack in der Anordnung und den Beiwerken, namentlich der schwebende Engel, stimmt vollkommen mit den übrigen Porträts von Gottland überein.

Wenn man dieses Porträt auch nur aus spätern Abdrücken in der von Derschau'schen Sammlung alter Holzschnitte kennt, und nicht weiß, daß es in frühern Abdrücken, wie doch anzunehmen ist, einen bessern Eindruck macht; so kann ich schon danach dem Urtheile von Bartsch, daß es roh und ohne Geschmack geschnitten sei (d'une taille grossière), nicht beistimmen. Es ist sehr charakteristisch aufgefaßt und gezeichnet, auch in allen Nebendingen. So macht z. B. der Bart vollkommen den Eindruck eines grauen, das Wappen ist schön u. s. w., damit will ich aber keineswegs sagen, daß anderes, z. B. der Engel, nicht in besserm Geschmack gezeichnet sein, die Krücken auf der Brüstung nicht hätten wegbleiben können, nur kann damit das Verdienstliche des übrigen nicht beeinträchtigt werden.

––––––

3) Gottfried Leigel.

Obgleich ich weder in der Zeichnung noch in den Gegenständen, auch nicht in der Behandlung derjenigen Blätter, welche diesem Künstler zugeschrieben werden, etwas Cranach'sches erkennen konnte, so führte ich denselben doch (I, 249) als einen Schüler von Meister

Lucas auf, weil ich ihn überall als solchen bezeichnet
fand. Als ich später nach Angabe eines Grundes, nach
einer sichern Quelle für diese Annahme suchte, fand ich
nirgends etwas Sicheres und Bestimmtes darüber und
betrachtete und verglich nun um so genauer alles, was
ich mit dem Monogramm G. L. bezeichnet fand und was,
ohne das Monogramm zu haben, ihm zugeschrieben wird.
Diese Blätter sind so verschieden, daß man sie schwerlich
von einer und derselben Hand geschnitten glauben kann.
Es fragt sich daher, ob man den angeblichen Leigel zu
den Zeichnern oder Holzschneidern zählen solle oder zu
beiden. Einige Blätter sind so vortrefflich gezeichnet und
geschnitten, daß man das letztere anzunehmen genöthigt
wäre. Aber gerade diese, wie überhaupt alle ihm zuge=
schriebenen Blätter haben in Zeichnung, Anordnung,
Proportion, Landschaftlichem, wie überhaupt in dem
ganzen Eindruck nichts, was auf Cranach's Schule deutet.
Am allernächsten stehen sie in allem diesen dem Albrecht
Altdorfer. Diejenigen Blätter, welche sich in den ver=
schiedenen Bibelausgaben, Wittenberg 1558, 1560, 1564
und 1565, finden, sind zugleich denen von Hans Brosamer
in derselben Bibel sehr ähnlich, wonach man ihn mehr
für den Holzschneider der Brosamer'schen Zeichnungen
halten könnte.

Bartsch, IX, 434, nennt diesen Künstler unter den Ano=
nymen und führt nur im allgemeinen an, daß sich in
einer wittenberger von Hans Lufft 1560 gedruckten Bibel
sechs Blätter von ihm befänden. Es befinden sich aber in
den verschiedenen Ausgaben dieser Bibel nur drei von
ihm, aus der Geschichte des Tobias, und nur eins davon
hat die Buchstaben G. L., die andern, diesen am meisten
gleichenden sind mit H. B. bezeichnet und unterscheiden

sich auch bei aller Gleichheit hinlänglich. Das Maß dieser Blätter ist 5 Zoll Höhe, 4 Zoll 4 Linien Breite, resp. 5 Zoll 1 Linie zu 4 Zoll 3 Linien. Es sind folgende Darstellungen angeführt.

Tobias I. Kapitel.

1) Links wird das goldene Kalb angebetet, in der Mitte begräbt Tobias die Todten, rechts ist er im Ge= fängniß. In der Luft oben sieht man die Buchstaben G. L. mit vier Punkten darum.

VI. Kapitel.

2) Rechts nimmt der junge Tobias Abschied von seinen Aeltern, links zieht er den Fisch aus dem Wasser, neben ihm steht der Engel. Ohne Zeichen.

3) Tobias bestreicht die Augen des Vaters mit der Fischgalle, daneben steht die Mutter und eine andere Frau und der Engel in einer Gruppe an dem Eingange des Hauses.

Dieses Blatt hat ebenfalls kein Zeichen, es gleicht übrigens mehr denjenigen Blättern in dieser Bibel, welche mit HB., Hans Brosamer, bezeichnet sind. Da= hin gehören zwei Blätter in Daniel. a) Wie Daniel Nebukadnezar seinen Traum deutet, mit dem Zeichen und der Jahrzahl 1549. b) Nebukadnezar läßt die besten Kriegsleute in seinem Heere in den glühenden Ofen werfen, mit dem Zeichen, aber ohne Jahrzahl. Diese Blätter haben in Zeichnung und Behandlung sehr viel Aehnliches und man könnte sie, ohne die verschiedene Bezeichnung recht gut von einer und derselben Hand halten. Dabei wiederhole ich, daß gar nichts an Cranach erinnert, wohl aber an Altdorfer.

Andere Blätter dieser Bibel, mit HB. bezeichnet, z. B. Hesekiel, der auf Befehl des Herrn weissagt, daß die Gebeine auf einem Felde sich mit Fleisch bedecken und lebendig werden sollen, und andere, sind in Zeichnung und dem ganzen Eindruck nach von obigen wieder verschieden. Es wird sehr schwer sein hier herauszukommen, besonders wenn man die Blätter in der Emser'schen Bibel damit vergleicht und diese unter sich.

Rudolf Weigel, Nr. 8520 seines Katalogs, nennt die Ausgabe von 1550 als die erste Lufft'sche Bibel mit Holzschnitten aus der sächsischen Schule, und schreibt letztere G. Leigel und Hans Brosamer zu, jedenfalls sind das dieselben wie in den spätern Ausgaben bis 1565.

In dem Neuen Testament von Emser: „Das naw testament nach lawt der Christlichen Kirchen bewerte text, corrigirt vnd widerumb zurecht gebracht mdxxvij. Gedruckt zu Dresden durch Wolfgang Stöckel", befinden sich folgende Blätter von diesem Künstler:

1) Titelblatt mit mehrern Abtheilungen: zu beiden Seiten oben die vier Evangelisten in Landschaften, je zwei und zwei übereinander, durch einen weißen Streifen getrennt, in welchem links steht MDXXVII, rechts G. L., unten ist Landschaft, wo links Christus, rechts die Apostel stehen; in der Mitte des Ganzen schwebt Gott Vater in Wolken, unter ihm der Heilige Geist.

2) Links vorn die Madonna auf einem Thron, rechts stehen der Apostel Paulus, Propheten, Moses, David; darüber schwebt Gott Vater. Unten, fast in der Mitte die Jahrzahl MDXXVII und die Buchstaben G. L.

3) Auferstehung Christi, links neben dem Grabe sieht man einen Löwen. Ohne Zeichen und Jahr.

4) Darstellung im Tempel; ebenfalls ohne Jahrzahl und Buchstaben.

5) Die Apostel gehen in alle Welt. Mit der Jahrzahl und den Buchstaben.

6) Feurige Sterne fallen vom Himmel und vertilgen einen Haufen Menschen (Offenbarung Johannes, Kapitel 6).

7) Die Engel bezeichnen die Erwählten Gottes auf die Stirne. (ebend. Kapitel 7). Mit der Jahrzahl und den Buchstaben.

Keins dieser Blätter, außer dem Titelblatt und in geringem Grade das fünfte, gleichen an künstlerischem Werthe, in Zeichnung und Schnitt den obenbezeichneten Blättern in der Bibel; es ist nicht möglich, dieselben von einer Hand gezeichnet oder geschnitten zu halten, es ist ganz geringes Zeug. Nach der sich sehr breit machenden Bezeichnung, mit Jahr und Anfangsbuchstaben, muß man annehmen, daß dieser die Zeichnungen geliefert habe. Dann aber sind dieselben in schreckliche Hände gefallen, die an denselben keine Spur gelassen haben, vorausgesetzt nämlich, daß sie von demselben Zeichner, wie die Bibelbilder, sind. Dies wird bestätigt durch das fünfte Blatt, die Apostel gehen in alle Welt, das äußerlich im allgemeinen, besonders auch in den Bäumen ebenso sehr wie die Bibelbilder an Altdorfer erinnert, aber ebenfalls schlecht geschnitten ist, wenn auch etwas besser als die andern. Das beste ist das Titelblatt.

Heller, S. 133, führt weiter nichts über Leigel an als sein Monogramm auf einem Täfelchen und die Anfangsbuchstaben. In einer Anmerkung sagt er: „Er soll aus dem Holsteinischen gebürtig gewesen sein und 1526—60 in Sachsen gearbeitet haben."

Brulliot, I, 2183, gibt einen Würfel, ein Täfelchen und das Monogramm ohne Täfelchen an. Er sagt, daß diese Zeichen ihm zugetheilt werden, bekennt aber, nichts gefunden zu haben, was diese Erklärung bestätige. Man sieht diese Zeichen in der wittenberger Bibel von Hans Lufft vom Jahre 1558, 1561, 1567. Dann wird gesagt, daß er, nach Füßli, aus Holstein, nach Bryan, ein Schweizer sei, und daß Heller angebe, er habe um 1520—64 in Sachsen gearbeit.

II, 1035, führt Brulliot noch mehrere Zeichen an und nennt unter andern sechs Holzschnitte in „Das newe Testament Deutsch Mart. Luther: Wittenberg MDXXVII". Dieselben sollen sich auch in einer ziemlich seltenen Bibel befinden: „Das naw testament nach lawt der Christlichen Kirchenwerke. text, corrigirt und widerumb zurecht gebracht mdxxii Gedruckt zu Dresden durch Wolfgang Stöchel." In Folio.

Nagler in seinem „Künstler-Lexikon" gibt nichts Neues an.

In den Weigel'schen Katalogen sind mehrere Bibeln mit Leigel'schen Holzschnitten angeführt:

Nr. 17,897. Wahrscheinlich ist die ins Sassische übertragene Bibel, gedruckt zu Magdeburg durch Melchior Lotter, 1536, mit denselben Holzschnitten geziert, wie die in den Lufft'schen Bibeln von 1558, 1560 u. s. w.

Nr. 18,791. Biblia beudsch. Aufs new zugerichtet D. M. Luther. 2 Bände. Nürnberg Joh. vom Berg und Ulr. Newber 1554. Soll auch Holzschnitte von Leigel, Brosamer und Cranach enthalten.

Nr. 21144. Biblia: Dat ys: De gantze Hillige Schrift etc. (Niedersächsische Bibel von Joh. Bugenhagen) 4 Theile, Gedruckt tho Magdeborch dorch

Hans Walther 1545 fol. Die vielen schönen Holz-schnitte, meist in die Breite oder in Quart und nicht zu verwechseln mit denen in die Höhe oder in Octav derselben nachbenannten Künstler, sind von G. Leigel und H. Brosamer. Wahrscheinlich sind es dieselben wie in der oben Nr. 17897 angeführten Bibel von 1536.

Nr. 15476. Sacrae Scripturae etc. — Lipsiae, N. Wolrab 1544 fol. Die vielen schönen Holzschnitte sind meist von G. Leigel, dessen Zeichen sie zum Theil tragen, u. s. w.

Obgleich man noch vieles unter Leigel's Namen an-geführt findet, so ist damit doch nichts mit einiger Sicher-heit festgestellt. Immer sind aber eine Reihe dieser Blätter so beschaffen, daß es nicht uninteressant wäre, eine Klarheit in dieses Kapitel zu bringen.

4) Crispin Herranth.

Herr J. Voigt in von Raumer's „Historischem Taschen-buch" (Jahrg. 6, S. 331) in einem Artikel: „Fürsten-leben und Fürstensitte", sagt, daß Herzog Albrecht von Preußen im Jahre 1529 den Maler Crispin Herranth, einen Schüler Lucas Cranach's, in Dienst genommen habe.

Dagegen ist in den „Beiträgen zur Kunde Preußens", Thl. III, 3., S. 248, angegeben: „Für die Malerei zog er (Albrecht) schon im Jahre 1529 einen Schüler von Albrecht Dürer nach Preußen. Er hieß Crispin Herranth. Um ihn zu gewinnen, schrieb Albrecht Folgendes an Sebald von der Thyle in Nürnberg:

Nachdem an uns gelangt, daß Meister Albrecht Dürer's in got verstorben gesell gerne uns dienen wolt demnach ist an dich unser gnedigs synnen, wo er das noch willens, du wollest ihne ansagen, das wir Jne zu eynem Diener wol leiden und haben mögen und das er sich auffs fürderlichst alher verfügen wolle und so er selbst nit so stabthafft oder mit gelbt versehen, das er nodtdürfftige Zehrung bis zu uns haben macht, Jme von unsertwegen so vill Zehrung für strecken, oder aber Wenken goldtschmidt unserthalben bitten, Jne so vill zu leihen sich nit wolt verdriessen lassen; soll dir oder Jme, welcher solchs auslegen wirbt, widerumb zu Dangk entricht und bezalt werden; zu dem auch von unsert= wegen anzeigen, das wir an Jm begeren, wo er sich zu uns begeben werde, er wolle uns gepew und panell= oder Welschtafelwergk, die etwas künstlich sein, auch ob die von Nürenbergk etzliche new geschütz gegossen, dasselbig alles con= terfeibisch von Jm abgerissen und abgetheilt mitpringen. An dem thut er uns sundern gefallen. Dat. Königsbergk den letzten Februar 1529."

In noch einigen folgenden Briefen ist von Gold und Farben die Rede, welche von Nürnberg aus für Herranth bezogen werden, wobei der Markgraf ihn seinen Hofmaler nennt.

Diese beiden Angaben stehen sich entgegen, und für die ersten ist keine urkundliche Quelle angegeben. Fände sich eine solche, so könnte sich der Widerspruch dadurch lösen, daß das Wort Gesell irrthümlich für Schüler ge= nommen worden ist. Es konnte Herranth recht gut ein Schüler Cranach's und danach Gesell Albrecht Dürer's sein. Die Benennung Schüler kommt in dieser Zeit gar nicht vor, sie heißen Maler; unter Umständen kommt die la= teinische Bezeichnung Discipul vor, aber etwas später. Die Gesellen heißen öfter Knechte. Da nun bei dem damaligen zunftmäßigen Betriebe der Kunst die Maler nach über= standener Lehrzeit auf die Wanderschaft gingen und bei

vielbeschäftigten Meistern Arbeit und Förderung suchten,
so konnte Cranach's Schüler auf diesem Wege auch bei
Dürer Arbeit finden und nach dessen Tode als ein Gesell
desselben in des Markgrafen Dienste kommen.

Es wäre dies eine interessante Nachricht, da überdies
wenig bekannt ist, daß Dürer Gesellen gehalten habe.

Ueber Herranth haben sich noch einige Nachrichten erhalten. So schreibt der Bischof von Kulm
am 9. October 1534 an den Markgrafen Albrecht wegen
des fürstlichen Maler-Meister Herranth: „Ew. F. D.
wolt nicht dawider seyn, daß er aus Ew. F. D. Bilden
etliche Stück mir that ausmalen, das ich um E. F. G.
freundlich zu verdienen allweg will schuldig seyn."

Aus folgendem Schreiben Albrecht's an den Bischof
von Samland leitet man ab, daß Herranth untergeord-
nete Gegenstände gemalt habe *):

Uns hat der ehrsame, unser Hofmaler und lieber Getreuer, Crispinus Herranth in Unterthenigkeit klagende zu
erkennen gegeben, wie er Hanßen Schultissen, Krügern zum
Einsiedel, auf sein Anregen und gewißlich Verdrosten vor
der Zeit etliche Schild und Wappen, dafür er bisher auf
vielfältiges Ansuchen keine Bezahlung von ihm erlangen hat
mogen, und uns darauf, damit er vermittelst Euer Hülf zu
solcher Bezahlung kommen mocht, unterthänigst gebeten rc.
8. März 1540.

Wenn man daraus, daß Herranth Wappen malte,
schließen wollte, daß er nur zu untergeordneten Werken
geschickt gewesen sei, wie das hier angegeben, so wäre
das aus verschiedenen Gründen irrig. Die vorzüglichsten
Künstler malten dergleichen und noch geringere Dinge.

---

*) „Der Dom zu Königsberg", von Grebser und Hagen, An-
hang, S. 157.

Wir finden z. B. von Cranach und andern eine Menge gemalter Wappen, die zu vortrefflichen Kunstwerken gerechnet werden müssen. Es läßt sich aber auch gar nicht anders denken, daß in einer Zeit, wo kostbare Bücher mit Familienwappen verziert wurden, wo überhaupt die Wappen eine so große Rolle spielten, nicht sollte Luxus damit getrieben worden sein, daß man sie von vorzüglichen Künstlern anfertigen ließ.

5) Franz Tymmermann.

(Schüler Cranach's von 1538—40.)

Wie man in neuester Zeit durch erleichterte Zugänglichkeit der Staatsarchive nach verschiedenen Richtungen zu wichtigen Aufklärungen gekommen ist, so ist man auch dabei auf Nachrichten von Künstlern gestoßen, von denen vorher entweder gar nichts oder wenig Specielles und Genügendes bekannt war. Wie ich das bei Lucas Cranach selbst erfahren habe, so ist auch von andern manches Derartige aufgefunden und bekannt gemacht worden.

Dahin gehören nun auch die Nachrichten über einen Schüler Cranach's, welche Herr Dr. F. Schrader in der „Zeitschrift des Vereins für Hamburgische Geschichte", Bd. III, Heft VI, mitgetheilt hat (Hamburg 1852). Wenn auch nun solche Nachrichten erst dann ihren vollen Werth erhalten, wenn durch aufgefundene Werke ein Urtheil über das Vermögen von dergleichen Künstlern ermöglicht wird, so dienen sie doch zuvörderst dazu, daß die Aufmerksamkeit und der Eifer der Sammler zu deren

Aufsuchung gereizt wird, und deshalb sind sie von be=
sonderer Wichtigkeit. Die von Herrn Dr. Schrader mit=
getheilten Nachrichten selbst lauten:

„In den hamburgischen Stadtrechnungen (Libri ex-
positorum) finden sich folgende Angaben über einen jungen
hamburgischen Maler, Franz Thmmermann, den der
Senat 1538 zur Ausbildung seiner Kunst nach Witten=
berg zu Lucas Cranach in die Lehre schickte, nachdem er
sich schriftlich verpflichtet hatte, sich nach Beendigung
seiner Lehrjahre in seiner Vaterstadt niederzulassen. Er
scheint erst 1543 von dort nach Hamburg zurückgekehrt
zu sein.‟

Die ihn betreffenden Notizen, von mir aus dem
Lateinischen übersetzt, lasse ich hier in chronologischer
Ordnung folgen:

Anno 1538. Unter der Rubrik Cursoribus: 12 Solidi
einem Wittenbergischen Boten (tabellarius), mit dem
Franz Thmmermann zu dem Maler Mag. Lucas Cranach
reisete, dem der Senat ihm übergeben hatte.

Anno 1539. Rubrik: Pro diversis notabilibus:
Item 20 tal. 5 Sol. 10 den: sind bezahlt für Kleidung
und Reisegeld Franz Thmmermann's, des Sohnes eines
Bürgers dieser Stadt, den der Rath wegen seines er=
probten Talents in der Malerkunst zur Ausbildung auf
gewisse Jahre dem berühmten Maler (pictori nobili)
und wittenbergischen Bürgermeister, Lucas Cranach, em=
pfohlen hat, unter der Bedingung nach vollendeten Lehr=
jahren, ohne Wissen und Zustimmen des Rathes sich
sonst nirgends als hier in seiner Vaterstadt niederlassen
sollte, zufolge seiner schriftlichen, in der Kämmerei auf=
bewahrten Verpflichtung.

Anno 1549. Rubrik: Exposita in generali: 3 tal.

12 Sol. Bezahlung an den wittenbergischen Boten Nico=
laus Harber für Ueberbringung eines Gemäldes, welches
Franz Thmmermann dem Rathe schickte, und ein in
dieser Summe begriffener Joachimsthaler zur Anfertigung
von Kleidern an denselben geschickt.

Anno 1540. Ad Diversa: 1 Tal. 8 Sol. 6 den.
für Stiefeln des jungen Malers Franz Thmmermann.

Anno 1541. Pro diversis notabilibus: Item 36 tal.
sind geschickt an Franz Thmmermann, den Maler des
Rathes, für ein Gemälde und zum Reisegeld nebst Be=
kleidung.

Außerdem enthalten die Stadtrechnungen noch eine
für die hamburgische Kunstgeschichte bemerkenswerthe
Nachricht über ein nach Hamburg gekommenes Gemälde
Cranach's:

1542. Pro diversis notabilibus: 24 tal. 5 Sol.
für ein Gemälde und den Transport desselben, bezahlt
an den wittenbergischen Maler, Lucas Maler, und war
dasselbe eine Abbildung der Eroberung der Festung
Wolfenbüttel.

1543. Ad diversa. 8 tal. vor de ramen der
voroevringe Wolfenbuttels. (Für den Rahmen zur Er=
oberung Wolfenbüttels.)

Die Bemerkung, daß Thmmermann bis zum Jahre
1543 bei Lucas Cranach geblieben zu sein scheine, stimmt
nicht mit dem Rechnungsansatz überein, daß ihm 1541
36 Thaler unter anderm zu seinem Reisegelde geschickt
worden. Damit braucht die 1542 und 1543 für das
Gemälde und Rahmen verausgabte Summe nicht im Zu=
sammenhange zu stehen. Interessant wäre es, wenn es den
Nachforschungen in Hamburg gelänge, ein Gemälde Thm=
mermann's aufzufinden.

6) Martin, Mathias und Wolfgang Krodel.

Auf einigen Bildern, die man einem der Krodel zu-
schreibt, hat man die Buchstaben W und K als Wilhelm Krodel gelesen; andere haben sie einem Wilhelm
Cranach zugeschrieben und sogar an den Vater des ältern
Cranach dabei gedacht, wie ich Thl. I, S. 247 fg. angeführt.

Ein männliches Bildniß in der dresdener Galerie,
bezeichnet: 1591, Aitatis suae LXXVIIII M. K., zu-
sammengezogen, ist dem Mathias Krodel zugeschrieben.
Es ist die Halbfigur eines alten Mannes mit weißem
Barte, in der linken Hand ein Buch haltend, 2 Fuß
7 Zoll hoch, 2 Fuß ½ Zoll breit, auf Holz. Wenn
man dabei an diejenigen Bilder denkt, die ich Thl. I,
S. 245 fg. angeführt, so kann man hierbei weder an
einen der Krodel noch an die Cranach'sche Schule denken.
Es ist ein schönes Bild.

Bei Herrn Justizcommissar Wilke in Halle habe ich
vor mehrern Jahren zwei Porträts, Hilarius von Repurch und Margareta von Repurch, gesehen, mit W. K.
bezeichnet und Wilhelm Krodel zugeschrieben. Soviel ich
mich zu erinnern vermag, glichen sie wol dem äußern
Eindruck nach, auch in Farbe, dem Cranach, in Behandlung aber mehr dem dresdener Bilde und auch dem
Bilde in Darmstadt. Es wäre immerhin sehr interessant,
über diese Künstlerfamilie und ihr Verhältniß zu Cranach
sichern Nachweis zu haben, mehr als ich in Thl. I,
S. 245 und 291 zu geben vermochte.

D. Nachtrag zu den Gemälden, Handzeichnungen, Kupferstichen und Holzschnitten.

1) Beschreibung derjenigen Gemälde und Zeichnungen Cranach's, welche dem Verfasser erst nach Erscheinen dieser Schrift über diesen Meister bekannt geworden sind, nebst einigen Berichtigungen und Zusätzen. Zu Theil II, S. 11—160.

Augsburg.

a) Antiquariats=Buch= und Kunsthandlung von Butsch.

1) Madonna mit dem Christuskinde.

Zeichen und Jahr 1529 falsch. 2 Fuß 7 Zoll hoch, 1 Fuß 10 Zoll breit.

Maria, Kniestück mit reichem herabwallendem Haar, von röthlich dunkelblonder Farbe, mit rothem Kleide und grünem gelblich gefüttertem Mantel darüber, den Christusknaben auf dem Schoose, welcher ein Stück Backwerk in der Hand hält. Der Grund ist einfach dunkel.

Lucas Cranach. III.   9

Es gehört dieses Bild zu den schönsten Madonnenbildern Cranach's, der Kopf, wie gewöhnlich etwas nach
links geneigt, ist sehr anmuthig; das Ganze ist geschmack-
voll und einfach in Anordnung und Behandlung und läßt
von den Fehlern, die man sonst an Cranach zu rügen
findet, nichts bemerken.   Die Formen des Christuskindes,
die Zeichnung ist schön, die Farbe harmonisch.   Daß das
Bild in den Schatten abwechselnder und energischer wirkt,
kommt auf Rechnung der mit außerordentlicher Sorgfalt
ausgeführten Restauration, welche jedoch dem Ganzen
einen andern Charakter aufgedrückt hat, sodaß man es
entschieden für kein Cranach'sches Bild halten könnte,
wenn nicht einige wenige kleine Stellen es glauben ließen.

b)   Privatbesitz.

2) Wirkung der Eifersucht.

1 Fuß 7 Zoll hoch, 1 Fuß 2½ Zoll breit.   Mit dem Zeichen und
der Jahrzahl 1527.

Es ist diese Darstellung ähnlich zweien andern, die
ich Thl. II, S. 132*) und weiter unten unter Leipzig
beschrieben habe.   Sämmtliche sind aber in der Composition, Anordnung und Zahl der Figuren verschieden, wie
dies bei Cranach bei Wiederholungen desselben Gegenstandes gewöhnlich vorkommt.

Es liegt dieser Darstellung scheinbar kein bestimmtes
Factum oder Erzählung zu Grunde, vielmehr ist ein all-
gemeiner Gedanke ausgesprochen, daß durch die Frau
Hader und Streit der Männer in die Welt gekommen

---

*) Eine gute alte Copie fand ich in Siebeneichen bei Meißen
bei Herrn von Miltitz.

ist. — Ganz vorn rechts sitzt ein nacktes Weib am Boden mit fünf Kindern um sich, eins an der Brust, eins sitzt an ihrer linken Seite, eins ist an ihr rechtes Knie gelehnt, ein viertes schaut ihr über die Schulter, das fünfte steht weinend, die Augen mit den Händchen bedeckt, neben ihr. Dieser Gruppe links gegenüber stehen drei junge Frauen mit drei Kindern, eine derselben trägt eins von ihnen Huckepack, die andere hebt jammernd die Hände über den Kopf, an sie lehnt sich die dritte und schlingt den rechten Arm um ihren Nacken; die beiden andern Kinder stehen zwischen den Frauen. Die Aufmerksamkeit und Theilnahme dieser Figuren ist auf den erbitterten Kampf von sieben Männern gerichtet, welcher auf einer Grasfläche zwischen beiden Gruppen stattfindet. Vier der Männer liegen zu Boden, der eine davon zur Linken ist bereits todt, einem andern auf dieser Seite will einer der drei Sieger den Garaus machen, ebenso die beiden andern. Sämmtliche Männer sind mit Prügeln bewaffnet und zwei der Besiegten suchen damit die Schläge zu pariren. Die Fläche ist rechts mit einem Fels am Wasser und mit Gebüsch abgegrenzt. Auf der Höhe ist eine Burg, am Fuß des Felsen ein Schloß.

Frauen und Kinder sind von großer Anmuth und Naivetät, die Männer in mannichfaltiger lebhafter Bewegung und Ausdruck; ein Umstand, der deswegen wiederholt bemerkt werden muß, weil man dem Cranach das Vermögen zur Darstellung von andern als ruhigen Gegenständen absprechen will. Die Färbung ist vortrefflich und das Colorit der einzelnen Figuren mannichfaltig und charakteristisch. Der Ton des Ganzen ist sehr gut und harmonisch; nur ist es schade, daß es beschädigt gewesen und theilweise übermalt ist.

9*

Bamberg.

Im Dom.

3) **Ein Kranz von Rosen,** darin zu oberst Gott Vater, links etwas tiefer die Maria mit Engeln gegenüber; in der Mitte Christus, zu beiden Seiten anbetende Heilige. Außerhalb des Rosenkranzes in der linken untern Ecke der anbetende Papst und Bischöfe, in der rechten der Kaiser, Kanzler u. s. w., zwischen beiden Gruppen Landschaft.

Bemerkung zu Thl. II, S. 13, Nr. 5 (das Bild bei Seminarinspector Heunisch in Bamberg betreffend): Die Angabe, daß Cranach die sächsischen Wappen nicht als Künstlerzeichen, als Monogramm gebraucht habe, ist im allgemeinen nicht richtig; auf vielen Holzschnitten und auf vielen Gemälden findet man dieselben. Nur eins scheint wahrscheinlich, daß er dieselben meist nur auf solchen Bildern, Holzschnitten u. s. w. angewendet habe, die er entweder ausdrücklich für die Kurfürsten von Sachsen und deren Glieder fertigte oder in Beziehung auf dieselben. Fast immer ist aber auch sein Monogramm, die geflügelte Schlange, noch beigefügt. Daß derselbe sich niemals römischer Zahlen bedient habe, sondern immer arabischer Ziffern, davon kann ich mich keiner Ausnahme erinnern.

Berlin.

a)   Kunsthändler Linck.

4) **Christus am Oelberg.**

Mit dem Zeichen und einem doppelten Wappenschilde. 2 Fuß 7½ Zoll hoch, 1 Fuß 9½ Zoll breit.

Links nach oben an einem Felsen kniet Christus betend

in blauem Gewande mit blutigrothen Schweißtropfen, in der Ecke darüber in einer Glorie schwebt der Engel mit dem Leidenskelch, in gelbem Gewande. Zuvorderst befindet sich die Gruppe der drei schlafenden Jünger; Petrus, wie immer auf Cranach'schen Bildern in blauem Kleide mit weißem Mantel, in sitzender Stellung. Im Mittelgrunde über dieser Gruppe sieht man die Gefangennehmung Christi, den Grund bildet Gebirgslandschaft mit Wasser.

Dieses Bild gehört zu den Schul- oder Atelierbildern und muß wegen des allgemeinen Tones, besonders auch wegen der Schatten im Fleisch einem bestimmten Schüler oder Gehülfen Cranach's, von dem viele andere Bilder vorkommen, zugetheilt werden.

Es machen dieselben im allgemeinen keinen besonders angenehmen Eindruck, geht man aber zur genauern Betrachtung des Einzelnen, so findet man die Hauptverdienste der Cranach'schen Schule in besonderm Grade darin: sorgfältige, zierliche, in manchen Stellen fast feine Ausführung. Das Einzelne ist erfreulich, der Eindruck des Ganzen nicht.

In der Luft sind zwei ausgeschweifte Wappenschilde, das eine mit einem Eberkopfe, das andere mit drei einzelnen Blättern, rechts vorn das Zeichen, wie es auf Atelier- und Schulbildern immer erscheint.

b) Kupferstich-Sammlung.

5) Zeichnung zu einem Altarbilde.

Zu Thl. II, S. 26, Nr. 40.

Auf dem Mittelbilde: die drei Kreuze, vorn der vom Kreuz genommene Christus von seinen Freunden umgeben.

Auf den Flügeln: links Petrus, rechts „barnawas",
wie darüber geschrieben ist. Auf den Rückseiten dieser
Flügel links Andreas, rechts Timotheus. Das Bild
hatte doppelte Flügel, wovon der rechte fehlt; auf dem
linken ist „S. marx", außen „titus". Unter dem
Ganzen ist eine Tafel mit ornamentirtem Rahmen, oben
eine Krönung mit Verzierung. Das Zeichen auf dem
Mittelbilde scheint der Zeichnung und Farbe nach nicht
ursprünglich, aber die Zeichnung ist vortrefflich und von
Cranach's eigener Hand. *)

6 und 7) Luther und dessen Frau, Katharina von Bora.

Zu Nr. 42 und 43.

Es sind dies keine Zeichnungen, sondern jedenfalls auf
mechanischem Wege, durch Ueberdruck hergestellte Blätter.
Zwei andere Exemplare, die ich in der Joh. Andreas
Börner'schen Auction in Nürnberg (den 17. Oct. 1864,
Nr. 425) für die weimarische Sammlung erstanden habe,
wo sie als „alte sogenannte Calken nach Originalzeich-
nungen oder Gemälden" angegeben sind, haben mich davon überzeugt.

Zu der Bemerkung Thl. II, S. 30 (Cranach's Stammbuch betreffend): Die Angabe des Preises für Illuminiren
einer Bibel findet sich in „Gelehrter Männer Briefe an
die Könige in Dänemark" von Schuhmacher, II, 230.

---

*) Eine Photographie davon befindet sich in den von mir
herausgegebenen Heften von photographischen Nachbildungen vorzüglicher Cranach'scher Werke.

8) Maria und Elisabeth auf einer Bank.

Letztere reicht der erstern das Christuskind. Links
vorn eine säugende Mutter, vor ihr steht ein Knabe mit
einem Buche, neben ihr zwei andere Knaben, rechts sitzt
eine andere Mutter mit einem Knaben auf dem Schoose,
welchem ein zweiter danebensitzender einen Apfel reicht;
in der Mitte im Grunde ist ein Fenster. Schöne an-
getuschte Federzeichnung Cranach's. 4°.

9) Dr. Martin Luther.
Zu Nr. 45—54.

Diese Figur Luther's, welche der Börsensensal Tauber
in Wien dem Könige von Preußen verehrte, und welche
sich jetzt im berliner Kupferstichcabinet befindet, gleicht
vollständig den Malereien in dem sogenannten Stammbuch Cranach's auf der königlichen Bibliothek; es ist eine
Malerei des jüngern Cranach. Diese völlige Gleichheit
ist auch ein Beleg dafür, daß derartige Malereien zu
dem angegebenen Zweck als Schmuck für Bibeldrucke gefertigt wurden.

c) Bei dem Kunsthändler Meyer.

10) Hercules unter den lycischen Mädchen.
Zu Nr. 22 und 57.

Im Ganzen den Bildern im Berliner und Braun-
schweiger Museum und andern häufig vorkommenden gleich.
Die Composition ist etwas anders: Statt drei Mädchen
findet man hier vier, statt Rebhühner, die gewöhnlich
darauf vorkommen, sieht man hier links oben eine todte

Ente am Nagel hängen. Die Verse sind dieselben, wie auf dem Nr. 57 angeführten Bilde. Das Ganze ist übermalt.

Braunschweig.

Im Museum.

11 und 12) Zwei Zeichnungen:

1) Christus am Kreuz, an dessen Fuß das Lamm; Johannes weist Adam oder den sündigen Menschen auf den gekreuzigten Heiland.

2) Christus als Sieger über Tod und Teufel, im Grunde die Verkündigung, oben die Füße des gen Himmel fahrenden Erlösers.

Beide mit der Feder gezeichnet, jede 8 Zoll 8 Linien hoch, 3 Zoll 2 Linien breit, ohne Zeichen. Jedenfalls sind diese Zeichnungen als Flügel zu einem Altarbilde, wie das in Schneeberg befindliche (s. Nr. 393), gemacht, da sie nicht zu den vielen Darstellungen dieses in verschiedener Form im Zusammenhang wiederholten Gegenstandes gehören.

Sie sind sicher und kernig gezeichnet und an einzelnen Stellen leicht angetuscht.

13 und 14) Martertod des heiligen Petrus und Judas Thaddäus.

Zwei Zeichnungen zu den Martern der zwölf Apostel. Vgl. Thl. II, S. 210, Nr. 1 und S. 212, Nr. 11.

Diese beiden Zeichnungen sind in der Anordnung vollkommen übereinstimmend mit den Holzschnitten, auch stimmt

bie Größe ber zweiten ganz überein, während bie erſtere
etwas höher iſt, ohne baß bie Figuren größer wären.
In Zeichnung ber Einzelheiten findet aber eine große
Verſchiedenheit ſtatt, bie Köpfe, Hände unb Füße, ſowie
bie Draperien ſind geiſtreicher gezeichnet unb beſſer ver-
ſtanben, ſie zeigen bei aller Gleichheit ber Lage unb ber
Bewegung eine Menge Abweichungen, bie ein feineres
künſtleriſches Vermögen erkennen laſſen. Nebeneinanber=
gehalten erſcheinen bie Holzſchnitte viel geringer, bie Köpfchen carikirt gegen bie Zeichnung, ſobaß man gar nicht
annehmen kann, Cranach habe bie Zeichnungen zu bem
Holzſchnittwerkchen auf ben Holzſtock ſelbſt gemacht, viel
weniger bieſelben ſelbſt geſchnitten. Bei bem Tobe bes
Jubas Thabbäus iſt ber Grunb einfacher, bie runben
Fenſter an ben Seiten unb bie Verzierungen um bie Tafel
auf bem Altar, ſowie bie ſächſiſchen Wappenſchilbe in ben
Ecken fehlen.

Der Vergleich ber Holzſchnitte mit ben Zeichnungen
iſt intereſſant für bie Frage über bie eigenhänbigen Holz=
ſchnitte ber Meiſter aus bem Anfange bes 16. Jahr=
hunberts.

Das im zweiten Hefte ber von mir herausgegebenen
Facſimiles nach Cranach'ſchen Werken mitgetheilte Facſimile gibt vollkommen bie Zeichnung wieber unb kann
babei bie Stelle bes Originals vertreten.

Coburg.

Auf der Veste.*)

15) Liegende Nymphe in einer Landschaft.

Ohne Zeichen; rund 4½ Zoll Durchmesser.

Die Figur liegt von links nach rechts, ganz in der Weise, wie auf mehrern Bildern des ältern und jüngern Cranach, die diesen Gegenstand darstellen. Aus einem Felsen springt ein Quell, rechts am jenseitigen Ufer eines Wassers ist ein liegender Hirsch, im Grunde sieht man Gebäude, ganz vorn sitzt ein Biber.

Es ist dieses ein vortreffliches Bildchen des ältern Cranach, schön und tief in Farbe, und im ganzen geschmackvoller als die andern Bilder desselben Inhalts, namentlich fehlt auch die störende weiße Tafel mit der Inschrift. Die Ausführung ist außerordentlich zierlich, der Ton schön.

16 und 17) Friedrich III. und Johann I., Kurfürsten von Sachsen.

Zwei ziemlich lebensgroße Halbfiguren, beide mit ineinandergelegten Händen. Die Köpfe sind gut und in Cranach's Weise, aber Zeichnung der Hände, der Haare und der Kleider sind nicht Cranachisch. Ueber den Ton der Bilder läßt sich nichts sagen, da sie sehr verbräunt sind.

---

*) Die sämmtlichen früher im Schloß befindlichen Bilder sind jetzt in den Sammlungen auf der Veste Coburg aufbewahrt.

18) Weibliches Porträt.

Kniestück.
Zu Nr. 72.

Dieses Bild, welches ich später unter günstigerm Lichte gesehen habe, gehört zu den guten Cranach'schen Porträts und ist in besserm Zustande, als mich eine frühere unter ungünstigem Lichte vorgenommene Besichtigung glauben ließ.

19 und 20) Kurfürst Johann Friedrich und dessen Gemahlin Sibylle von Cleve.

Zwei von den kleinen, so häufig vorkommenden Bildnissen der sächsischen Familienglieder; das erste gut, das andere gering und nicht von Cranach.

21 und 22) Friedrich III. und Johann I., Kurfürsten von Sachsen.

Zwei Brustbilder, etwa drei Viertel der natürlichen Größe, darunter auf Zetteln die öfter angeführten gedruckten Verse. Farbe und Behandlung lassen annehmen, daß diese Bilder aus Cranach's Atelier stammen, unter seiner Aufsicht und Beihülfe gemalt sind, nur sind sie flüchtiger behandelt, besonders auch in den Nebensachen. Es sind ein paar gute Cranach'sche Porträts.

Cranach's Schule.

23 und 24) Vier Heilige: St.-Christoph mit Katharina und St.-Georg mit Barbara?.

Zwei Tafeln, Kniestück.

Die Köpfe sind gut in Farbe und Zeichnung, auch

Farbe und Behandlung der Gewänder ist gut Cranachisch, aber alles ist flüchtiger, die Nebensachen decorationsartig ausgeführt.

Cöln.

a) Museum Wallraff-Richartz.

25) Christus und der kleine Johannes.

Mit dem Zeichen, die Flügel liegend. 1 Fuß 9 Zoll hoch, 1 Fuß 1 Zoll breit.

Der kleine Christusknabe, mit dem Kreuz im linken Arm, die rechte zum Segnen erhoben, steht auf Tod und Teufel, von dem man wenig mehr als die Köpfe sieht; eine Schlange windet sich um seine Füße. Rechts kniet der kleine Johannes hinter dem Lamm, auf dessen Kopf er die linke Hand gelegt hat, während er die rechte ebenfalls zum Segnen erhebt und dabei auf Christus schaut. Der Grund ist einfarbig dunkel.

Dieses Bild war ursprünglich gut, Formen, Bewegung, Zeichnung und Farbe, soweit das alles wegen vielfacher Beschädigung gesehen werden kann, sind schön, der Todtenkopf vortrefflich, auch der des Teufels ist gut. Demungeachtet ist es nicht so beschaffen, daß man es für ein eigenhändiges Werk des ältern Cranach halten könnte, es gehört aber zu den besten Bildern, die aus seinem Atelier hervorgegangen sind. Dazu ist das Bild bis auf weniges, z. B. der größte Theil des Schlangenkopfes übergangen.

b) In der Sammlung des Stadtbaumeisters Weyer
(jetzt verkauft).

26) Venus und Amor.

Ohne Zeichen. 3 Fuß 3 Zoll hoch, 1 Fuß 2 Zoll breit.

Venus, etwa halb lebensgroß, von vorn gesehen;
neben ihr steht Amor mit einem dünnen Schleier über
den Augen, den er mit der Rechten scheint abnehmen zu
wollen, in der Linken hält er Pfeil und Bogen.

Nur wenige Stellen an diesem Bilde sind ursprüng=
lich, das Ganze ist übermalt; an dem einen Schenkel der
Venus bemerkt man noch eine Stelle von der frühern
Farbe.

27) Christus segnet die Kinder.

Eine Photographie, wonach ich dieses Bild allein
kenne, gibt den vollständigsten Eindruck eines Original=
bildes von Cranach. Es finden sich darin alle die man=
nichfaltigen anmuthigen Motive, welche in den öftern
Wiederholungen dieses Gegenstandes immer wiederkehren,
ohne ein einziges mal in ganz gleicher Weise behandelt
zu sein, sodaß man keins als die Copie des andern er=
klären kann. Den Zustand und die Behandlung des
Bildes kenne ich nicht, sodaß ich nicht anzugeben vermag,
ob dasselbe ganz oder nur theilweise von Cranach's eigener
Hand sei.

c) In der Sammlung des Herrn Merlo.

28) Christus am Oelberg.

Ohne Zeichen. 1 Fuß 3½ Zoll hoch, 9¾ Zoll breit.

Ganz vorn kniet Christus mit ausgebreiteten Armen,
in blauem Gewand, links oben schwebt der Engel mit

dem Leidenskelch in gelbem Gewande. Die felsige Land=
schaft liegt im Dämmerschein. Diese Composition ist
dieselbe, wie sie als Holzschnitt in dem Wittenberger Hei=
ligthumsbuche und dem Hortulus animae vorkommt, nur
ist der Engel anders. Sehr schönes, wohlerhaltenes
Bildchen, obgleich es nicht so ausführlich behandelt ist,
wie andere Cranach'sche Bilder von gleichem Format.
Die Frische der Farbe ist vielleicht durch den dicken, ver=
gilbten Firnis getrübt.

d) Frau Schaafhausen.

29) Die heilige Magdalena mit dem Salbengefäß.

**Mit dem Zeichen und der Jahrzahl 1525. 1 Fuß 6 Zoll hoch,
1 Fuß breit.**

Magdalena ganz im Costüm von Cranach's Zeit, mit
rothsammtenem, dreimal mit breiter Goldborte besetztem
Kleid, mit Puffenärmeln und reichem Goldschmuck, ge=
scheiteltem und aufgelöstem Haar hält mit beiden Händen
das Salbgefäß in der Gegend ihrer linken Hüfte. Sie
steht in einer gebirgigen Landschaft mit breitem Fluß vor
einem Baume; im Mittelgrunde rechts und links sieht
man mehrere Hirsche, in der Ferne einen Zug Reisiger.

Dieses Bildchen gehört in Malerei, sorgfältiger Aus=
führung, Frische und Tiefe der Farbe, sowie seiner Er=
haltung nach zu den schönsten Cranach'schen Werken, die
uns geblieben sind.

Sowol das Costüm als auch die individuellen Züge
lassen vermuthen, daß es ein Porträt sei, und die Phy=
siognomie widerspricht nicht der Annahme, daß es das
Bildniß der Geliebten des Kurfürsten Albrecht von Mainz,

der Bäckerstochter Magdalena Rebinger sei, deren Figur öfter auf Gemälden, die angeblich Grünewald und Cranach für diesen Kirchenfürsten malten, vorkommt. Dieses Bildchen ist in allen Theilen eins der charakteristischsten für Cranach's Darstellungsweise.

e) Kaufmann Ruhl.

30) Madonna mit dem Christuskinde und dem kleinen Johannes.

Mit dem Zeichen, die Flügel falsch ergänzt. 2 Fuß 3 Zoll hoch, 1 Fuß 8 Zoll breit.

Die Madonna, Kniestück, mit dem Christuskinde auf dem Schoos, das eine Beere zum Munde führt, von einer Traube, welche ihm der links stehende kleine Johannes vorhält. Drei Kindengel halten einen grünen Vorhang mit verziertem Saum hinter der Gruppe. Links ist etwas Durchsicht auf eine Landschaft. Die Madonna hat ein blaues Kleid und rothes Ueberkleid mit gelb= rothem Umschlag; über dem Kopfe mit gescheiteltem herab= wallendem Haar hat sie einen Schleier; das feine Chemi= settchen ist mit einer zierlichen Kante eingefaßt. Sehr schönes Bild; der Kopf der Madonna ist nicht porträt= artig, erinnert aber an den Cranach'schen Typus. Das Bild hat etwas gelitten und ist restaurirt.

f)   Kaufmann Reinhard.

31) König Alfred und der Ritter Wilhelm von Albonack mit seinen drei schönen Töchtern.*)

Mit dem Zeichen, welches aber fremde Zuthat ist. 1 Fuß 10 Zoll hoch, 1 Fuß 2¾ Zoll breit.

Rechts sitzt Alfred, ein rothes Federbaret neben sich; in der Mitte Wilhelm von Albonack mit phantastischem Goldharnisch, links die Gruppe der drei Töchter desselben, die vorderste vom Rücken aus gesehen, die beiden andern halten sich umschlungen; der Grund ist landschaftlich.

Dieses Bild ist in vieler Beziehung, namentlich auch wegen breiter Schattenmassen und Helldunkel eins der vorzüglichsten Cranach'schen Werke.

Die vorderste der drei Mädchen ist ganz licht, während die andern in die tiefgefärbte Landschaft zurücktreten. Die Figuren sind besser proportionirt als sonst bei Cranach, die Formen schöner und voller, auch die Zeichnung ist schön. Das Ganze macht einen sehr harmonischen Eindruck bis auf die Luft, die wie gewöhnlich etwas zu licht ist.

Nebenbei ist zu bemerken, daß dieses Bild dasjenige ist, welches sich in der 1812 verkauften Sammlung von J. H. Krager in Hamburg befand, aus dessen Auctions-katalog sich wahrscheinlich die Benennung dieses Gegen-standes fortgepflanzt hat. Der Besitzer bewahrte noch die Notizen darüber.

---

*) Ueber diese Bezeichnung sehe man oben S. 48 fg.

g) Weinhändler Bricken.

32) Ein Alter und ein junges Mädchen.

Ohne Zeichen. 12 Zoll hoch, 9 Zoll breit.

Links ein glatzköpfiger Alter in dunkelm Pelzgewand, welcher einem Mädchen in den Busen greift, während diese den rechten Arm über dessen Schulter legt und mit der Linken in seine Geldtasche greift. Das Mädchen hat ein rothes mit Goldborten besetztes Kleid und ein Netzhäubchen. — Gutes Bild, noch ziemlich wohlerhalten.

h) Kunsthändler Heberle.

33) Hirschjagd.

Zeichnung mit schwarzer Kreide auf blauem Papier. 1 Fuß 10¼ Zoll breit, 1 Fuß 4 Zoll hoch.

(In einer Auction bei Heberle in Cöln im Jahre 1858.)

In gebirgiger waldiger Gegend, vorn vier hohe über den Rand gehende Bäume, vor und hinter welchen die Hirschjagd von rechts nach links hinbraust; eine fürstliche Person mit breitem Baret sucht einen Hirsch mit dem Hirschfänger zu erreichen.

Diese Zeichnung, obgleich nur flüchtig mit schwarzer Kreide gezeichnet, ist sehr gut, sobaß man dieselbe, obgleich sie sehr verwischt und vieles nicht geschickt nachgeholt ist, recht gut für eine Cranach'sche Originalzeichnung halten kann.

Coblenz.

Kaufmann Diez.

34) Christus am Kreuz zwischen den beiden Schächern.

Ohne Zeichen. 1 Fuß 3 Zoll hoch, 10 Zoll breit.

In der Mitte Christus am Kreuz, zu beiden Seiten die Schächer, deren Kreuze perspectivisch verkürzt stehen. Zwischen den Kreuzen links steht Maria mit gefalteten Händen, zwischen denen rechts Johannes, der nach Christus emporsieht. Christi Kreuz umfaßt die hinter demselben kniende Magdalene. Maria hat einen dichten Schleier oder vielmehr Tuch über dem Kopf, wie er immer bei diesem Gegenstande vorkommt, während Madonnenbilder bei Cranach statt dessen immer einen dünnen durchsichtigen Schleier haben.

Sehr feines Bildchen, das in Farbe, Ton, Behandlung, auch in der Luft, sowie in Größe einem andern ganz ähnlichen bei Frau Schöff Brentano in Frankfurt a. M. gleicht. Es gehören diese Bildchen zu Cranach's frühern Werken, die meistens nur kleine Dimensionen haben und die in Durchbildung, feiner Nuancirung des Colorits, im harmonischen Ton des Ganzen größtentheils besser sind als manche seiner spätern Werke, in denen er mehr Freiheit und Sicherheit zeigt.

Constappel bei Meißen.

In der Kirche.

35) Kreuzabnahme. Bruchstück.

Ohne Zeichen. 2 Fuß 7 Zoll breit, 2 Fuß hoch.

Vorn von links nach rechts liegt der vom Kreuz ge-

nommene Heiland mit dem Kopf auf dem Schoos des
Johannes, der ein rothes Gewand hat. Rechts an der
Seite hält einer der Freunde das weiße Tuch gefaßt,
worauf der Leichnam liegt, er ist im Profil und hat einen
langen grauen Bart und schwarzes Gewand. Neben die=
sem steht Nikodemus, der ihm die Dornenkrone zeigt.
Derselbe ist in braunem Gewand und hat ein rothes
Tuch über Kopf und Schultern geschlagen. Hinter Chri=
stus in der Mitte kniet Magdalena und küßt das Wun=
denmal der linken Hand; links neben ihr steht die Kla=
gende Maria und hinter beiden drei andere trauernde
heilige Frauen. Alle vier haben weiße Tücher um Kopf
und Schultern. Das Ganze macht einen ruhigen, har=
monischen Eindruck, Zeichnung und Malerei ist gut, der
Ausdruck in den Köpfen ist sehr gut, einfach und wahr;
besonders sind der ältere Mann im Profil, Christus und
einige der Frauen sehr schön. Auch die Farbe ist so gut,
daß man es für eine eigenhändige Arbeit Cranach's hal=
ten muß. Nur die Gewänder sind dem nicht ganz ent=
sprechend.

An den in den obern Ecken sichtbaren Füßen der bei=
den Schächer am Kreuz erkennt man deutlich, daß das
Bild ein Bruchstück ist, welches übrigens ein vollständiges
in sich abgeschlossenes Ganzes bildet. Es wäre gut, wenn
für Erhaltung desselben etwas gethan würde, da es jetzt
seinem Untergange rasch entgegengehen muß.

Dresden.

a) In der Galerie.

36) Weibliches Porträt, Gürtelstück.

Eine Inschrift gibt den Namen der Dargestellten an:

Margreta v. Ponicaw gewesen in Churfurstin Sibillen Frauntzimmer etc. 1536. Sie hat ein goldenes Netz=häubchen, mit kleinem Schleier darüber, eine Kette um den Hals und mehrere Ringe an den Fingern; das Kleid ist dunkel, der Grund ist lichtblau. Gutes Bild Cra=nach's, ohne jedoch zu den besten Porträts desselben zu gehören.

37) Markgraf Georg von Brandenburg.
1 Fuß 2½ Zoll hoch, 11 Zoll breit.

Vortrefflicher Studienkopf, auf Pappe gemalt, welcher besonders deshalb interessant ist, weil man bisjetzt kein in Oel gemaltes Naturstudium von Cranach kennt. Der Behandlung nach hält dasselbe die Mitte zwischen dem ältern und jüngern Cranach, der Farbe nach zeigt es aber die Hand des erstern.

38) Johannes ermahnt die Kriegsleute und Richter.

Dieses Bild hat viel Schönes in sorgfältiger Aus=führung, die Farbe ist aber etwas monoton und schwach, wie sie bei Cranach in keiner Periode vorkommt.

39) Kreuzigung Christi.

Dieses Bild ist besser als das vorige, aber ebenfalls nicht von Cranach's eigener Hand gemalt.

b) Kupferstichcabinet.

39) Adam und Eva unter dem Baume.
Nachtrag zu Nr. 241.

Vortreffliche Federzeichnung, braun angetuscht, die Cranach's Eigenthümlichkeit vollständig erkennen läßt.

Eva steckt Adam den Apfel in den Mund. Adam macht ein saures Gesicht dazu und spricht seine Befürchtung wegen der Folgen durch Bewegung der Hände aus.

Ein Facsimile hiervon ist in dem zweiten Hefte der Kupfer zu Cranach mitgetheilt.

Nachtrag zu Nr. 242.

Die Zeichnung ist jedenfalls nicht von Cranach, wenn man nicht annehmen will, daß es eine sorgfältige Nachahmung von ihm nach einer andern Zeichnung ist.

Nachtrag zu Nr. 248.

Dies ist eine Zeichnung von dem jüngern Cranach zu einem Bilde, das er und sein Vater mehrmals gemalt haben. Eins dieser Bilder besaß der Medicinalrath Strahl in Berlin und eins wurde auf der Kunstauction von Lepke 1865 in Berlin verkauft. Beide habe ich gesehen und ohne weiteres als von dem jüngern Cranach herrührend erkennen müssen.

40) Drei Blatt mit wilden Schweinen.

Aquarellirte Federzeichnungen, alle im Profil.

Ein geflecktes, 8½ Zoll breit, 6 Zoll 3 Linien hoch.

Ein schwarzes, 9½ Zoll breit, 6½ Zoll hoch. Beide nach links gehend.

Ein schmuzigweißliches, nach rechts schreitend, 8 Zoll breit, 4½ Zoll hoch.

Sehr gute Zeichnungen, ohne Zeichen.

c)   Herr von Schreiberhofen.

41) Luther als Junker Jörg.

Hüftbild mit dem Zeichen und der Jahrzahl 1537. 2 Fuß 7 Zoll
hoch, 2 Fuß 1 Zoll breit.

Drei Viertel nach rechts gewendet in kurzem Haar und
dunkelm Bart, mit schwarzem Kleid, mit beiden Händen
den Degengriff haltend. Der Grund grün. Oben links
steht von späterer Hand: Doctor Martinus Luther, propheta germanus Anno 1521 in pathmo Aetatis suae
38. depingebatur; in der entgegengesetzten Ecke links
unten ein Wappen, wahrscheinlich der frühern Besitzer,
auf dem Wappenschild auch die Luther'sche Rose. Daneben steht: Pestis. eram. vivens. moriens. pro mors.
tua. Papa.

Sehr schönes gutes Bild, in Farbe, Zeichnung und
Malerei, das, wenn man es nicht für eine eigenhändige
Arbeit Cranach's halten wollte, doch demselben ganz unmittelbar nahe steht. Das Zeichen hat zwar die Form
des Sohnes und der Schule, es ist aber gleichzeitig. Es
sind mir schon einige Bilder mit dem eigenthümlich saft-
grünen Grunde vorgekommen, wie unter anderm ein
gleiches Porträt auf der großherzoglichen Bibliothek zu
Weimar, die zu den sehr guten Cranach'schen Werken gehören und die, wenn man sie nicht zu den eigenhändigen
rechnen will, zu den schönsten Atelierbildern rechnen muß.
Es wäre sehr interessant, wenn sich ein besonderer Schüler Cranach's darin nachweisen ließe.

42) Katharina von Bora, Luther's Frau.

Halbfigur mit übereinandergelegten Armen.

Dieses als Seitenstück zu dem vorhergehenden, nach

einem Cranach'schen Porträt gemalte Bild hat sehr viel Gutes, macht in allem ben Eindruck eines guten Cranach'-schen Bildes, ohne im einzelnen ihm zugeschrieben werden zu können. Es ist dasselbe Wappen rechts oben drauf-gemalt und die Inschrift dazugefügt: Katharina a Bor, Uxor acerrimi, Christi Jesu Salvatoris nostri, per Germaniam Apostoli, Dōni Doctoris Martini Lutheri etc.

Das Zeichen rechts unten ist in ähnlicher Weise wie das des ältern Cranach nachgemacht.

43) Friedrich der Weise und Johann I.

Zwei der so oft vorkommenden kleinen Porträts, die in so großer Zahl für Johann Friedrich in seinem Atelier gemalt wurden. Mit dem Zeichen des ältern Cranach und 1532.

Nachtrag zu Nr. 290.

Bei diesem Porträt ist als etwas Besonderes zu be-merken, daß die Goldverzierungen mit Metallgold gemalt oder gehöht sind, was bei Cranach dem Aeltern fast nie der Fall ist.

d) Im historischen Museum.

44) Kurfürst Friedrich III., der Weise, ziemlich in natürlicher Größe mit der Krone in der Hand. Leider konnte ich es nicht in der Nähe sehen, doch scheint es ein gutes Cranach'sches Porträt zu sein.

Nachtrag zu Nr. 293.

Wahrscheinlich ist dies dasselbe Bild, welches ein Herr von Folkerdam besaß und wovon Legationsrath Bertuch in Weimar eine getuschte Copie hatte machen lassen, welche die Erben dem Verfasser schenkten. Siehe darüber „Journal der Moden", Februar 1813, S. 181.

Erlangen.

Bibliothek.

Zeichnungen.

45) Adam.

Kleine mit der Feder gezeichnete 5 Zoll hohe Figur. Ist vollkommen Cranachisch, nur ist sie später von ungeübter Hand mit Kreide und Farbe überzeichnet und ausgeführt.

46) Dieselbe Figur.

Etwas größer, mit Feder und Tusche.

47) Loth und seine beiden Töchter.

Ersterer, mit schönem, bärtigem Kopf, liegt in dem Schoos einer der Töchter, die rechts sitzt, die andere mit Krug reicht ihm einen Becher. Loth ist in enger mittelalterlicher Bekleidung. Mit Feder und Tusche. Klein quer Folio.

Alles an dieser Zeichnung ist Cranachisch, nur die Ausführung nicht; wahrscheinlich ist sie nach einem Bilde gemacht.

48) Cranach's Wappen.*)

Getuſchte Feberzeichnung. 7½ Zoll hoch, 6 Zoll breit.

Schöne Zeichnung, die gewiß von Cranach's eigener Hand iſt, da dem gar nichts widerſpricht, weder die Art der Zeichnung noch des Tuſchens. Dieſe Zeichnung iſt ſehr intereſſant, da ſie wol genau die Form und Geſtalt des Wappens gibt: In einem herzförmigen Schild iſt die geflügelte Schlange, über demſelben der Helm mit einem Reiſigbündel, wie Dornenkrone darauf, über welchem die geflügelte Schlange in gleicher Weiſe, wie im Schild an-gebracht iſt. Die Form der Flügel iſt die der Fleder-mausflügel, wie ſie auf den eigenhändigen Kupferſtichen iſt, und die ganze Form des Wappens auf dem Holz-ſchnitt Nr. 97 mit der Verehrung der Madonna durch Kurfürſt Friedrich III. Das Wappen auf dem Wappen-briefe iſt in Form ganz ſchlecht.

Frankfurt a. M.

Sammlung der Frau Schöff Brentano.

49) Kreuzigung Chriſti zwiſchen den beiden Schächern.

Mit dem Zeichen. 15 Zoll hoch, 10 Zoll breit.

Chriſtus am Kreuz zwiſchen den beiden Schächern, links davon Gruppe der heiligen Frauen und des Jo-

*) Ich benutzte die Beſprechung dieſes Wappens zu einer An-merkung über eine von Heller, S. 112, aufgeſtellte Behauptung, daß Cranach das Wappen des Königs Alfons (von Portugal) gemalt habe. Heller bezieht ſich dabei auf ein Gedicht von Stigel, gibt aber nicht an, wo es zu finden iſt (Stigel, Lib. IX, Vol. I, fol. 394ᵃ). Doch beweiſt das Gedicht weiter nichts, als daß Cra-

hannes, rechts der Landpfleger und Kriegsknechte, Magdalena umfaßt den Kreuzesstamm. Ein Kriegsknecht reicht
Christus an einer Lanze den Schwamm und reckt dabei
die Zunge heraus. Die Kreuze der Schächer stehen etwas
zurück und alle Theilnahme richtet sich auf Christus.

Dieses Bildchen ist aus Cranach's früherer Zeit, die
Zeichnung ist fein, die Köpfchen charakteristisch mannichfaltig, Farbe und Ton frisch und harmonisch. Die Luft
ist pastoser behandelt, als man sie sonst bei Cranach trifft,
oben ganz dunkel, nach unten licht, den Uebergang ver-
mitteln Wolken. Besonders fein stehen die drei Köpfchen
des Heilandes und der Schächer in der Luft. Das
Ganze gleicht, wie ich schon oben bemerkt habe (Nr. 35),
einem ähnlichen Bildchen im Besitz des Kaufmanns Diez
in Coblenz, das auch genau dieselbe Größe hat. *)

---

nach einen Pelikan malte (der einst das Zeichen, insignia, des
Königs Alfons gewesen war).
   Alfons V. von Portugal starb 1481 und nach ihm folgte kein
Alfons bis 1556, Alfons VI. Schon diese Chronologie, zu-
sammengehalten mit der Cranach's, spricht gegen die Annahme:
Cranach malte den Pelikan als Sinnbild eines guten Fürsten und
das Stigel'sche Gedicht erinnert dabei nur an das Wappen Alfons':
   Alphonsi, a Luca Cranachio depictum Vitebergae, prae-
bentem exemplum boni principis.

   Quae quondam fuerint Alphonsi insignia Regis,
      Ista refert Lucae picta tabella manu
   Occisos misero Pelicanus funere pullos etc.
            . . . . .
   Hujus in exemplum debet descendere princeps
      Hinc curam populi discat habere sui
   Seque gerat talem, nullo ut velamine falsi
      Dicatur populi vita paterque sui.

   *) Es kommt bei Cranach'schen Bildern sehr häufig vor, daß
eine ganze Reihe genau dieselbe Größe haben; es beweist dieser
Umstand, daß Cranach, wenn er gutes Material fand, einen größern Vorrath sich davon verschaffte und die Tafeln gehörig trocknen
ließ, wodurch sich die Bilder meistens gut gehalten haben.

Glogau.

Im Dom.

50) Madonna. Kniestück.
15½ Zoll hoch, 11 Zoll breit.

Die Madonna ist jugendlich, ernst niedersehend, das Christuskind sitzt bequem auf ihren Armen und reicht ihr mit der Linken einen Apfel nach dem Munde; sie ist ein wenig nach links gewendet, das Christuskind sitzt nach rechts. Die Madonna hat blondes einfach gescheiteltes Haar, das in Locken ausgeht, ein rothes etwas gelbliches Gewand mit dunkelm Saum am Hals, einen blauen, rothgelb gefütterten Mantel; das Christuskind hat blond=lockiges kurzes Haar. Den Grund bildet eine schöne gebirgige Landschaft, rechts mit Burg auf hohem Felsen, links zwei schlanke Bäume vor gebirgiger Ferne, der Himmel schön blau mit kleinem Gewölk; die Landschaft ist überhaupt schöner und heiterer, als ich sie je bei Cranach gesehen habe. Das Ganze ist außerordentlich schön, ruhig=ernst im Ton, worin das gelbrothe Mantelfutter nicht stört. Das Colorit des Fleisches mit dem Haar und der Farbe ist so harmonisch, wie bei den besten Italienern; der Ausdruck hat etwas Verschämt=Sinniges, die etwas vorgeschobene Unterlippe und der rechte etwas aufgezogene Mundwinkel geben etwas Individuelles. Ausführung und Erhaltung sind vortrefflich.

Gotha.

a)   Bibliothek.

51)   Melanchthon.

Gürtelstück mit dem Zeichen.   6¾ Zoll hoch, 5 Zoll breit.

Er ist nach links gewandt, mit der Rechten faßt er
das Kleid über der Brust, in der Linken hält er eine
kleine Papierrolle.   Der Grund ist grün.

b)   Galerie.

52)   Luther.

Gürtelstück, jedenfalls Seitenstück zu Melanchthon auf
der Bibliothek, ebenfalls mit grünem Grunde.

Die Farbe, auch die Behandlung der Haare erinnert
mehr an den jüngern Cranach, auch das Zeichen gleicht
auf beiden dem des jüngern, sodaß man sie für Malereien
nach gleichen Bildern seines Vaters nehmen kann.   Sie
sind sehr schön.

Nachtrag zu Nr. 303.

53)   Adam und Eva.

Was ich über dieses Bild, rücksichtlich auf Cranach's
ältern Sohn Johannes, vermuthet habe, könnte etwa von
demselben Bilde in Weimar zu den Vermuthungen über
Johann Lucas gerechnet werden.   Siehe darüber oben
S. 86 fg.   Das gothaer Bild ist jedenfalls ein Werk
des ältern Cranach.

54) Christus am Oelberg.

Dieses Bildchen ist entweder Copie oder von einem Schüler Cranach's gemalt.

Zu Nr. 308.

Thl. II, S. 65, ist Alfred der Große, König von England, angegeben; es muß aber König Alfred von Mercia heißen. Man sehe was über diesen Gegenstand oben S. 48 fg. gesagt ist.

Halberstadt.

Ehemals im Besitz des Ober-Dompredigers Dr. Augustin, jetzt in Wittenberg.

55) Luther.

Mit dem Zeichen und der etwas verwischten Jahrzahl 1525? Rund, 4 Zoll Durchmesser. Früher im Besitz des jüngstverstorbenen Ober-Dompredigers Dr. Augustin, jetzt in der Seminarbibliothek zu Wittenberg.

Es zeigt das Bild wenig mehr als den Kopf, nach rechts gewendet, mit braunem, etwas gelocktem Haar. Es soll dasselbe nach Angabe des Besitzers aus der Solly'schen Sammlung stammen und Pendant zu dem Porträt der Katharina von Bora, jetzt im Berliner Museum, sein. Letzteres hat aber nur 3 Zoll Durchmesser und erscheint auch sonst nicht als Seitenstück. Es ist von ganz anderer Auffassung und Behandlung. Der Kopf gleicht vollständig einem Porträt auf der Bibliothek zu Wolfenbüttel.

56) Derselbe.

Brustbild mit schwarzer Mütze, nach rechts gewendet, reichlich halb lebensgroß, die Schultern etwas abgeschnitten. Eine der vielen Wiederholungen, von ganz gleicher Größe und Form, wie sie unter Darmstadt, Weimar, Gotha u. s. w. schon beschrieben sind. Es ist dies Exemplar von schöner warmer Färbung und klarem kräftigem Ton, mit blauem Hintergrunde.

57) Bugenhagen.
Mit dem etwas verwischten Zeichen.

Brustbild, etwa drei Viertel Lebensgröße, mit kleiner Mütze. Gutes Cranach'sches Bild, mit folgender Unterschrift in einem weißen Abschnitt: Effigies Joh. Bugenhagii — Luca Cranacho pictore MDXXXVII.

58) Magdalena, Luther's Töchterchen.*)

Halbfigur, etwas nach links gewendet, mit langem herabhängendem Haar und mit schmalem Bändchen um den Kopf, in schwarzem Kleide, die Hände übereinandergelegt.

Dieses Bildchen wird allgemein für eine Arbeit Cranach's gehalten und als Beleg dafür werden die Besitzer der Reihe nach aufgeführt. Der älteste uns bekannte derselben war Magnus Lichtwer, königlich polnischer und kurfürstlich sächsischer Rath und Secretär. Danach, oder vielmehr nach einer davon gefertigten Zeichnung ließ Junker für sein Buch: „Vita D. Martini Lutheri etc."

---

*) In Luther's Tischreben 495b und 496a—b ist von Magdalena Luther die Rede.

(Frankfurt und Leipzig 1599), einen Kupferstich fertigen,
welcher auch für die spätere deutsche Bearbeitung: „Gul-
benes und silbernes Ehrengedächtniß Luther's (ebendaselbst
1706), benutzt wurde, wo nur die Zahl VII in der rechten obern Ecke ausgeschliffen ist. Später erhielt der
Dichter Lichtwer dieses Bild, und aus dessen Erbschaft
kam es in den Besitz des Malers Schöner in Halberstadt, von welchem es von dem Domprediger Augustin
acquirirt wurde, und aus dessen Nachlaß kam es in
neuester Zeit an die Bibliothek in Wittenberg.

Obgleich das alles richtig sein kann, so folgt doch
daraus keineswegs: 1) daß es Luther's Töchterchen war
und 2) daß das Bild von Cranach gemalt sei, da keine
Bezeichnung beide Annahmen sicher beweist. Wenn der
Kupferstich auch ein Mädchen von etwa 14 Jahren darstellt, so zeigt das Bild selbst ein Kind von höchstens 8
—10 Jahren. Magdalena Luther war 1529 geboren und
starb den 20. September 1542 im 13.—14. Jahre. Berücksichtigt man aber die Malerei allein, so wird niemand
eine Spur von Cranach's Hand erkennen können; weder
Zeichnung, noch Farbe, noch Behandlung erinnern an
denselben, wenn auch die Auffassung und Haltung nicht
widerspricht. Nur eins wäre möglich, daß nämlich durch
gründliche Uebermalung jede Spur des Ursprünglichen
getilgt wäre.

Bei einer sorgfältigen Untersuchung (1856) konnte ich
von meiner frühern Ueberzeugung nicht abgehen. Nur
der Gedanke, daß das Ganze gründlich übermalt sein
könne, wurde mir wahrscheinlicher. Wieviel dabei von

dem Eindruck im Ganzen verwischt sei, läßt sich freilich
nicht errathen. Das Allgemeine, was jetzt zu sehen ist,
widerspricht nicht dem Glauben, daß es ein Cranach'sches
Bild gewesen sein könne. Interessant wäre es allerdings,
wenn die Uebermalung abgenommen und das Bildchen
sorgfältiger hergestellt werden könnte.

Halle.

59) Malereien in dem ehemaligen Wittenberger Universitätsalbum, jetzt im Archiv der Universität Halle.

Dieses Album, auf Pergament geschrieben, welches
mit dem Stiftungsjahre der Universität Wittenberg 1502
beginnt, enthält eine Menge Wappen der verschiedenen
Rectoren und Prorectoren, von denen eine große Zahl
von dem ältern Cranach oder wenigstens in dessen Atelier
gemalt sind. Interessant ist dabei auch, daß das erste
Wappen (1504), mit zwei Greifen, an den beiden Seiten
männliche Figuren mit Sceptern in den Händen, die sogar Porträts scheinen, ganz denselben Stil zeigen, wie
mehrere Figuren in dem dresdener Stammbuch mit Porträts sächsischer Fürsten, welches sich früher im dortigen
Staatsarchiv befand, jetzt in der königlichen Bibliothek
ist. Da nun vor Cranach und noch bis zum Jahre 1509
neben ihm, ein Meister Johann im Dienste des Kurfürsten
Friedrich III., des Weisen, von Sachsen war, der ben=
selben 1493 auf seiner Meerfahrt nach Jerusalem und im
folgenden Jahre nach den Niederlanden begleitete*), so

---

*) Man sehe darüber Thl. I, S. 37 fg., und Rudolf Weigel's
„Archiv für die zeichnenden Künste", Jahrgang II, Heft 2 (1856).

ist es mehr als wahrscheinlich, daß dieses Wappen und die Porträtfiguren in dem dresdener Stammbuch von diesem Meister, der sich als ein tüchtiger Künstler zeigt, herrühren. Der Stil desselben ist alterthümlicher und ernster.

Obgleich ich mehrmals Halle wegen Cranach'scher Bilder besucht hatte, so erhielt ich doch erst später von einem dortigen Kunstfreunde, Dr. Weber, Kunde von diesem Schatze. Es war dies um so erklärlicher, als meines Wissens dessen nirgends Erwähnung geschieht, und sogar Förstemann, der dieses Album hat abdrucken lassen, mit keiner Silbe der darin befindlichen Malereien gedenkt. Die Wappen sind, wie gedacht, die der jährigen Rectoren und Prorectoren und mehrere davon sind so schön gemalt, daß man sie für eigenhändige Arbeiten Cranach's des Aeltern oder wenigstens unter seiner Aufsicht gefertigte halten muß. Nur diese sind hier aufgeführt; was von seinem Sohne und aus dessen Atelier stammt, werde ich später in dessen Lebensbeschreibung erwähnen.

1) Das Weltgericht. Colorirte Federzeichnung, in der innern Seite des Deckels des ersten Bandes einge=klebt. Christus als Weltenrichter sitzt auf einem drei=farbigen Bogen (roth = gelb = grün) mit den Füßen auf der Weltkugel, darauf landschaftliche Zeichnung; links geht ein Lilienstengel, rechts ein Schwert an den Kopf. Darum ist eine Glorie von Engeln, zwei von diesen stoßen in Posaunen, an denen Fahnen mit leeren Wappenschildern flattern. Der Grund um den Heiland war vergoldet. Links neben dem farbigen Bogen kniet die fürbittende Maria, rechts eine andere fürbittende Figur, von welcher man aber nur die Hände sieht, das übrige ist durch einen

Papierstreifen überklebt. *)   Den untern Theil nimmt die
Auferstehung der Todten ein: Engel geleiten die Seligen
nach oben, rechts nehmen verschiedene Teufel die Ver=
dammten in Empfang.   Diese Figuren sind kleiner.   Un=
ter dem farbigen Bogen stehen die Bibelworte:

In principio erat verbum
Et verbum erat apud Deū
Et Deus erat verbum.

Einige Buchstaben und die Jahrzahl 1563 sind später
mit anderer Tinte dazugeschrieben.   Diese interessante
Zeichnung gleicht in allem den Cranach'schen Holzschnitten
mit der Himmelsleiter, Krönung der Maria u. s. w., die
frühestens aus den ersten Jahren seiner Uebersiedelung
nach Wittenberg stammen, in welche Zeit auch diese Zeich=
nung gehört.**)   Wenn man auch nicht bestimmt be=
haupten kann, daß dieselbe gleich ursprünglich in den
Band eingeklebt wurde, was jetzt auch nicht äußerlich zu
ermitteln ist, bevor der aufgeklebte Papierstreifen abgelöst
wird.

2) Der Initialbuchstabe A. Dieser Buchstabe be=
findet sich in dem Album bei dem Jahre 1509 und hat
links einen Bischof, rechts drei Mädchen, von denen die
eine demselben eine goldene Kugel reicht.   Der Grund

---

*) Es wäre sehr zu wünschen, daß man diese interessante Zeich=
nung aus dem Bande löste und in einer öffentlichen Sammlung
gegen Untergang schützte.

**) Ueber die hier erwähnten Holzschnitte Cranach's, die zu einem
Cyklus zu gehören scheinen, habe ich schon einiges Thl. II, S. 235 fg.
gesagt, mehr findet man unten, Abschnitt D. 2, wo ich ein bisher
völlig unbekanntes dazugehöriges Blatt beschrieben habe.   Es ist zu
verwundern, daß davon so wenig übriggeblieben ist, während andere
Holzschnitte Cranach's öfters in größerer Anzahl vorhanden sind.

ist lichtblau. Cranach's Kunstweise spricht sich vollständig in diesem kleinen Kunstwerke aus.

3) Wappen Bernhard's, Grafen von Eberstein, vom Jahre 1515. Dasselbe hat im Schild eine Rose, über dem Helm einen Bischof. Sehr schönes Wappen, besonders ist der Kopf des Bischofs so gut, daß er jedenfalls von Cranach's eigener Hand herrührt.

4) Wappen des Grafen von Stolberg-Wernigerobe vom Jahre 1521. Dasselbe ist eben so gut wie das vorhergehende und von derselben Hand.

5) Wappen des Professors Dr. Ulrich Schilling von Karlstad, vom Jahre 1531. Im Wappenschild und über demselben eine Schelle, in Beziehung auf den Namen. Besonders interessant sind vier kleine Medaillons mit vier Brustbildern:

a) Luther mit kleiner schwarzer Mütze, wie sie öfters vorkommt.

b) Melanchthon, jugendlicher als gewöhnlich mit breiter Mütze.

c) Agricola mit rothem Tuch um den Kopf in Form einer Mütze, das über die Schultern herabhängt, und mit lichtgrünem Gewande.

d) Erasmus von Rotterdam im Profil mit kleiner Mütze und pelzverbrämtem Kleide, wie er fast nie anders abgebildet vorkommt.

Jedes dieser Medaillons hat 1 Zoll 8 Linien Durchmesser und alle haben blauen Grund, unter welchem die eingeschriebenen Anfangsbuchstaben oder die Namen der Dargestellten sichtbar sind. Die Porträts sind so gut gemalt, daß man sie für Cranach's eigenhändige Arbeiten gelten lassen kann.

11*

6) Wappen des Magisters Franz aus Weimar, mit der Beischrift: Rectore M. Francisco Vinariens. 1532. Ausgeschweiftes verziertes Schild mit Hasen und Löwen. Sehr gut mit der Feder gezeichnet und ausgemalt.

7) Wappen Kaspar Cruciger's, 1533. Im Schild ist Christus als guter Hirte, um dasselbe die Wappen Luther's, Melanchthon's, J. Jonas' und Bugenhagen's. Christus mit dem Lamm über den Schultern ist in einer Weise aufgefaßt und gemalt, wie er mir mehrmals begegnet ist, etwas flüchtig handwerksmäßig. Es könnte derselbe wol von dem jüngern Cranach in seinem 18. Jahre gezeichnet und ausgemalt sein.

8) Wappen des Herzogs Johann Ernst, Sohn von Kurfürst Johann I. aus zweiter Ehe, 1533. Das sächsische Wappen, ziemlich gut gemalt, wahrscheinlich in Cranach's Atelier.

9) Wappen Johann Hatsteb's mit der Beischrift: Joh. Saxone Hatstedio Rectore. 1544. Herzförmiges ausgeschweiftes Schild mit springendem Fuchs; über dem Helm ein emporgerichteter Fuchs zwischen blauen Flügeln. Sehr schöne Malerei.

Hannover.

In der Schloßkirche.

60) Altarbild mit Flügeln.

Mit dem Zeichen. 3 Fuß 6 Zoll hoch, 3 Fuß breit; die Flügel 2 Fuß 2½ Zoll breit.

1) Mittelbild: Christus am Kreuz zwischen den beiden Schächern.

Den Kreuzesstamm mit Christus in der Mitte um-

faßt Magdalena, links unter dem Kreuz des einen Schä=
chers ist Maria von den heiligen Frauen unterstützt, vorn
sitzen und knien Kriegsknechte, rechts ist Pilatus zu Pferde
und eine Schaar Kriegsknechte. Einer derselben reitet auf
einem Kamel, er hält eine roth und weiße Fahne mit Halb=
mond und Stern darauf, zuvorderst an der Seite ein
Hund. Der Himmel ist dunkel gewölkt mit rothem Ho=
rizont.

2) Linker Flügel: Der heilige Ludwig.

Unter drei Viertel lebensgroße schöne Figur in Har=
nisch mit rothem Baret und mit Goldzierathen; in der
Rechten hält er eine gelbe Fahne, die Linke hat er an
den Schwertgriff gelegt.

3) Rechter Flügel: Heiliger in einem Buche
lesend.

Die Figur hat ein röthliches Gewand, mit gelb und
blau schillerndem Umschlag, und einen gelben dichten
Schleier über dem Kopfe. Der Himmel ist auf beiden
Flügeln wolkig.

Es ist dies ein sehr schönes Bild, der Ton, der all=
gemeine Eindruck ist sehr gut, die Farbe tief. Die meisten
Köpfe sind vorzüglich, besonders schön die Figuren auf
den Flügeln. Auf dem Mittelbilde treten die hintern Fi=
guren zu wenig zurück. Das Zeichen des ältern Cranach
befindet sich am mittlern Kreuzesstamm.

Nach einer von Herrn Oberbaurath Hausmann mir
mitgetheilten Notiz befinden sich auf den nicht sichtbaren
Außenseiten der Flügel die Martern der sieben Brüder.
Das Bild befand sich früher in dem Alexanderstift zu

Eimbeck, welches der katholische Fürst von Calenberg zwang, das Bild ihm für 1500 Reichsthaler zu überlassen.

Heidelberg.

In der Sammlung des Barons von Graimberg.

61) Männliches Porträt.

Mit dem Zeichen und der Jahrzahl 1526. 1 Fuß 7½ Zoll hoch, 1 Fuß 1½ Zoll breit.

Gürtelstück, etwas nach rechts gewendet, mit kleiner Mütze wie eine Netzhaube, mit starkem Backenbart, die beiden Hände mit eingeschlagenen Fingern. Das weite rothe Sammtgewand, Koller und Puffenärmel sind mit weißen gestickten Borten besetzt. An dem Unterkleide ist eine kleine weiße Halskrause und um den Hals zwei goldene Reifen, woran drei Ringe und ein kleiner Schlüssel hängen. Das Zeichen und die Jahrzahl befinden sich über der Schulter links.

Die Haltung der Figur ist einfach, aber doch eigenthümlich, die Fleischfarbe unübertrefflich lebenswarm, das Ganze harmonisch. Es ist dies eins der schönsten Porträts von Cranach. *)

62) Weibliches Porträt.

Seitenstück zum vorhergehenden, ohne Zeichen.

Ziemlich Halbfigur, nach links gewendet, mit perlengesticktem Goldhäubchen, weißem Stehkragen, Gold- und Perlenschnur an schwarzem Bändchen am Hals. Das

---

*) In von Hefner's „Trachten des Mittelalters" befindet sich ein Stich nach diesem Porträt.

Kleid ist rothgelb mit Goldborten besetzt, Kragen und Aufschläge an demselben schwarz, das Leibchen mit Perlen gestickt.

Dieses Bild ist etwas beschädigt und theilweise übermalt, sobaß es nicht mehr von der ganzen Schönheit ist, rie es dem vorigen gleichstellte.

Kiel.

Frau Mathilde Arnemann.

63) Luther und seine Frau.

Mit dem Zeichen und der Jahrzahl 1528. 1 Fuß 1½ Zoll hoch, 9 Zoll breit.

Luther, Brustbild etwas nach rechts gewendet mit kleiner platter Mütze mit Nackenschirm, im Priesterrock, die Schultern etwas abgeschnitten. Katharina von Bora, mit weißer Haube und Kinntuch, schwarzem engem Kleide und weißem Chemisett, etwas nach links gewendet. Sehr gute schöngezeichnete Cranach'sche Bilder, besonders ist Luther sehr lebendig modellirt und warm und kräftig colorirt; Katharina von Bora ist zierlicher, als sie sonst erscheint, die Breite der Backenknochen, die sie charakterisiren, ist nicht unangenehm übertrieben. Die Färbung hat durch Restauration gelitten.

Leipzig.

a) In Rudolf Weigel's Kunstauction 1856.

64) Wirkung der Eifersucht.

Von gleicher Größe wie Thl. II, Nr. 420, mit dem Zeichen und der Jahrzahl 1529.

Dieses Bild befand sich in dem Nachlaß des Kunst-

händlers H. Weber in Bonn, der es aus England mit=
gebracht hatte, wohin es aus Paris gelangt war. Vier
nackte Männer, drei davon mit Prügeln, kämpfen je zwei
und zwei aufs heftigste miteinander; der eine liegt am
Boden und hält seinen Prügel mit beiden Händen in die
Höhe, um den Schlag zu pariren, den sein Gegner aus
Leibeskräften nach ihm thut; die beiden andern haben sich
gepackt, der eine bei den Haaren, der andere an Bart
und Wange; während der eine mit dem Prügel ausholt
und dem Gegner dabei das Knie auf den Leib stellt,
schlägt der andere mit geballter Faust. Rechts steht eine
Gruppe von drei Frauen, die erschreckt dem Kampfe zu=
sehen, eine davon hält einen Knaben auf den Schultern,
eine vierte Frau ganz vorn in der Mitte flieht nach
rechts, sie hat ein Kind an der Brust, eins läuft neben
einem andern hinter ihr. Den Grund bildet eine Land=
schaft mit gebirgiger Ferne und Fluß, in dem ein Schloß
mit zwei viereckigen niedern Thürmen steht. Das Ganze
ist voller Bewegung und Leben, Stellung und Ausdruck
der Figuren wahr; Farbe und Ton ist sehr gut. Das
einzelne, besonders die Köpfchen der Frauen, ist sehr schön
und vortrefflich gefärbt. In Lebendigkeit und Wahrheit
der Bewegung und des Ausdrucks, sowie in der allge=
meinen Färbung und im Colorit des einzelnen gehört
dieses Bild zu den vorzüglichsten von Cranach; nur in
der Anordnung der einzelnen Partien findet sich etwas
Verwirrung, besonders an der Gruppe der Frauen, die
sehr unangenehm ineinandergehen, obgleich die beiden
vordersten an und für sich außerordentlich anmuthig be=
wegt sind. Die Frische des Ganzen ist durch Verwaschen
der vordern Figuren gestört.

b) In der Winkler'schen Sammlung (Katalog 1768) befand sich:

65) Derselbe Gegenstand.
2 Fuß hoch, 1 Fuß 4 Zoll breit.

Ein blutiger Kampfplatz an einem grünen Gebüsch, wo der Siegende seine drei Gegner mit einer Keule über= wunden hat. Ein klagendes Weib kniet zu ihrem er= schlagenen Mann hin und hält den verwaisten Säugling in den Armen. Drei andere Frauen nebst einem Knaben treten erschrocken, mit aufgelösten Haaren herzu, um die im Blute Liegenden zu beweinen. Alle Figuren sind nackt. In der Ferne sieht man ein Schloß auf dem breiten Haupte eines hohen Felsen. Dieses Gemälde war sonst zu Frankfurt a. M. in der Sammlung des Barons Hoeckel.

Wenn man die vier Gemälde dieses Gegenstandes und ihre Beschreibung miteinander vergleicht, so muß man, so verschieden die Zahl der Personen und die Com= position ist, doch denselben Inhalt erkennen. Nur eins zeigt eine Abweichung insofern, als ein Satyr der Gegen= stand ist, gegen den die andern Männer andringen und dem sie ein Weib entreißen wollen (s. Nr. 420), die sich aber dagegen sträubt. Dieser eine Punkt hat zu der an= genommenen Benennung: „Wirkung der Eifersucht", ver= anlaßt, weil ein Dürer'sches Blatt (B. 73) mit gleichem Gegenstand so benannt ist.

c) Hofrath Dr. Rittrich. (1862 verkauft.)

66) Madonna mit dem Christuskinde.
1 Fuß 6¼ Zoll hoch, 1 Fuß 1 Zoll breit; mit Zeichen.

Die Madonna, Kniestück, ziemlich von vorn, den Kopf etwas nach links geneigt, hält das auf ihrem Schoos

stehende Christuskind mit beiden Händen umfaßt. Dasselbe steckt eben eine Weinbeere in den Mund. Es hat
dieselbe von einer Traube genommen, die es mit der linken Hand hält. Maria hat einen lichten Schleier über
Stirn und das auf die Schultern herabwallende röthlich-
blonde Haar. Das Kleid ist roth, der Mantel darüber
blau mit grünem Umschlag. Der etwas wehmüthige
Ausdruck der Maria, die naive Unbefangenheit des Christuskindes, sowie die Anordnung sind gut, Typus und
Malerei durchaus Cranachisch, sodaß man wol nicht
zweifeln kann, daß das Bild von Cranach herrühre.
Nur läßt der gegenwärtige Zustand das Ursprüngliche der
Malerei in vielen Theilen nicht mehr genau erkennen.
Das auf dem Bilde befindliche Zeichen hat weder die
Form von dem des ältern Cranach, noch von dem des
jüngern; es könnte dasselbe von anderer Hand darauf
gemacht sein. Ein Stich danach von H. Walde in Mün-
chen befindet sich unter den vom Verfasser herausgegebenen Nachbildungen nach Cranach im zweiten Hefte.

Nachtrag zu Nr. 333.   Ein Sterbender.

Diese Tafel ist allem Anschein nach ein Epitaphium
in einer der leipziger Kirchen gewesen. Ueber die Person
aber, der es gesetzt worden ist, habe ich nirgends eine
Notiz gefunden. Nur fand ich neulich beim Lesen von
Luther's Briefen (Thl. II, S. 7ᵇ) einen Brief aus dem
Jahre 1520 an Spalatin, der über den Dr. Heinrich
Schmidtburg interessante Nachricht gibt. Ich gebe den-
selben hier in der Uebersetzung:

Der verstorbene Dr. Heinrich Schmitburg hat mir 100
Gulden vermacht, was mir um deswillen besonders gefällt,

weil ein gerecht Verstorbener die lebenden Gottlosen ver=
urtheilt, wie er weise sagt, und damit ich etwas hätte, was
die ärgere, welche dem ehrgeizigen Eck Ehrenbecher und Gold
zur Schmach von Gottes Wort gegeben haben, ich habe mich
nie um Gunst beworben, damit mahnt sie Christus schon
durch ein zweites Zeichen.   Denn wer wird nicht die Schmach,
die Eck zu Leipzig und Erfurt erfahren, unter die göttlichen
Wunder rechnen?   Noch beharret jedoch der verstockte Pharao,
damit viel Zeichen geschehen.   Du aber siehe zu, daß Du
getrost hoffend alle Schmähungen verachtest.   Christus hat
das Werk begonnen, er wird es auch vollbringen, mag ich
umkommen oder vertrieben werden.   Auf Einladung dieses
Dr. Schmitburg bin ich nach Eilenburg gekommen, unter=
dessen ist er zum Herrn selbst heimgegangen.   Er soll stand=
haft im Glauben an Christus gestorben sein und somit (was
jene mit großer Pein erfüllen wird) meine Lehre bewahrt
und öffentlich verkündet haben.   Siehe daraus den Beistand
Christi.   Es ängstet der römische Antichrist und Satan durch
ihn, größer zeigt er sich aber in dem, der in uns ist, als in
dem, der in der Welt herrscht.

Dieser Brief ist vom Jahre 1520; das Epitaphium
ist aber nach der Inschrift schon 1518 gefertigt; dasselbe
hat der Sohn Heinrich Schmidtburg, Doctor der Rechte
zu Leipzig, seinem Vater, den er den besten nennt, setzen
lassen.   Wenn dieser aber erst 1520 starb, so ist nicht
wohl anzunehmen, daß der Sohn das Epitaphium schon
zwei Jahre vorher fertigen ließ; natürlicher würde es
sein, wenn es später errichtet worden wäre.   Ob das
Universitätsalbum aus diesen Jahren noch vorhanden ist,
weiß ich nicht, vielleicht würde man, wenn dasselbe noch
vorhanden wäre, eine Notiz über Schmidtburg finden.
Wie man sonst diesen Widerspruch in den Jahren aus=
gleichen könne, dafür hat man freilich keinen Anhalt.
Wäre Schmidtburg akademischer Lehrer gewesen, so könnte
man vielleicht in den Acten der Universität, wenn die=

selben aus dieser Zeit noch vorhanden, Auskunft er=
halten.

In Beziehung auf die (Thl. II, Nr. 333) von mir bereits
erwähnte ausführliche Beschreibung dieses Bildchens im
„Deutschen Kunstblatt" (1850, Nr. 30) muß ich wiederholen,
daß dieselbe wegen der großen Ausführlichkeit interessant,
aber die Deutung des einzelnen theilweise phantastisch ist.
Auch die Einwendung gegen die Anordnung, die Beur=
theilung des Colorits, die Einwendung gegen den steinigen
Boden sprechen nicht für genauere Bekanntschaft mit
Cranach'schen Werken.

Nachtrag zu Nr. 335.

Das hier unter dem Namen eines Fürsten aufgeführte
Porträt ist das Bildniß Christian's II. von Dänemark.
Man sehe unter den Holzschnitten Nr. 177 und 178 und
die Bemerkung dazu weiter unten.

Nachtrag zu Nr. 341.

Dieses Porträt, das ich später wiedergesehen und sorg=
fältig betrachtet habe, ist nicht von Cranach's Hand.

Nachtrag zu Nr. 344.

Später ist dieses Porträt in den Besitz des Verfassers
gekommen, was weiter unten unter Weimar angegeben ist.

Merseburg.

Zu Nr. 349.

Eine Copie von dem Mittelbilde, welche der Groß=
herzog Karl August durch den Maler Schmeller um 1827
fertigen ließ, befindet sich im Vorrath des großherzoglichen
Museums zu Weimar (im sogenannten Witthumspalais).

München.

Bibliothek.

**67) Acht Blatt Randzeichnungen zu einem Gebet-
buche (angeblich Kaiser Maximilian's I.).**

Früher hatte ich nur die lithographirten Facsimiles
nach diesen Zeichnungen gesehen und die einzelnen Blätter
danach angegeben. Bei späterer Betrachtung der Originale fand ich, daß das Cranach'sche Zeichen der geflügelten Schlange und die Jahrzahl 1515 später zugefügt sei.
Ein Zweifel gegen die Originalität soll damit keineswegs
ausgesprochen werden, vielmehr sind manche als Cranach'sche Arbeit mehr Cranachisch, als die ebendaselbst sich
befindenden Dürer'schen Arbeiten Dürerisch sind. Von
manchen jedoch läßt sich schwer glauben, daß sie von
Cranach's eigener Hand sind. Wenn diese Zeichnungen
nicht durch besondern geschriebenen Titel als Cranach'sche
angegeben wären, so würde es sich fragen, ob jemand
auf den Einfall gekommen wäre, sie für Cranachisch aus-
zugeben. Nicht alle sind gleich gut, und ich habe bemerkt,
daß auch von den Dürer'schen viele erst später mit seinem
Zeichen in anderer Farbe versehen sind, und daß diejenigen, bei denen das Zeichen mit gleicher Farbe, wie
die Darstellung selbst gemalt ist (also gleichzeitig mit der
Ausführung bezeichnet), im Ganzen besser sind. Die
beiden Titelblätter vor den Zeichnungen sind jedenfalls
später geschrieben.

Nordhausen.

In der Sanct=Blasienkirche.

68) Christus als Schmerzensmann.
Etwa 6 Fuß hoch, 3 Fuß breit; mit dem Zeichen des jüngern
Cranach.

Ganze fast lebensgroße Figur, mit goldenem Strahlen-
schein um den Kopf, zu den Füßen Geißel und Ruthe.
Schönes Bild mit kräftigen, aber doch weichen klaren
Schatten und schön in Farbe. Ausdruck, Zeichnung, Be-
wegung und Malerei zeugen entschieden für Cranach den
Aeltern. Der Grund ist einfarbig dunkel.

Rechts unten befindet sich ein Wappen ähnlich dem-
jenigen, das sich auf dem Denkmal des Bürgermeisters
Maiburg in derselben Kirche befindet: Ein Mann mit
Pfeil oder Lanze auf dem Helm über dem Wappenschild,
und unter demselben das sorgfältig gemalte Zeichen des
jüngern Cranach, wie auch das Wappen selbst entschieden
die Weise des jüngern Cranach zeigt, ohne daß man das
Bild durchweg als eigenhändig nehmen kann. Es lassen
sich hier nur zwei Fälle denken, entweder daß der jüngere Cranach ein Werk seines Vaters genau copirt hat,
oder daß er auf das von seinem Vater gemalte Bild auf
Verlangen des Besitzers oder Erwerbers dessen Wappen
zufügte, das er nun mit seinem Zeichen versah. *)

---

*) Es ist sehr zu bedauern, daß für die Rettung der beiden
Cranach'schen Bilder (das eine wird unter den Werken des jüngern Cranach aufgeführt werden) in der Kirche nichts geschieht.

Nürnberg.

Königliche Sammlung in der Moritz-Kapelle.

69) Der vom Kreuz genommene Christus.
70) Grablegung.

1) Christus vom Kreuz genommen. Links eine
Figur mit Hermelinmantel und einer Salbenbüchse in
der Hand, rechts Nikodemus klagend, zwischen ihnen der
auf ein weißes Tuch ausgestreckte Leichnam Christi. Der
Oberkörper von Johannes unterstützt; dahinter unter den
drei Kreuzesstämmen die klagenden Freunde.

2) Grablegung. Links steht Nikodemus, rechts
eine Figur in Hermelinmantel, beide legen den Leichnam
Christi in ein Marmorgrab, hinter welchem die trauern-
den Verwandten und Freunde stehen; vorn kniet, etwas
nach links gewendet, Maria Magdalena.

Obgleich diese beiden Bildchen, wie ich in einer Anmerkung (Thl. II, S. 105) angegeben habe, etwas skizzenhaft
behandelt worden sind, und ich deshalb vermuthete sie könnten von einem Schüler Cranach's herrühren, da mir dergleichen von dem Meister selbst sonst nirgends vorgekommen sind, so muß man doch sagen, daß sie geistreich behandelt sind und vieles Einzelne schön ist. Dabei sind
sie ganz in Cranach's Weise, sodaß sie wol von diesem
herrühren könnten.

Nachtrag zu Nr. 377.

Ueber dieses Bild habe ich bemerkt, daß es alle
äußern Eigenschaften Cranach's habe und auch sonst Cranachisch ist. Das habe ich auch bei wiederholter Betrachtung gefunden. Der Gegenstand an sich ist so wahr,

das Mädchen, ein vollständiges Bild (Porträt) einer ge=
meinen Dirne, der Alte ein ebenso getreues Bild eines
lüsternen Sünders, sodaß man der Naturwahrheit nach
das Bild als sehr charakteristisch und gut gelten lassen
muß, aber gerade durch diese macht es einen desto un=
angenehmern Eindruck.

Nachtrag zu Nr. 378 und 379.

Diese beiden Bilder sind nicht von derselben Hand
und nicht gleich. Das eine: der sündige Mensch, von
Tod und Teufel in die Hölle getrieben, rechts Moses
und die Propheten, in der Mitte oben Christus in einer
Glorie, nach links Adam und Eva unter dem Baume,
ist besser als das andere mit Christus am Kreuze, aus
dessen Seitenwunde der Blutstrahl auf den sündigen
Menschen strömt. Im Grunde dieses Bildes befindet
sich die Erhöhung der ehernen Schlange, Mariä Em=
pfängniß, die Verkündigung der Hirten und der gen Him=
mel fahrende Christus.

Von Cranach's Hand sind diese beiden Bilder nicht,
auch sind beide für sich gemalt, wenn auch die Hälfte
des Baumes mit den dürren Zweigen am Rande des
einen Bildes und die Hälfte mit den belaubten Zweigen
auf der Seite des andern als zusammengehörig erschei=
nen. Sie sind nur in Beziehung zueinander gedacht;
beide sind aber als Composition in sich abgeschlossen.
Man kann deswegen annehmen, daß sie von zwei Schülern
oder Nachahmern Cranach's gemeinschaftlich angefertigt
sind.

71) Die Ehebrecherin vor Christo.

Was ich über dieses Bild (Thl. II, S. 105 Anm., u. Thl. I, S. 292) im allgemeinen gesagt, das habe ich auch nach wiederholter Betrachtung nach einer Reihe von Jahren von neuem gefunden. Nur darin bin ich anderer Meinung geworden, daß das Bild nicht eine schlechte, sondern eine recht gute Copie des münchener Originals ist. Zu dem härtern, strengern Urtheil darüber war ich durch den Umstand verleitet worden, daß alle Schriftsteller über dasselbe ausführlich redeten, als über ein Cranach'sches Originalbild, während alle das in der münchener Pinakothek befindliche Original gleichgültig nebenbei behandelten. Der Grund von dergleichen Erscheinungen liegt gewöhnlich darin, daß wenn solch ein Punkt in einer scheinbar gründlichen Weise behandelt worden ist, die Nachkommenden es immer nur wiederholen.

72) David in der Wüste Ziph.

Ohne Zeichen. 3 Fuß 1½ Zoll breit, 1 Fuß 8 Zoll hoch.

In felsiger Gegend auf einem Vorsprung rechts steht David mit gefalteten Händen, um ihn Kriegsgefolge; unter dem Felsen steht Saul im Goldharnisch, ebenfalls mit Gefolge, und sieht hinauf zu David. Das Bild ist schön in Farbe, im Ton, Bewegung und Zeichnung der Figuren, sodaß es zu den vorzüglichern Cranach'schen Bildern gehört. Nur die Bäume sind in Farbe, nicht

aber in Behandlung wie auf andern Bildern des
Meisters.

Nachtrag zu Nr. 372.

Dieses Bild konnte ich früher nicht genauer unter-
suchen, mußte es aber nach dem allgemeinen Eindruck
entweder für eine Copie oder für ein vollständig über-
schmiertes Werk halten. Nach späterer genauer Prüfung
habe ich das Letztere gefunden. Es ist außer an einer
Spur des Zeichens und einem Graspflänzchen links
unten an nichts zu erkennen, daß das Bild von Cranach
ist, nur daß auch noch einige Stücke des wenn auch
verriebenen dunkeln Grundes dafür sprechen. Bei der
schlechten Uebermalung sind Formen, Zeichnung und
Farbe vollständig verändert. Der allgemeine Eindruck
ist aber immer Cranachisch geblieben.

Nachtrag zu Nr. 373.

Ueber dieses Bild habe ich früher gesagt, daß ich
es nicht für ein Cranach'sches Werk halten könne, d. h.
für eine Malerei des ältern und des vorzugsweise sogenannten jüngern Cranach, und daß mir dabei der
Gedanke beigekommen sei, es möchte von dem ältesten
1536 zu Bologna verstorbenen Sohn desselben herrühren, da in einem Stigel'schen Gedicht dieser Gegenstand unter dessen Malereien genannt werde. Diese
Vermuthung kam mir erst hinterher, als ich das Bild
nicht mehr vor Augen hatte, und nur aus der Erinnerung eine Aehnlichkeit mit andern Werken, die gleichfalls

keinem der beiden bekannten Cranach zugeschrieben werden
konnten, fand. Bei einer spätern, aufmerksamen Be=
trachtung fand sich kein Grund, meine erste Meinung im
allgemeinen zu ändern. Nur darüber, ob dies Bild von
dem ältesten Sohne Cranach's herrühre, kann ich noch
jetzt nichts Gewisses, Begründetes angeben.

Die Darstellung des Bildes ist diese: Venus steht
mit lockerm, herabhängendem Haar in der Mitte, auf
der Stirn trägt sie einen Perlenschmuck, um den Hals
hat sie ein goldenes Band und Kette, um den Leib den
goldverzierten Gürtel, rechts unten zu ihren Füßen liegt
ein Diadem. Sie zieht einen goldbefransten leichten
Schleier über den Unterleib und deutet mit der Rechten
auf den neben ihr stehenden Amor, während sie den
Beschauer anblickt. Amor steht links neben ihr, den
einen Fuß auf einen Stein gestellt und mit der Linken
nach der Hand der Venus langend, während er in der
Rechten einen Pfeil hält. Den Boden bilden eintönig
und mechanisch gemachte Steine, wie sie öfter bei dem
ältern Cranach, nur besser vorkommen.

Der Ton des Ganzen, außer dem dunkeln Hinter=
grunde, die Zeichnung, die Formen erinnern wenig an
Cranach, nur die Farbe und Behandlung der Haare,
der allgemeine Farbenauftrag weist auf dessen Schule.
Der Kopf ist ein anderer, als man bei den vielen Venus=
darstellungen kennt, aber er begegnet öfter auf andern
Bildern, er ist so individuell=naiv, daß man darin so=
gleich ein Porträt erkennt. Da nun in dem Stigel'schen
Gedicht mehrfach erwähnt wird, daß Johann Cranach
seine als höchst anmuthig geschilderten Schwestern öfters
gemalt habe, da ferner mehrere Venusbilder von ihm
genannt werden, und da der ältere Cranach denselben

12*

Kopf öfters benutzt hat, so kann man wol vermuthen,
daß wir hier das Bildniß einer der Cranach'schen Töchter
besitzen. Das Ganze und die Ausführung des Einzelnen
deutet auf einen talentvollen Künstler, der mit sorgfäl=
tigstem Fleiß alles vollendet (z. B. den Schmuck), aber
noch nicht zum selbständigen, freiwaltenden Künstler
durchgedrungen ist. Vielleicht findet sich noch ein sicherer
Anhalt, das Werk dem Johann Cranach zuzueignen. —
Uebrigens sehe man über diesen Punkt, was ich noch
weiter unten bei meinen Bemerkungen über den dresdener
Galeriekatalog gesagt habe.

Nachtrag zu Nr. 374.

Die Angabe bei den beiden Porträts von Luther
und Melanchthon, daß sie ⅔ lebensgroß seien, ist falsch;
es muß vielmehr heißen etwa ⅓. Das Luther'sche
Bildniß mit dem Zeichen und der Jahrzahl 1543 gehört
zu den vorzüglichern Cranach'schen Bildern.

Dieselben Porträts in gleicher Größe befinden sich
in der Sammlung des Herrn von Forster in Nürnberg.
Melanchthon ist mit dem Zeichen (die Flügel liegend)
und der Jahrzahl 1543. Es sind sehr gute Bilder, aber
nicht von Cranach's Hand, jedenfalls Copien.

Nachtrag zu Nr. 375.

Die Brustbilder der drei sächsischen Kurfürsten, zu=
sammen in einem Rahmen, sind, wie mich eine spätere
Besichtigung überzeugt hat, gute Cranach'sche Bilder.

Paris.

a) In der Louvre=Galerie.

73) Venus.

Mit dem Zeichen und der Jahrzahl 1529, etwa 13 Zoll hoch.

Sehr anmuthig bewegtes Figürchen mit rothem Sammthut und mit dünnem über den Leib gezogenen Schleier. Den Grund bilden dunkle Bäume mit etwas Durchsicht nach rechts, wo im Mittelgrunde ein Schloß auf Felsen sichtbar wird.

74) Friedrich III., Kurfürst von Sachsen.

Mit dem Zeichen und der Jahrzahl 1532.

Eins von den öfter vorkommenden Porträts mit ge= druckten Versen darunter, die aber hier fehlen. Da Friedrich III. im Jahre 1532 nicht mehr lebte, so konnten die vielen kleinen Bildnisse aus diesem Jahre nicht nach der Natur unmittelbar gemalt sein, wie dies überhaupt nicht anzunehmen ist; sie sind aber deßhalb interessant, weil man danach beurtheilen kann, was über= haupt in Cranach's Atelier geleistet wurde.

75) Johann Friedrich, Kurfürst von Sachsen.

Mit dem Zeichen und der Jahrzahl 1531.

Gürtelstück nach rechts gewendet, die Hände inein= anbergefaßt, mit breitem Federhut, schwarzem Kleid und Pelzübergewand, um den Hals mehrere goldene Ketten.

b) Kunsthändler Meyer aus Paris.

76) Das Urtheil des Paris oder König Alfred von Mercia und Wilhelm von Albonack mit seinen Töchtern.*)

Ohne Zeichen, etwa 18 Zoll hoch.

Links an einem Brunnen ruht der geharnischte Ritter, das Federbaret neben sich. Ein Alter mit weißem Bart, breitem Hut, worauf eine goldene Gabel steckt, mit Harnisch unter dem Uebergewand, das bis zu den Knien reicht, hält in der Rechten einen goldenen verzierten Apfel, während er mit dem Stabe in der Linken den Schläfer weckt. Rechts stehen die drei weiblichen Figuren, die mittelste vom Rücken aus, die rechts im Profil gesehen, die dritte von vorn.

Das Bild ist in Farbe und Malerei gut und von Cranach's Hand, wenn es auch nicht zu seinen vorzüglichsten Arbeiten gehört. Die linke Seite ist gut erhalten, während die rechte Seite beschädigt war und überhaupt nicht ganz so gut ist wie die andern Bilder mit diesem Gegenstande. Auch der landschaftliche Grund ist übermalt und hat nicht die gewöhnliche Tiefe und Klarheit in den Bäumen.

77) Christus am Kreuz zwischen den beiden Schächern.

Ohne Zeichen. 2 Fuß 3½ Zoll hoch, 1 Fuß 6 Zoll breit.

Unter den Kreuzen sind eine große Anzahl verschiedener Personen, darunter auch ein Cardinal zu Pferde; links

---

*) Vgl. über die Bezeichnung dieses Gegenstandes S. 48 fg.

vorn sieht man die ohnmächtige Maria mit vier Frauen und Johannes, rechts die habernden Kriegsknechte.

Auf diesem Bilde kommen viele schön ausgeführte charakteristische Köpfchen vor, wie überhaupt das Ganze gut gemacht ist. · Dessenungeachtet kann man es nicht zu den eigenhändigen Werken Cranach's zählen, da es mit nicht genug Freiheit und Sicherheit ausgeführt ist. Dazu kommt, daß das Ganze gelitten hat und man unter dem dicken Firnis nicht sehen kann, wieviel und wie daran ausgebessert ist. Man muß dergleichen Bilder so lange für Cranach gelten lassen, bis man über seine vorzüglichern Schüler und Gehülfen sichere Nach= weisung hat.

Penig.

78) Luther als Junker Jörg.

In der „Leipziger Zeitung", 1852, Nr. 281, befindet sich eine Nachricht aus Penig, wonach ein dortiger Kaufmann, Karl Friedrich August Roch, durch testamen= tarische Verfügung der dortigen Kirche für die Sakristei dieses Bild geschenkt hat. Die Tochter desselben, Ma= dame J. Klauß in Chemnitz, hat das Porträt der Ka= tharina von Bora zu gleicher Zeit dahin gestiftet, doch ist dabei nicht angegeben, ob dasselbe ebenfalls von Cranach gemalt sei.

Früher befand sich nun ein Bildniß Luther's als Junker Jörg auf der Rathsbibliothek in Leipzig, jetzt ist es aber verschwunden. Früher hat dasselbe für das Porträt Cranach's gegolten und ist als solches von

Berningeroth für die Reimer'sche Schrift über Cranach
gestochen worden. Es fragt sich nun, ob das Bild in
Penig nicht dasselbe sei.

In der Vermächtnißurkunde des Kaufmanns Roch ist
angegeben, „daß dieses Bildniß schwerlich weiter vorhanden und deshalb von unschätzbarem Werthe sei".
Dies ist aber unrichtig, da sogar viele Porträts Luther's
aus dieser Lebensperiode existiren, die aber nicht als
solche anerkannt sind, wie das mit einem Exemplar auf
der großherzoglichen Bibliothek zu Weimar der Fall
war, das unter dem daraufbefindlichen Namen S. Franc.
Xaverius figurirte, bis es der Verfasser erkannte. Von
Cranach selbst gibt es einen ganz vortrefflichen Holzschnitt ganz in der Weise wie das früher in Leipzig befindliche Bild. Ein anderer gleichzeitiger oder wenig
späterer Holzschnitt stellt ihn in Halbfigur dar, mit dem
Degen unterm Arm, wie er auch auf dem weimarischen
Bilde erscheint. (Ein sehr schönes, vollkommen treues
Facsimile dieses Holzschnittes befindet sich in den von
mir herausgegebenen Nachbildungen Cranach'scher Werke,
Heft I.)

Pirna.

Nachtrag zu Nr. 381.

Böttger, „Elegante Zeitung", 1813, sagt, daß diese
Kreuztragung eins von den vier Bildern sei, die sich im
Schlosse von Torgau befanden.

Prälatur des Benedictinerstiftes Raigern in Mähren.

79) Der vom Kreuz genommene Christus und Maria.

Der todte Christus auf einem Stein sitzend, zurück-gelehnt an einen Baum, von der neben ihm knienden Mutter umschlungen. Auf einem Hügel stehen die drei Kreuze, deren mittleres leer ist, an den beiden andern hängen die Schächer noch. Von den Zweigen des Baumes hängen die beiden sächsischen Wappen an Bän-dern herab. Die Mittheilung darüber in dem Organ des Germanischen Museums, 1862, Nr. 3, lautet:

„Durch gütige Bemühung des Herrn Ritters von Wolfskron zu Lemberg geht uns die Durchzeichnung eines Gemäldes zu, das auf den ersten Blick die größte Verwandtschaft mit den Arbeiten L. Cranach's verräth, und unserer Meinung nach, obwol es bisjetzt in keinem Werke besprochen, dem verdienstvollen von Schuchardt gelieferten Verzeichniß eingereiht zu werden verdient.

„Dasselbe stellt, wie der obenstehende fünffach ver-kleinerte Holzschnitt zeigt, die trauernde Mutter Christi mit dem Leichnam ihres Sohnes in freier Gegend dar. Es ist wie die meisten Oelgemälde jener Zeit auf Holz ausgeführt, trägt die bekannten (sächsischen) Wappen, in einer Weise angebracht, wie Cranach mit Vorliebe sie angewendet, und in der untern Ecke soll auch, wiewol undeutlich, die geflügelte Schlange zu sehen sein.

„Das Bild befand sich früher im Besitz des Dr. Rin-colini zu Brünn und hängt gegenwärtig in der Prälatur des Benedictinerstiftes Raigern in Mähren. — Wir müssen uns begnügen, auf dieses Kunstdenkmal hinzuweisen, eine mehr eingehende Würdigung Kennern überlassend, die Gelegenheit finden, es selbst in Augenschein zu nehmen."

Später erhielt ich durch Freundeshand eine Photographie von dem Bilde (9½ Zoll hoch und 6 Zoll altfranzösisches Maß breit), auf welche die obige Beschreibung paßt, und welche die Cranach'sche Eigenthümlichkeit vollkommen wiedergibt, natürlich außer der Farbe. Die drei Kreuze stehen rechts auf einem Hügel, während sie auf dem Abdruck des Holzschnittes, wenn dieser nach der Seite des Bildes auf den Stock gebracht, rechts stehen müssen.

Der Kopf der Maria ist schön, Ausdruck und Bewegung außerordentlich wahr, wie auch der Christus, wenn auch die Stellung und Zeichnung etwas naturalistisch ist.

Rom.

Galerie Sciarra.

80) Ruhe auf der Flucht nach Aegypten von musicirenden und dienenden Engeln umgeben.

2 Fuß 2¼ Zoll hoch, 20½ Zoll breit, mit 1504 und ⚘ bezeichnet.

In einer felsigen Landschaft unter einem Tannenbaum in der Mitte steht Joseph mit grauem Bart und Haar, die abgenommene Mütze in der Rechten haltend, die Linke auf einen Krückstock gestützt, mit langem Rock und

dunkelblaugrünem und starkrothem Reisemantel angethan;
links daneben sitzt Maria in blondem schlichten Haar,
in weitem warmhellrothem Gewande, das stehende Christuskind auf dem Schoos haltend. Dasselbe greift nach
Blumen, welche ihm ein links stehender Kindengel reicht.
Neben diesem sitzen drei andere bekleidete musicirende
Engel und ein stehender ohne Kleid; ganz links vorn
bringt einer einen Papagai herbei und an einem Felsen-
quell über diesem, etwas weiter zurück, füllt ein anderer
eine Muschel mit Wasser, rechts neben diesem liegt einer
hinter einem Steine, den Kopf auf den linken Arm gelegt. Von allen, welche dies Bildchen sahen, wurde es
sehr gerühmt und viele bemerkten als ein besonders gutes
Zeichen, daß dasselbe sich neben den vortrefflichsten italienischen Gemälden Geltung verschaffe. Einige bemerkten
dabei, daß es in der Farbe sehr, fast zu glühend sei.
Schon öfters war mir diese Eigenschaft an altdeutschen
Bildern aufgefallen und der Gedanke beigekommen, daß
hier ein besonderer Grund vorliegen müsse, da die Nord-
länder von Natur doch mehr zu gemäßigten Farben
neigen. Der Grund dieser Erscheinung liegt jedenfalls
in den gemalten Kirchenfenstern: wie überall so auch in
Deutschland stand die Malerei im Dienste der Kirche
und gedieh unter deren Schutz zu ihrer Blüthe.

Wie konnten aber die Malereien neben den glühenden
Farben der gemalten Fenster nur angesehen werden, wenn
sie nicht mit der Färbung in einen Wettstreit traten?
Daher mag es auch kommen, daß das Halbdunkel bei
den deutschen Künstlern sich später erst Beachtung er-
warb, und daß dieselben sich für ihren Zweck mehr der
reinen Localfarben bedienen mußten.

Da auch in Privatwohnungen und Schlössern sich in

frühern Zeiten gemalte Fenster oder sehr kleine runde
Schieber, die keinen bedeutenden Lichtglanz aufkommen
ließen, befanden, so mußte sich der Künstler auch für
Malereien zu profanem Zweck leuchtenderer Farben bedienen.

Was die Darstellung des Bildes betrifft, so habe
ich sie immer „Ruhe auf der Flucht nach Aegypten mit
Engeltanz" benannt gefunden, wodurch ich zu dem Glauben veranlaßt wurde, daß die Darstellung derjenigen
gleiche, die sich auf einem eigenhändigen Holzschnitt
(Nr. 9) Cranach's findet. Doch fand ich, daß sich beide
Darstellungen nicht gleichen. Dadurch bewährte sich die
Annahme, daß die ältern deutschen Künstler, namentlich
Cranach und Dürer, denselben Gegenstand nie ganz in
derselben Weise gemalt und in Holz geschnitten oder in
Kupfer gestochen haben. Daß also durch diesen Umstand
ausgesprochen werde, man habe den Holzschnitt als eine
eigene Kunstgattung angesehen, die ihre eigenthümlichen
Grenzen und Bedingungen habe.

Die Verschiedenheit spricht auch dafür, daß Cranach
bei noch so vielen Wiederholungen desselben Gegenstandes
niemals eine genaue Copie geliefert habe, wie dies bei
den unendlich vielen Darstellungen von Christus, der die
Kinder segnet, die Ehebrecherin vor Christus u. a. ausgeführt worden ist. Auf den ersten Blick erscheinen die
Darstellungen oft gleich, am meisten verleiten aber die
oft wiederkehrenden Typen der Gesichter sowie das
gleiche Format zu dieser Annahme. Um darüber einen
sichern Nachweis zu erhalten, verschaffte ich mir eine
Reihe von Darstellungen desselben Gegenstandes (Christus,
der die Kinder segnet) und fand, daß Cranach eine

außerordentliche Gewandtheit in der Auffassung und Darstellung von Figuren besessen hat.

Die obige Beschreibung des Bildes ist mir durch
eine sehr schöne Zeichnung nach dem Bilde, gefertigt
von Herrn Professor Grosse, ermöglicht worden. Derselbe
hatte auch die Farben auf beigefügter Durchzeichnung
angegeben.*) Herr Professor Preller hatte Herrn Grosse
bei beider Anwesenheit in Rom zu der Mühe vermocht
und hatte sich der Angelegenheit um so lieber unterzogen,
als er an meinen Arbeiten über Cranach eine lange
Reihe von Jahren Interesse genommen und mir noch
über manches Auskunft geben konnte, welche die ein-
farbige Zeichnung nicht zu geben vermochte. Auch in
seinem Tagebuche hatte er Bemerkungen niedergelegt, die
ich hier wörtlich wiedergebe:

„Rom, 25. November 1859. Ein höchst merk-
würdiges Bildchen, mit den Buchstaben L. C. bezeichnet, wird für Lucas Cranach gehalten; was könnte
dieses Zeichen abgesehen von der Darstellung bedeuten? Es ist Maria mit dem Kinde, hinter ihr Joseph
und um diese Gruppe musicirende und singende Kindengel. Das Bild ist nicht nach den an Cranach ge-
wohnten Typen geformt. Alles ist edler, die Zeichnung
und Form aller Theile groß und breit und von großer
Schönheit, der kleine Christus ist in der Zeichnung so
vollendet, wie nur irgend von einem großen Italiener.

---

*) Photographien in kleinerm Maßstabe sind bei Herrn Pho-
tograph Schenk in Weimar zu haben; größere, in den von mir
veranlaßten, durch Herrn Hofphotograph Jamrath hergestellten photographischen Nachbildungen Cranach'scher vorzüglicher Gemälde und
Zeichnungen, durch den Maler und Restaurator Herrn Kemlein in
Weimar herausgegeben, zu beziehen.

Die Farbe ist glänzend, harmonisch und durchweg glü-
hender, als man sie im allgemeinen bei Cranach findet.
Der ganze Vorgang ist unter einem beschneiten Fichten-
baum in übrigens blühender Landschaft, alles zum Er-
staunen vollendet. Dies Bildchen hat mich viel beschäftigt,
weil Schuchardt mir schon früher davon gesprochen. Ich
habe es wiederholt gesehen und obgleich man stellenweis
an Lucas Cranach erinnert wird, kann ich es doch nicht
dafür erklären, weil die Charaktere durchaus anders sind
und eine bei ihm nicht gesehene Schönheit das Ganze
durchströmt. Später habe ich mich immer mehr überzeugt, daß es wirklich Cranach ist.

„Den 29. Januar 1860. Auch sah ich den kleinen Lucas
Cranach wieder mit Aufmerksamkeit und komme zuletzt doch
dahin ihn für echt zu halten, obgleich sehr vieles dagegen
spricht. Am meisten ist seine Malerei ihm ähnlich. Die
Zeichnung und der Begriff von Schönheit und Breite der
Form in einigen Theilen ist mir bei ihm in diesem Maße
noch nicht vorgekommen. Dies gilt besonders vom kleinen
Christus und einigen Kindengeln. Die Madonna hat
einen etwas andern Typus als gewöhnlich, doch sind
Motive und Behandlung der Draperien seinen Holzschnitten sehr ähnlich, der Joseph gut Cranachisch; die
Färbung des Ganzen erinnert lebendig an von ihm Ge-
sehenes. Sein Monogramm ⚚, in dieser Weise, habe
ich nie gesehen."

Auch ein anderer mir befreundeter Kunstliebhaber in
Leipzig, der sich für Cranach lebhaft interessirt, selbst
ein sehr schönes Bildchen von demselben besitzt, hatte
dieses römische Werk gesehen und genau betrachtet. Derselbe hatte sich auch nicht für Cranach entscheiden können,
obgleich er zugibt, daß vieles, namentlich die kleinen

nackten Engel, an ihn erinnern. Besonders ist ihm die
Zeichnung zu schön für ihn, der Ausdruck der Maria
und die leichte Wendung des kleinen Christus; Anordnung
und Zeichnung desselben erinnert ihn an Rafael. —
Schließlich erinnert es denselben an ein Bild von Grünewald im Städtischen Museum in Kolmar u. s. w. Da ich
nur die schöne Zeichnung von Grosse kenne, nicht aber die
Malerei, so wäre es thöricht von mir, diesen Bedenken
direct entgegentreten zu wollen. Doch bemerke ich darauf
nur im allgemeinen: Seit einigen dreißig Jahren habe
ich mich ernstlich mit dem Studium von Cranach befaßt,
ich habe in dieser Zeit den größten Theil von dessen
Werken gesehen, die sich an den meisten Orten in Deutschland und auch an einigen Orten außer Deutschland befinden, die meisten wenigstens einmal, einige öfters.
Dabei habe ich oft zu bemerken Gelegenheit gehabt, daß
in denselben Galerien Bilder von Cranach vorkommen,
die man entschieden für Arbeiten von ihm anerkennen
muß, die sich aber in vieler Beziehung kaum gleichen.
Man sehe nur die Cranach'schen Bilder der berliner, der
dresdener und anderer Galerien, ohne Rücksicht auf die,
welche nur Cranachisch genannt werden können. Was
dabei besonders die Zeichnung betrifft, so findet man
neben dem Vortrefflichsten das Geringste. Zu dem Ausdruck in der zweiten Beurtheilung: Rafaelisch, wurde
auch ein bedeutender Künstler bei einem andern Cranach'schen Bilde veranlaßt, was später in meinen Besitz
gekommen ist und wonach ich auch eine Gruppe für
meine Hefte habe stechen lassen, und auch in photogra-
phischer Nachbildung, wie ich bereits angegeben, die auch
in Malerei zu dem Schönsten gehört, was von Cranach

exiſtirt; man kann ſie, ohne als eingenommen verſchrien
zu werden, wirklich Raſaeliſch nennen.

Mehrere von den Engeln in unſerm Bilde könnte
man in den Cranach'ſchen Holzſchnitten nachweiſen und
es würde ſie jedermann als ſolche erkennen, wenn er ſie
auch außer dem Zuſammenhange erblickte, er würde der
Zeichnung und Bewegung nach keinen andern Meiſter
für dieſelben zu nennen im Stande ſein. und ſchließlich
wie könnte man das Monogramm mit Grünewald oder
mit welchem andern Künſtler in Verbindung bringen?
Was die Schönheit der Zeichnung, Bewegung und Ausdruck der Madonna betrifft, ſo ſtehen dieſe Gegenſtände
auf den drei Holzſchnitten von Cranach Nr. 7. 9. 14 dieſer
keineswegs nach, und was die Einzelſachen darauf betrifft noch weniger.   Wer einen ſchönen Abdruck davon
zu ſehen Gelegenheit hat, der wird über die Vortrefflichkeit erſtaunen.   Schlechte Abdrücke überhaupt geben
nie einen rechten Begriff.   Die Motive, daß einer der
Engel dem Chriſtuskinde einen Vogel bringt, ein anderer
eine Schale Waſſer holt, drei andere Erdbeeren ſammeln,
iſt auch auf Nr. 7 benutzt.   Die Kindengel ſind überhaupt höchſt anziehend; ein ebenſo großer Unterſchied
findet ſich auch auf andern Madonnenbildern in jeder
Beziehung.   Doch ich muß das Endurtheil andern über-
laſſen, die Gelegenheit haben das Bild zu ſehen und
etwa die Photographie nach der Zeichnung des Herrn
Groſſe, die in dem neueſten Heft mit Photographien nach
Cranach'ſchen Bildern erſchienen iſt.   Aus den meiſten
dieſer Blätter wird man erſt Cranach's Verdienſt und
Meiſterſchaft erkennen, erkennen, daß man bisjetzt ihn
gar nicht gekannt hat.

Schleinitz bei Meißen.

Im Besitz des Herrn Baron von Zehmen.

81) Das Paradies.

3 Fuß 5½ Zoll breit, 2 Fuß 3 Zoll hoch, ohne Zeichen.

In der Mitte Adam und Eva, denen Gott den Baum der Erkenntniß zeigt; links vom Baum der Sündenfall, die Schlange aufrecht auf dem Schwanze stehend, daneben Vertreibung aus dem Paradiese; oben Erschaffung Adam's, rechts von der Mittelgruppe die Erschaffung der Eva, und Adam und Eva, die sich vor dem Herrn, der als Kopf in den Wolken erscheint, verbergen; den ganzen Vordergrund füllen Thiere aller Art. Interessantes Bild, die einzelnen Figurengruppen und Thiere sehr zierlich ausgeführt, die Farbe vortrefflich. Eigenthümlich ist die Erschaffung Adam's, der hier als ebenerschaffenes zusammengekauertes Kind erscheint. Alle Figuren heben sich leicht von dunkelm landschaftlichem Grunde ab, wie das bei vielen Cranach'schen Bildern dieser Gattung, die scheinbar aus einer frühern Periode desselben herrühren, der Fall ist.

Schleißheim.

82) Der Mund der Wahrheit.

Nr. 390.

Herr Dr. Kugler gibt in seiner Beurtheilung meines Buches im „Kunstblatt", 1852, S. 62, eine Berichtigung meiner Angaben über den Inhalt dieser Darstellung:

„Ohne Zweifel ist es die Darstellung einer mehrmals
vorkommenden Sage, die ursprünglich, wie es scheint,
der Kirche Sanct-Maria in Cosmedin angehört. Die
letztere führt von einer kolossalen antiken Brunnenmaske,
welche sich seitwärts in der Vorhalle befindet, in der
Volkssprache den Namen Bocca della verità (Mund
der Wahrheit). Das Volk erzählt nämlich, die Personen,
die vor Gericht einen Eid abzulegen hatten, seien vor
Zeiten genöthigt worden, ihre Hand in den Mund der
Maske zu stecken; ein falscher Schwur habe den Verlust
der Hand zur Folge gehabt. Einst war eine Frau von
ihrem Manne wegen Ehebruchs verklagt und sollte ihre
Unschuld beschwören. Der Liebhaber, mit dem sie sich
vergangen, erhielt davon Nachricht, stellte sich wahnsinnig
und umarmte die Beschuldigte, als diese eben zur Eides-
leistung ging; sie schwur nun ihre Hand in den Mund
der Maske legend, es habe sie mit Ausnahme ihres
Mannes keiner je berührt als dieser Wahnwitzige. Die
Maske verlor fortan ihre Kraft. Die Geschichte ist in
der «Beschreibung der Stadt Rom u. s. w.», Thl. III, 1.,
S. 379 fg., nachzulesen. Etwas verändert kommt die
Sage in den Geschichten des Zauberes Virgil vor. Im
deutschen Volksbuch von Virgil ist es unter den andern
wunderbaren Kunstwerken, die er für Rom arbeitet, eine
eherne Schlange, in deren Rachen die Hand zur Eides-
formleistung gelegt wird. Der Liebhaber der Frau tritt
hier nicht als Wahnwitziger, sondern, wie bei Cranach,
direct als Narr auf; auch ist Virgil selbst bei dem Vorgang gegenwärtig. Ich zweifle nicht, daß sich auch noch
Abfassungen der Sage vorfinden werden, in denen statt
der ehernen Schlange, wie auf dem Cranach'schen Bilde,
die Figur eines Löwen erscheint." Vgl. auch ein Ge-

dicht auf den Zauberer Virgilius aus einer innsbrucker Papierhandschrift: „Von einem Pild zu Rom daz den eprecherinnen die Vinger abpeiz."

Stolberg-Wernigerode.

83) Adam und Eva unter dem Baume.

Mit dem Zeichen und der Jahrzahl 1532. 18½ Zoll hoch, 13 Zoll breit.

Der Baum mit Früchten, um dessen einen Ast zu Häupten der Eva sich die Schlange windet, nimmt die Mitte des Bildes ein. Dicht am Stamm stehen Adam und Eva, letztere rechts; sie reicht dem Gemahl die verhängnißvolle Frucht, die derselbe ohne Arg nimmt; eine zweite Frucht in der Linken scheint sie seinen Blicken verbergen zu wollen. Beide Figuren heben sich von dunkelm Gebüsch ab, worin links ein liegender Hirsch und eine stehende Hirschkuh sichtbar sind. Zeichen und Jahrzahl befinden sich links vorn auf einem Steine.

Gutes wohlerhaltenes Bild. Besonders hübsch ist die Figur der Eva, weniger gut sowol in Stellung als Färbung ist Adam. Alle Theile, besonders die Extremitäten, sind mit Empfindung gezeichnet. Das Ganze ist von Cranach's Hand, aber es gehört zu den flüchtiger behandelten Arbeiten.

Weimar.

a) In der großherzoglichen Kunstsammlung.

84) Venus in ganzer stehender Figur.

Ohne Zeichen.   13¾ Zoll hoch, 8¼ Zoll breit.

Dieses Figürchen, nach links gewendet, ist nur mit
Goldnetzhaube und breitem rothem Sammtband bekleidet, mit reichem Halsband und goldener Kette angethan
und einem schmalen durchsichtigen Schleier, der von der
rechten Schulter über den Leib bis zum Boden geht.
Den Grund decken Bäume mit etwas gebirgiger Ferne,
mit einer Stadt und Schlössern. Dieses reizende Figürchen gehört in anmuthiger graziöser Bewegung, in
Feinheit der Zeichnung, in Färbung und zarter Durchbildung zu den vorzüglichsten Werken Cranach's. Wenn
auch die Form, der Typus des Köpfchens, der bei allen
Venusbildern Cranach's derselbe ist, nicht schön genannt
werden kann, vielmehr ganz porträtartig erscheint, so ist
doch der Ausdruck dem Gegenstande ziemlich gemäß. Es
ist dieses vorzügliche Cranach'sche Werk von Herrn von
Quandt in Dresden an die weimarische Kunstsammlung
gestiftet worden.

85) Charitas.

Mit dem Zeichen.   3 Fuß 7½ Zoll hoch, 2 Fuß 6 Zoll breit.

Rechts am Fuße eines Apfelbaumes, auf einem Stein
sitzt die Charitas, nur mit einem dünnen schmalen
Schleier bekleidet, der vom Kopf über den linken Arm,

über das säugende Kind auf ihrem Schos, von da über das linke Schienbein und zurück bis auf ihren Sitz reicht. Um den Hals trägt sie einen Goldschmuck mit Kettchen daran. Sie sieht etwas träumerisch vor sich hin. Rechts steht ein kleines Mädchen, das in der Rechten einen Apfel hält, während es die Linke auf den Schenkel der Charitas legt. Ein Knabe dahinter, zwischen beiden stehend, scheint eifersüchtig und will das Mädchen schlagen. Links öffnet sich eine Durchsicht auf eine ge= birgige Landschaft mit breitem Fluß; rechts vorn sieht man zwei Rebhühner im Grase. Die Bezeichnung CHARITAS, darunter die geflügelte Schlange, in der Form zwischen der Weise des jüngern und ältern Cranach schwankend, befindet sich auf dem Stein, worauf die Charitas sitzt. Der Eindruck des Ganzen in Farbe, Behandlung, Ton, besonders auch der Landschaft spricht entschieden für Cranach den Aeltern, die Bewegung und Ausdruck der Figuren gleichfalls; die Form und Zeich= nung im Ganzen ist, wie gewöhnlich bei Cranach, nicht durchgängig gut, das Einzelne aber, besonders das was am besten erhalten, ist vortrefflich.

Manches, z. B. der Kopf des Knaben, der nach dem Mädchen schlägt, gehört zu dem Besten, was Cranach gemacht hat.

In den meisten Fleischpartien hat das Bild sehr gelitten und ist zwar mit Sorgfalt, aber nicht glücklich restaurirt. Es ist fast gänzlich übergangen und hat da= durch an blühendem Colorit verloren. Trotzdem hat es immer noch eine große Leuchtkraft und gibt bei genauerer Betrachtung noch einen sehr vollständigen Begriff von dem Verdienst und der Meisterschaft des Künstlers.

b) Privatbesitz des Großherzogs von Weimar.

86) Madonna mit dem Christuskinde.

Mit dem Zeichen und der Jahrzahl 1518.   1 Fuß 9 Zoll hoch,
1 Fuß 2 Zoll breit.

Maria steht in einer Landschaft mit gebirgigen und felsigen Ufern eines breiten Flusses, mit Städten und Burgen, unmittelbar vor einer Gruppe Bäumen. Sie hält das Christuskind, von links nach rechts auf einem Kissen liegend, auf ihren Armen, wobei der Kopf etwas nach links gewendet und geneigt ist; sie sieht aus dem Bilde heraus, während das Christuskind vor sich hinschaut. Ueber dem herabhängenden goldblonden gelockten Haar hat sie einen leichten bis über die Augen herab reichenden Schleier, das Gewand ist blau, der Mantel tief lackroth mit orangegelbem Futter.

Der allgemeine Eindruck des Bildes ist sehr schön, die tiefe gesättigte Farbe vortrefflich und harmonisch, die Anordnung der Figuren einfach natürlich. Das Köpfchen der Madonna ist individuell anmuthig, die Zeichnung schön, der Ausdruck hat, wie fast alle Cranach'schen Madonnen, etwas Schmerzliches. Das Christuskind ist im allgemeinen gut bewegt und im einzelnen gut gezeichnet, der Ausdruck ist nicht bestimmt motivirt. Dem allen entsprechend ist es von meisterhafter Vollendung in der Ausführung. Obgleich das Bildchen sehr gelitten hat und besonders in den Fleischpartien viel restaurirt ist, so leuchtet es doch in seinem ursprünglichen Glanze und Kraft. Namentlich erfreut der glühende tiefharmonische

Ton im höchsten Grade und in dieser Beziehung bietet es einen Anhalt für die Anforderungen an Cranach'sche Werke und kann gegen Leichtgläubigkeit bei mittelmäßigen Bildern bewahren.

Das Bild stammt angeblich aus der Festetic'schen Sammlung in Ungarn.

c) Auf der Wartburg bei Eisenach.

87) Sündenfall und Erlösung oder der alte und neue Bund.

Ohne Zeichen.   3 Fuß 2 Zoll breit, 14 Zoll hoch, incl. der Unterschrift auf Zetteln.

Dieser so oft von Cranach in allen Formaten mehr oder weniger ausgedehnt behandelte Gegenstand unterscheidet sich hier durch seine fast friesartige Gestalt von mehr als 3 Fuß Breite zu nicht ganz 1 Fuß Höhe (die Unterschriften abgerechnet), die dadurch bedingte Anordnung der einzelnen Gruppen und durch die mehr landschaftliche Zuthat. Das Ganze ist durch den Baum in zwei Hälften getheilt, mit dürren Zweigen auf Seite des alten Bundes und belaubt auf der rechten Seite, dem neuen Bunde. Auf der erstern Seite zuvörderst in der Ecke die Hölle, worin zwei bärtige Männer und mehrere Frauen in Flammen. Rechts davon treiben Tod und Teufel den sündigen Menschen hinein. Ganz nahe am Baum stehen Moses mit den Gesetztafeln und drei Propheten. Ueber erster Gruppe im Mittelgrunde auf einer Höhe ist der Sündenfall dargestellt, über den andern

in einer Wolkenglorie schwebt Christus auf der Welt=
kugel, zwei kleine Engel in den Wolken posaunen den
Jüngsten Tag.

Auf der rechten Seite des Baumes zunächst am
Stamm steht Johannes und der sündige Mensch, welche
auf Christus am Kreuz schauen, ersterer, abweichend von
den übrigen Darstellungen, betend mit gefalteten Händen,
auf die Brust des letztern strömt der Blutstrahl aus der
Seitenwunde, zugleich schwebt die Taube herab. Am
Fuß des Kreuzes steht das Lamm mit der Siegesfahne.
Weiter rechts in der Ecke vor der Grabeshöhle auf einer
Anhöhe im Mittelgrunde steht Maria mit gefalteten
Händen nach einer Engelglorie sehend, aus der der kleine
Christus, das Kreuz auf der Schulter, auf sie herab=
schwebt (Empfängniß). Ganz in der Ecke, ebenfalls in
einer Glorie stehend, Christus gen Himmel fahrend, nur
die Füße sichtbar. Im Hintergrund auf einer Anhöhe
zwischen dem Baum und Christus am Kreuz ist die Ver=
kündigung der Hirten und die Erhöhung der ehernen
Schlange dargestellt. Sämmtliche Gruppen im Vorder=
grunde zwischen dem Höllenpfuhl und der Grabeshöhle
stehen vor einem zusammenhängenden Gebüsche.

Mehrere gedruckte Zettel in schöner Schrift sind an
einigen Stellen aufgeklebt, sechs derselben bilden einen
fortlaufenden Streifen unter der Vorstellung. Der Form
nach muß man annehmen, daß dieselben besonders für
diesen Zweck gedruckt sind. Auf einem derselben links
oben in der Ecke steht: „No. 1. Es wird offenbart Gottes
Zorn von Himel: oder aller menschen gotlos wesen vnd
vnrecht." In den Zweigen des Baumes in der Mitte:
„Jesa. vii. Der Herr wird euch selbs ein zeichen geben:
Sihe, eine Jungfraw wird schwanger sein vnd einen

son geberen." Auf dem Streifen unter dem Bilde von links an, in sechs Abtheilungen: 1) „Sie sind alle zumal sunder und mangeln des sie sich Gottes nicht rhumen mugen. Rom. iii". 2) „Die sunde ist des todes spies: aber das Gesetz ist der sunden krafft. 1. Cor. 15.". 3) „Durchs gesetz kompt erkentnis der sunde. Ro. iij. Das gesetz vnd alle Propheten: gehen bis auf Johanniszeit. Matthei xj." 4) „Der gerecht lebt seines glaubens. Ro. i. Wir halten das der mensch gerecht werde durch den glauben an des gesetzs werk. Ro. iij." 5) „Sihe das ist Gottes lamb: welches der Welt sunde tragt. Jo. 1. In der Heiligung des geistes: zum gehorsam vnd Besprengung des blutes Jhesu Christi. 1. Petri." 6) „Der tod ist verschlungen ijm sieg: tod: wo ist dein spies: helle: wo ist dain sieg? Gott aber sey danck: der uns den sieg gibt: durch Jhesum Christum unsern Herrn. 1. Cor. 15."

Das Ganze ist wohl erhalten und trotz der verschiedenartigsten Gruppen macht es einen harmonischen Eindruck, wenn auch die obern Zettel etwas stören. Das Colorit ist schön, die Zeichnung wie gewöhnlich lebendig. Viele Köpfe sind vortrefflich, namentlich Moses und die Propheten, nicht so Adam und Johannes. Daß man übrigens bei all diesen Darstellungen annehmen muß, daß es dem Künstler mehr um Darstellung des protestantischen Themas als um das Kunstwerk als solches zu thun war, sieht man auch hier, sonst würde er das Aufkleben der störenden Zettel unterlassen haben.

d) Auf der großherzoglichen Bibliothek.

88) Luther als Junker Jörg.

1 Fuß 8 Zoll hoch, 1 Fuß 2 Zoll breit.

Dieses schöne Porträt galt bisjetzt für den heiligen Franz Xaver, mit dessen Namen (S. F. Xaverius) es in der linken untern Ecke scheinbar schon sehr früh be= zeichnet ist, und als welcher es auch in den Inventarien aufgeführt war. Da es sehr hoch über einem Schrank aufgehängt war, so prüfte es niemand genauer. Als ich jedoch zu näherer Betrachtung der auf der Bibliothek befindlichen Gemälde, zum Zweck einer sorgfältigen Be= schreibung, veranlaßt wurde, war ich überrascht in diesem Bilde das Porträt Luther's als Junker Jörg von Cra= nach dem Aeltern sofort zu erkennen. Derselbe ist in Halbfigur etwas nach rechts gewendet dargestellt, ohne Kopfbedeckung mit starkem dunkelm Bart. Er hat ein schwarzes Kleid und hält mit der Linken den Degen vor sich gefaßt, dessen Griff oder Gefäß er mit dem linken Elnbogen an die Brust drückt. Es ist wenig beschädigt, aber der Hintergrund mit einem unangenehmen Mai= grün übermalt und dabei die Haare um den Kopf über= schmiert und schlecht wiederhergestellt worden.

Nachtrag zu Nr. 419. Hercules unter den lybischen Frauen.

Dieses Bild ist jetzt, im December 1866, mit dem Nachlaß des letzten Besitzers versteigert worden und von

Weimar weggekommen nach Nürnberg. Eine bei dieser
Gelegenheit von mir angestellte genauere Nachforschung
über das Bild hat zu dem Resultat geführt, daß gemäß
der Form des Zeichens und den demselben beigefügten
Buchstaben H. C., Cranach noch einen dritten, bisjetzt
unbekannten Sohn Hans Cranach hatte, der auch
Maler war und jedenfalls dieses Bild gemalt hat.
Unten, Abschnitt E, habe ich die einschlägigen Notizen aus
Urkunden zusammengestellt.

Was den Gegenstand des Bildes betrifft, so habe
ich hier einzuschalten, daß derselbe sich auch dargestellt
gefunden hat auf einem Bilde, das in der Fechenbach=
Sommerau'schen Sammlung unter Nr. 78 im Mai 1856
versteigert wurde. In dem Verzeichniß ist das Bild
näher angegeben als „Kurfürst Johann Friedrich von
Sachsen nebst dreien seiner vertrauten Freundinnen".
Da das Porträt dieses Fürsten vor allen kenntlich ist,
so würde ein einigermaßen Kundiger nicht irren können;
ich zweifle aber an der Richtigkeit dieser Angabe, da
auf allen Bildern, die diesen Gegenstand darstellen, mir
keins vorgekommen ist, das für ein Porträt eines der
drei Kurfürsten von Sachsen, in deren Diensten Cranach
stand, gelten könnte. Es ist auch kaum anzunehmen,
daß derselbe seinen Fürsten in einer solchen Situation
darzustellen sich sollte erlaubt haben, wenn man nicht
annehmen will, daß es auf ihr ausdrückliches Verlangen
selbst geschehen sei. Bei einigen der Darstellungen gibt
man an, daß Hercules das Porträt des Landgrafen
Philipp von Hessen sei; aber auch das habe ich nicht
finden können. Dennoch sind diese Figuren so individuell,
daß man annehmen muß, es liegen derselben Porträts

zu Grunde; bei einigen kann man annehmen, daß es
eine Satire sei auf einen nicht besonders kräftig ausge-
statteten Liebeshelden oder Wollüstling.

e) Im Besitz des Verfassers.

89) Männliches Porträt.

Mit dem Zeichen und der Jahrzahl 1532. 23 Zoll hoch,
16 Zoll breit.

Gürtelstück, etwas nach rechts gewendet, mit kleiner
platter Mütze, schwarzem Unterkleide und Uebergewande,
in beiden Händen einen Rosenkranz haltend. Dieser
Umstand beweist keineswegs, daß der Dargestellte noch
Katholik gewesen sei; selbst die sächsischen Fürsten, nachdem sie schon lange der Luther'schen Lehre anhingen,
führten den Rosenkranz fort und ließen sich auch mit
demselben abbilden. Wahrscheinlich ist es das Porträt
eines Rathsherrn, der durch Kleidung und sonstige Aehnlichkeit an mehrere Holzschnittporträts von Reformatoren
erinnert. Es stammt aus Coburg und könnte ein ehe-
maliger dortiger Rathsherr sein. Auf dem Fingerringe
sieht man ein weißes herzförmiges Schild mit einem einfachen Zeichen, das einem flüchtig gezeichneten Anker
gleicht, an dessen Stiel noch ein kleines Kreuz angebracht
ist. Ueber dem Schildchen befinden sich die Buchstaben
C. E. und rechts oben im Grunde die Angabe des Alters
AETATIS SVE 42. Es ist ein schönes lebendiges Porträt von Cranach's Hand.

f) Im Besitz der Frau Ottilie von Goethe (Goethe's Schwiegertochter).

90) Männliches Porträt in noch jungen Jahren.
(Wahrscheinlich ein sächsischer Prinz.)

12 Zoll breit, 16 Zoll hoch. Ohne Zeichen.

Gürtelstück mit ineinander gefaßten Händen, ohne Kopfbedeckung mit blondem über der Stirn verschnittenem Haar, in dunkelm braunem geblümtem Kleide mit breitem Pelzkragen. Der Dargestellte ist ungefähr in einem Alter von neun bis zehn Jahren und gleicht vollständig dem Knaben auf dem kleinen Pferdchen auf dem Cranach'schen Holzschnitt mit der Jahrzahl 1506 (s. Thl. II, Nr. 123 des Verzeichnisses der Holzschnitte).

Es ist ein vorzüglich schönes, sorgsam ausgeführtes Porträt von Cranach's Hand. Jedenfalls war es ursprünglich etwas größer, da es bis knapp unter die Hände abgeschnitten erscheint.

Weistrupp bei Dresden.

Im Besitz des Herzogs von Parma.

91) Lucretia.
Mit dem Zeichen, rund. 5½ Zoll Durchmesser.

Ganze stehende Figur im Begriff sich den Dolch in die rechte Seite zu stoßen, während sie mit der Linken einen dünnen Schleier über den Unterleib zieht. Das Haar ist in ein goldnes Netzhäubchen gefaßt, den Hals umgibt' ein goldenes mit Steinen besetztes Band und über die Brust hängt eine schwere goldene Kette. Sie steht mitten in einem Zimmer mit buntgetäfeltem Fußboden gegen eine dunkle Wand. Durch eine offene Thür links sieht man eine Straße entlang, durch eine Fensteröffnung rechts Schloßgebäude. Fußböden, Stufen der Thür, die Häuser der Straße sind perspectivisch richtig gezeichnet. Das Zeichen befindet sich zu den Füßen der Figur.

Es ist mir noch kein zweites Bildchen von diesem geringen Umfange von Cranach's Hand vorgekommen. Es ist mit der ganzen Meisterschaft Cranach's durchgeführt.

Ein Bildchen, die Figur in fast gleicher Größe, befindet sich in Coburg in den herzoglichen Sammlungen auf der Veste. Es ist das eine gleich vortreffliche Malerei Cranach's und in Erhaltung besser. S. oben S. 138.

Wittenberg.

Zu Thl. II, Nr. 450, S. 147.

Altarbild in der Stadtkirche.

Nachdem ich das Bild später noch mehrmals betrachtet habe, konnte ich meine darüber ausgesprochene Meinung nicht ändern. Interessant war es mir daher, später eine eigenhändige Notiz H. Meyer's über dasselbe zu erhalten, der sich auch nicht entschieden für Cranach ausspricht. Dieselbe lautet:

„Das Abendmahl Christi auf dem Altar in der Stadtkirche mit den Aposteln an rundem Tische. Der Herr ganz an einem Ende; ihm gegenüber gießt ein

Schenke den Becher voll Wein. Es sind geistreiche Köpfe in diesem Werke, natürliche Stellungen und treffliche Motive. Der Meister scheint nicht unbekannt mit da Vinci's Gemälde von diesem Gegenstande gewesen zu sein, die Motive aber sind nicht so tief gedacht, der Ausdruck weniger kräftig.

Das Seitenbild rechts stellt einen auf dem Throne sitzenden Fürsten(?) dar, welcher einem vor ihm Knienden die Hand auf das Haupt zu legen scheint, ein anderer entflieht mit schielendem Blick.

Auf dem Seitengemälde zur Linken ist, so scheint es, eine symbolische allgemeine Taufe dargestellt.

Das Colorit aller dieser Bilder ist von gutem Ton und verräth den Geschmack von L. Cranach, ob sie aber vom Vater oder vom Sohne herstammen, weiß ich nicht zu bestimmen."

Diese Bilder sind Cranachisch, d. h. sie sind aus dessen Schule hervorgegangen, aber alle von verschiedener Hand. Am sichersten scheint die Taufe von dem jüngern Cranach herzurühren.

Wolfenbüttel.

Auf der herzoglichen Bibliothek.

92 und 93) Dr. Martin Luther und dessen Frau Catharina von Bora.

Mit dem Zeichen und der Jahrzahl 1526. Jedes 7 Zoll hoch und 5 Zoll breit.

Luther, Halbfigur, etwas nach rechts gewendet, mit unbedecktem Haupt, mit ziemlich dunkelm, etwas gelocktem Haar in gewöhnlichem Priesterrocke.

Deſſen Frau, ebenfalls Halbfigur, etwas nach links gewendet, in kleinem Netzhäubchen, mit ſchwarzem engem Kleide und weißem Stehkragen, die Hände übereinander= gelegt.

Dieſe beiden Bildchen befinden ſich in ſchmalen Rähm= chen zum Zuſammenklappen. Sie gehören zu den vor= züglichſten Porträts, ſchön in Farbe, kräftig und tief im Schatten, und ſorgfältig durchgebildet. Luther gleicht vollſtändig dem im Nachlaß des verſtorbenen Ober= domprebigers Dr. Auguſtin in Halberſtadt befindlichen oben beſchriebenen Porträt.

2) Bildniſſe Cranach's, eigenhändige Kupferſtiche und Holzſchnitte deſſelben.

Bildniſſe Cranach's.
Thl. II, S. 177—183.

Zu Nr. 4. Grabſtein mit Porträtfigur Cranach's; ge= ſtochen von M. Müller (Steinla).

Davon gibt es auch eine lithographirte Copie von der Gegenſeite.

Der Grabſtein Cranach's war ſchon früher von dem Grabe genommen, auf dem er lag, um ihn vor dem Verderben durch Wetter zu ſchützen, er war an der Mauer der Jakobskirche aufrecht, links des Haupteingangs angebracht worden. Da er aber auch hier noch der

Witterung und der Verletzung durch Kinder ausgeſetzt
blieb, ſo wollte eine Geſellſchaft von Künſtlern und Kunſt=
freunden denſelben mit einem architektoniſch verzierten
Schutzdach verſehen laſſen, wozu auch einige Zeichnungen
ſchon gemacht waren. Da ſchlug der Geheime Kirchen=
rath Dittenberger zu Weimar vor, denſelben in die Stadt=
kirche zu verſetzen, unmittelbar in die Nähe von Cranach's
bedeutendſtem und letztem Werke. Dieſer Vorſchlag fand
um ſo mehr Beifall, als der Stein bereits vom Grabe
entfernt war und als durch die neue Verſetzung jedem
weitern Verderben vorgebeugt würde. Derſelbe iſt mit
einem ſteinernen architektoniſch verzierten Rahmen um=
geben und mit einer Unterſchrift verſehen:

Söhne des Fürsten welchem in Liebe und Treue
Cranach sein Leben gewidmet, schmückten dankbar
sein Grab mit diesem Stein. Gleichgesinnte Nachkommen schützten ihn durch Versetzen an die St.-
Jacobskirche. Weimarischen Kunstfreunden ward
vergönnt ihn mit neuer Zier zu umgeben und an
diesen geweihten Ort zu übertragen neben das
herrlichste Werk des Meisters nahe der Ruhestätte
seines Fürsten. MDCCCLIX.

Er iſt am Altar, neben dem Altarbild mit den Bild=
niſſen ſeiner Fürſtenfamilie, Luther's und ſeines eigenen,
in der unmittelbaren Nähe des Grabdenkmals Johann
Friedrich's und ſeiner Gemahlin, ſowie der Grabſtätten
anderer Glieder des weimariſchen Fürſtenhauſes aufge=
ſtellt, wodurch dieſer Raum mit der Darſtellung des
Bildes zuſammen, wie man mit Recht ſagen kann, einen
Abſchnitt der Reformationsgeſchichte repräſentirt.

In Thl. I, S. 17, Anm. 2, hatte ich nach „Schnei=
der's Sammlung zu der Geſchichte Thüringens, beſonders

der Stadt Weimar" (Sammlung 1, S. 119) angeführt,
daß der Denkſtein von dem Grabe Cranach's, wo er an-
fänglich gelegen, im Jahre 1767 an der Mauer aufgerichtet, befeſtigt, ausgeputzt und dadurch von ſeinem
nahen Untergange errettet wurde. Es iſt dabei geſagt,
daß die drei Söhne des Kurfürſten denſelben dieſem berühmten Maler haben errichten laſſen. Es iſt ferner
geſagt, daß das Begräbniß auf der mittägigen Seite der
Kirche an der Ecke neben dem Thurme befindlich geweſen. Nach einer anderweiten Mittheilung, die ich jetzt
nicht auffinden kann, war ſogar die Richtung genau angegeben, in welcher daſſelbe von dieſer Ecke aus gelegen
habe. In letzter Zeit iſt mir nun eine andere Notiz mitgetheilt, die das etwas verwirrt:

Von dem Herrn Archivſecretär Aue erhielt ich eine Nachricht aus dem hieſigen Geheimen Staatsarchiv, dieſen
Gegenſtand betreffend, ein Protokoll der Generalſuper-
intendenz Weimar über die Vorkommniſſe in Sa-
chen der Kirchen und Schulen ihres Bereiches,
von 1649—71, worin Bl. 132 folgende Notiz vom
13. Juli 1666 vorkommt: „Der Herr Cammerverwalter
J. Ernſt Reuſch begehret in Gotteskaſten das ſeiner Groß
und Eltern wie anverwanten Grabſtedte bei der Jacobskirche an der Thüre maßen denn der ſeinen 7 perſonen
darin begraben liegen, ihnen dieſſelbe wieder aufzubauen
verſaget werden mochte, wolle ſie alſo erbauen, daß die
alte ſteinerne Cantzel wieder darinnen aufgerichtet und in
ſterbensleufften gebrauchet werden könnte, nos: billigen
das Chriſtrühmliche vornehmen, und haben kein Bedenken
dabey alß das Lucas Mahlern ſein Grab und Leichſtein
darinnen (ſo) verruckt und ungeendert bleiben möge, ſtellen
auch in ſeinen guten willen ob er dem Gotteskaſten noch

etwas darüber verwilligen und zahlen wollen; erbeut sich zu 10 Thlrn. nos er solle ein Dotzend geben welches verwilliget und ist ihnen darzu glück gewünschet und ein schein darüber gegeben worden."

Wäre es möglich, den Platz genau zu ermitteln, so wäre es interessant genug, da wir nicht so viel Künstler von gleichem Verdienst in Deutschland nachzuweisen haben und endlich auch Cranach die gerechte Würdigung erlangen wird, die man ihm bisjetzt, theils aus Unkenntniß ge= schmälert hat.

––––––––

Eigenhändige Kupferstiche Cranach's.
Thl. II, S. 184—192.

Zu Nr. 1.

Von diesem Blatt: „Buße des heiligen Chrysostomus", ist mir eine Copie vorgekommen, die aus neuerer Zeit schien; sie ist sehr trocken.

Zu Nr. 7. Luther als Augustinermönch.

Heller gibt S. 123, Nr. 4ᵃ (32) an, daß dieses Blatt die Jahrzahl MDXIX neben dem Zeichen der Schlange habe, daß dasselbe sehr selten sei und glaubt, daß es von ihm zum ersten male angezeigt und beschrie= ben sei. Die Jahrzahl ist aber nicht 1519, sondern 1520. Die weitere Angabe ist richtig: ich habe es nur einmal in der Berliner Sammlung gesehen und ganz neuerlich ist ein sehr schönes Exemplar für das Weimarische Mu= seum erworben worden.

14*

Zu Nr. 8. Dr. Martin Luther.

11) **Copie von Hopfer**, in derselben Größe, von der Gegenseite, mit der Unterschrift: „des Lutters gestalt mag wol verderbenn, Sein wort wirt nymer sterben."

Holzschnitte Cranach's.
Thl. II, S. 192—345.

Zu Nr. 1.

Von diesem Blatt habe ich in der Bibliothek zu Aschaffenburg einen Abdruck in hellbunkel schmuziggrün gesehen, von außerordentlicher Schärfe der Umrisse.

*1ª) Sündenfall und Vertreibung aus dem Paradies.
Ohne Zeichen. 10 Zoll 4 Linien hoch, 8 Zoll 3 Linien breit.

Diese Darstellung ist insofern eigenthümlich interessant, weil sie zwei Momente eng verbindet, wie mir das noch nicht vorgekommen ist, und dadurch das Ganze zu einer geistreich lebendigern Handlung steigert. Nach rechts, unter dem Apfelbaume stehen Adam und Eva; die Schlange mit weiblichem Oberkörper steht aufrecht auf dem Schwanze und flüstert der aufmerksam horchenden Eva die verführerische Rede ins Ohr, während diese mit der Rechten Adam einen Apfel reicht, nach dem er zwar faßt, aber mit der erhobenen Linken sein besorgliches Bedenken ausdrückt. Links kommt der Engel heran, der mit der Linken auf den Baum deutet und den Vorwurf der Uebertretung des Verbots mehr zuzuschreien als auszusprechen scheint. Eine Geißel in der herabhängenden Rechten hat er zur Vollziehung der Strafe schon bereit. Der Gedanke ist geistreich und lebendig ausgesprochen. Die Ausführung in Holzschnitt ist wahrscheinlich nach einem Gemälde Cranach's oder von demselben auf den Holzstock gezeichnet; Ausdruck und Bewegung der Figuren sind sehr gut und charakteristisch, nur der Engel ist etwas curios costümirt. Das Ganze ist so vollkommen Cranachisch, daß darüber, ob es der Anordnung, Zeichnung, Bewegung und Ausdruck nach von ihm herrühre, nicht gezweifelt werden kann. Nach allem, den Engel etwa ausgenommen, gehört dies Blatt sogar zu den besten vorzüglichern Darstellungen von ihm.

Ein neuerer Abdruck befindet sich in der von Derschauischen Sammlung alter Holzschnitte, herausgegeben von Becker in Gotha. Ob dies eine Copie sei, konnte ich nicht durch Vergleich mit einem früher gesehenen alten Abdruck ermitteln. Die Größe ist dieselbe, da der Unterschied der Breite um 1 Linie von einer Unrichtigkeit beim Messen des einen und andern herrühren kann.

Auf einem alten Abdruck im gothaer Cabinet befindet sich lateinischer Text auf der Rückseite, Lebens- und Klugheitsregeln, er ist in Klein-Octav getheilt, während das Blatt Folio ist.

*1ᵇ) Sündenfall und Erlösung des Menschen oder der alte und neue Bund.

Ohne Zeichen. 1 Fuß 2 Linien breit, 8 Zoll 8 Linien hoch.

Obgleich dieses Blatt kein Zeichen hat, so trägt es

doch so entschieden Cranach's des Aeltern Gepräge, daß
man annehmen kann, er habe die Zeichnung auf den
Stock selbst gemacht; sie ist einfach, aber geistreich lebendig.
Die Anordnung ist im allgemeinen die bei allen Wiederholungen dieses Gegenstandes gewöhnliche: durch die
Mitte geht ein Baum, der die Darstellungen des alten
und neuen Bundes trennt; auf der linken Seite ist derselbe entlaubt. Abweichend ist, daß Christus, als Weltenrichter in Wolken thronend auf dieser Seite sich befindet;
im Mittelgrunde der Sündenfall, Adam und Eva unter
dem Baum; vorne der sündige Mensch von Tod und
Teufel in die Höllenflammen getrieben, worin schon drei
Personen, ein junges Mädchen und zwei Männer brennen. Auf den verschiedenen Darstellungen hat Cranach
immer verschiedene Personen in die Höllenflammen gethan. Nahe am Baume stehen Moses, der den in die
Hölle getriebenen Sünder an die Gesetztafeln hinweist,
hinter ihm stehen drei Propheten.

Auf der rechten, belaubten Seite des Baumes erscheint zu oberst auf einer Anhöhe Maria mit gefalteten
Händen; auf einem Strahl auf Wolken schwebt das Christuskind mit einem Kreuz auf der Schulter auf dieselbe
herab; auf einem andern, nach der linken Seite herab-
gehenden Strahl, schwebt der Engel, der den im Hintergrunde weidenden Hirten die Verkündigung bringt; etwas
weiter im Grunde die Erhöhung der ehernen Schlange.
Vorn, nahe am Baume steht der erlöste Mensch mit gefalteten Händen, welchen Johannes auf den Gekreuzigten
weist, aus dessen Seitenwunde der Blutstrahl auf die
Brust des Sünders strömt; auf dem zugleich eine Taube
in einer Glorie herabschwebt. Am Fuße des Kreuzes
steht das Lamm mit der Siegesfahne. Das Kreuz steht

auf der Grabeshöhle, vor welcher Christus mit der Siegesfahne auf Tod und Teufel steht.*)

Schließlich bemerke ich noch, daß die Zeichnung der
Figuren vielen in den Blättern der Apokalypse gleicht.
Am Crucifix geht der Kreuzesstamm nicht über den Querbalken; das Kreuz, was der kleine herabschwebende Christus
trägt, hat gleiche Form, und daß der verkündende Engel
auf einem Strahl aus derselben Wolke herabschwebt, läßt
wol keinen Zweifel, daß der erstere Christus sei und hier
die Empfängniß dargestellt ist.

Zu Nr. *3. Josua.

Diese Figur soll nach Bartsch, Nr. 33, von E. Schön
geschnitten sein. Den Grund zu dieser Annahme oder
eine Notiz deshalb gibt er nicht an. Jedenfalls ist das
eine Verwechselung. Es gibt einen Holzschnitt, worauf
die Figur des Josua dargestellt ist, und worauf sich das
aus E und S verschlungen, bestehende Zeichen ziemlich
groß befindet, es ist aber gar nicht möglich, dasselbe mit
dem Cranach'schen Blatt zu verwechseln.

**Zu Nr. 9. Ruhe auf der Flucht nach Aegypten mit
Engeltanz.**

Auf einem sehr schönen, colorirten Abdruck im dresdener Cabinet steht der Name Hans Guldenmundt. Dieser
Name kommt auf einigen der schönsten Cranach'schen

---

*) Nach der Beschreibung, welche Herr Dr. Hagen von einem
Holzschnitt gibt, welcher sich in der Matrikel der königsberger
Universität befindet, ist die Anordnung die gleiche. S. Dr. A. Ha-
gen über eine Composition: „Gesetz und Gnade von Lucas
Cranach dem Aeltern u. s. w." (Königsberg 1853).

Blätter vor, sobaß man annehmen könnte, er habe sie in
Holz geschnitten. Auf andern aber steht: Gedruckt durch
Hans Guldenmundt, was doch nicht vollständig mit
dieser Annahme übereinstimmen würde.

Zu Nr. 16—29. Die Passion.

Davon gibt es noch eine Ausgabe, wovon ich früher,
wie ich Thl. II, S. 206, angeführt habe, nur das Titelblatt kannte:

Das Leiden und Auferstung
unsers Herrn Jesu Christi MDLXI.

Die Darstellungen befinden sich auf beiden Seiten
der Blätter, mit Nummern und Unterschriften. Letztere
lautet bei Nr. 1: Mein Vater ists nicht möglich
das dieser Kelch von mir gehe, ich trinke denn,
so geschehe dein Wille, Matth. XXVI.

Betreffend die Vignette mit der Dreieinigkeit, die sich
auf dem von N. J. Vischer 1616 veranstalteten Abbruck
befindet und von dem ich bemerkte, baß es eine Zugabe
von diesem sei, da ich sie auf alten Abbrücken nicht ge=
funden hatte, muß ich jetzo bemerken, baß auf der Pariser
Bibliothek sich ein alter Abbruck von 1509 findet, wo sie
schon auf dem Titelblatt vorkommt. Danach fällt die
Annahme weg, als sei der Holzstock, woraus sie genom=
men (s. Nr. 99) erst von Vischer zerschnitten worden.
Ob derselbe überhaupt aber zerschnitten worden oder nur
dieses Stück durch Decken der Umgebung für diesen Zweck
benutzt wurde, kann man nicht genau bestimmen. Letz=
teres ist deshalb wahrscheinlicher, weil ich keinen Eindruck
eines verkleinerten Stockes bemerkt habe. Die Enden eines
Inschriftbandes, das aus dem Kreis kommend über die
Umrißlinien geht, schneidet nicht mit diesem ab.

Zur Ergänzung des Titels der Vischer'schen Ausgabe ist noch beizufügen: Amsterdam excudebat Nic. Jo. Vischerus anno 1616.

Diese Vignette könnte nun von Bartsch und von Brulliot mitgezählt sein, in welchem Falle die Berichtigung Heller's, daß das Werkchen nur vierzehn Darstellungen, statt der von diesen beiden angegebenen funfzehn enthalte, wegfiele.

Eine andere frühere, vielleicht eine der frühesten Ausgaben dieses Passionswerkchens hat ganz oben auf dem ersten Blatt:

> Die Passion vnsers herren
> Jhesu Christi mit vil
> schonen Be-
> trachtungen.

Nach der Ausgabe von 1509 ist dies die älteste mir bekannt gewordene. Jedenfalls ist sie vor 1519 erschienen, da in einem Lobgedicht auf Friedrich III., den Weisen von Sachsen, das sich auf der Rückseite des Titels befindet, des Umstandes nicht gedacht ist, daß demselben die teutsche Kaiserkrone angetragen worden war. Daß dieses Gedicht aber überhaupt bei Lebzeiten Friedrich's entstanden, geht aus dem Inhalt selbst hervor. Es beginnt:

> Friedrich von Sachsen hochgeporn
> Dem's Gluck zur Chur hat aufferkoren u. s. w.

Und weiter heißt es:

> Dar fur darf ich frey pfandtbar sein
> Ich bitt den Edeln fursten mein
> Das er's von mir fur gut wol han u. s. w.

An dieses funfzigzeilige Gedicht schließt sich eine vier-zehnzeilige Vorrede:

> Zur Vaßt reybt ich eins morgens fru
> Da fiele mir viel der bencken zu,
> Von diffem vnd von Ihenern sah
> Mich daueft wie mein gewiffen sprach u. s. w.

Darunter: „Betrachtung der Metten Zeht." Die Betrachtung selbst beginnt erst auf der Vorderseite des zweiten Blattes. Unter dieser Betrachtung steht die Ueberschrift für die zweite Betrachtung: „Betrachtung zu der Preymzeit", die erst auf der vordern Seite des sechsten Blattes beginnt, während die beiden dazwischen-liegenden Blätter auf beiden Seiten mit Darstellungen bedruckt sind. Die fünf folgenden Blätter haben jedes auf der vordern Seite eine Betrachtung und auf der Rückseite eine Darstellung. Auf der vorletzten Seite ist eine „Beschluß Rede".

Die erste Betrachtung beginnt:

> O her Ihesus zur Metten zeit
> Da rang In dir ein herber streit
> Wie wol zu leyden du bereit
> Zittert doch drab dein menschlichkeit

und schließt:

> Ich danck dir her der herben pein
> Mit bitt das ichs so je mir meß
> Hoffart hienfur so je mir lesch
> Das ich mich zieg von funden ab
> Zu danck von mir. O her biß hab
>   42 Zeilen.

In gleicher Weise sind die übrigen Betrachtungen. Die Beschlußrede beginnt:

O leser disses kurzen dicht
Allein zu lob got zu gericht
Bitt der Dichter fur zu han
Unb das jm besten nemmen an

und schließt:

Dan ich will hie beschlossen han
Wer bessers wißß der Red dar von
Gehort hab ich vnd sinds auch war
Da seh das aug, vnd hör das Dr
Ja wan mans brauchet wie man soll
Verkerung dienedt selten wol.

Zu Nr. 32. Christus und die Samariterin am Brunnen.

Bei den spätern, wenn auch sehr guten Abdrücken bemerkt man in der linken untern Ecke einen kleinen Defect, als wäre ein schmales Streifchen scharf ausgeschnitten.

Zu Nr. 33. Die Offenbarung.

Nach wiederholter Betrachtung dieser Folge, besonders in guten Abdrücken, habe ich mich überzeugt, daß dieselbe gewiß nach Cranach'schen Zeichnungen, schwerlich aber auch nur theilweise von ihm geschnitten sind. Danach muß ich meine frühere Angabe des Gegentheils berichtigen.

Zu Nr. 34—45. Martern der zwölf Apostel.

Von diesem Werkchen ist eine Ausgabe in meine Hände gekommen, die vielleicht die früheste ist, theils wegen der Schönheit der Abdrücke, theils wegen folgender Umstände. Dieselbe befindet sich zusammen mit der Ausgabe der Passionsbilder, die ich eben S. 216 beschrieben habe und die jedenfalls vor 1519 gedruckt sein muß, wie ich dort ausgeführt. Beide Werkchen sind auf dasselbe Papier und mit denselben Lettern gedruckt, und sind jedenfalls ursprünglich zusammen gewesen, da Erhaltung und Farbe des Papiers vollkommen gleich sind.

Nun habe ich bereits eine ähnliche Ausgabe in Thl. II, S. 214, beschrieben, die sich in der herzoglich gothaischen Sammlung befindet, aber dieselbe hat doch mehrere Verschiedenheiten, sodaß sie nicht als dieselbe angenommen werden kann. Die Anordnung ist ganz dieselbe, nur daß bei meiner Ausgabe acht Blätter sind statt sieben und daß auf der vorletzten Seite die Marter der heiligen Barbara noch zugefügt ist. Auf diese Weise ist die erste und letzte Seite leer. Auf dem ersten Blatt: Marter des heiligen Petrus, steht oben: „Hie nach folgen gebett von den heilgen zwelf botten. Von sant Peter ann." In der gothaer Ausgabe heißt es statt dessen: „Hienach folget gebet von den heilgen Aposteln. Von Sant Peter dem Apostel an." Bei mehrern Ueberschriften ist die Bezeichnung „Apostel" oder „zwölfbotte" gerade umgekehrt angewendet.

Bei Bartsch, Heller und von mir sind sie nach dem Symbolum die zwölf Apostel in folgender Reihe aufgeführt:

1. Petrus, 2. Andreas, 3. Jakobus der größere, 4. der Evangelist Johannes, 5. Philippus, 6. Bartholomäus, 7. Thomas, 8. Matthäus, 9. Jakobus der kleinere, 10. Simion, 11. Judas Thabbäus und 12. Matthias.

Hier dagegen in folgender Weise:

1. Von sant Peter. 2. Von sant Paul des heiligen

zwelfbotten an. 3. Von sant Johannes des apostel vn ewägelise. 4. Von sant Jacob dem merern dem apostel. 5. Von sant Andreß dem zwelffbotten. 6. Von sant Philips dem zwelf botten. 7. Von sant Jacob der mynder dem apostel. 8. Von sant Thoman dem zwelff= botten. 9. Von sant Bartholomeus dem apostel. 10. Von sant Symon dem zwelffbotten. 11. Von sant Judas thabeus dem apostel. 12. Von sant Mathias dem apostel.

Dabei ist zu bemerken, daß Nr. 8 als Marter des heiligen Matthäus bezeichnet ist, was bei der hier in Frage stehenden Ausgabe richtiger als Marter des hei= ligen Paulus angegeben ist.

Soviel ich von dem Text des gothaischen Exemplars notirt habe, stimmt derselbe mit meinem Exemplare bis auf einige Verschiedenheiten der Orthographie überein, z. B. bei dem ersten Blatt: „Alles das du binden würdest hie auff erben das wurt auch gebunden in den hymmelen vnd alles das du entbynden vnd aufflösen wurdst auf erden das wurt entbndē vn auffgelöset in den hymmelen" bis: „ich bitte dich bemütigklichen erwirb mir durch dein großheiligkeit im Glauben diesen artikel on den nymanns ewige seligkeit erfolgen mag vestigk= lichen biß an meyn end zu beharren. Amen." (19 Zeilen.)

Diese eine Probe nebst den angegebenen Ueberschriften reicht hin die beiden Ausgaben zu unterscheiden.

Nimmt man an, wie dies kaum anders sein kann, daß diese Ausgabe von Cranach ausging, so läßt sich aus dem Inhalt des Textes schließen, daß sie vor Cra= nach's Uebertritt zur lutherischen Lehre entstanden sind, also gewiß vor 1517.

Diese Folge kommt auch in folgender Ausgabe vor:

Der heiligen XII Aposteln ankunfft, beruff, glau=
ben, lere, leben vnd seliges absterben pp. Aus
heiliger Schrift vnd glaubwirdigen Historien auff's
allerkürzst zusammengestellt. Für die Leien vnd
Einfältigen durch Johannem Pollicarium. Prediger
zu Weißenfels.

Um diesen Titel befindet sich, eine Einfassung mit den
Figuren der zwölf Apostel, oben und unten je fünf, an
jeder Seite einer.

Ueber jedem Blatt steht der Name des Apostels und
unten der Glaubensartikel, sodaß das Ganze in Folio ist.

Bei Heller sind zwei Ausgaben angeführt vom Jahre
1549 und 1551, wovon ich nur die letztere gesehen habe,
worin nur die Marter der zwölf Apostel vorkommt.

Von dieser Folge gibt es auch Copien in Kupferstich
mit dem aus V und M verschlungenen Monogramm in
einem an der einen Seite ausgeschnittenem Schild S. B.
VIII. 22.

Zu Nr. 61. Copie dieser Folge.

Es gibt von den unter Nr. 61 angeführten Copien
auch Abdrücke mit einer arabeskenartigen Einfassung, die
oben einen nicht zusammenstoßenden Bogen bildet.

Andere Abdrücke haben oben den Namen, unten
Anfang des Glaubensartikels und an der Seite eine
kurze Lebensbeschreibung des dargestellten Apostels.

Die unter Nr. 62 angeführten geringen Copien in
Halbfiguren kommen in folgendem Werkchen vor:

Die Zwelff Artikel unsers Christlichen Glaubens
sampt der heiligen Aposteln ankunft, beruff, glau=

ben, lere, leben und seliges absterben ꝛc. Aus heiliger Schrifft / vnd glaubwirdigen Historien / auffs allerkürtzest in deutsche Reime verfasset / Für die Leien vnd Einfeltigen/durch Johan: Agric: Spremb: M. D. — LXII.

(Die Jahrzahl zu beiden Seiten eines Medaillons mit dem segnenden Christus in einer Glorie.)

Auf dem vorletzten Blatt ist die Auferstehung der Todten, Christus als Weltenrichter in einer Wolkenglorie, vorn knien Maria und Johannes. Auf der letzten Seite ist ein Medaillon, 2 Zoll Durchmesser, mit dem Brustbild Melanchthon's. Am Schluß: „Gedruckt zu Wittenberg / durch Gabriel Schnellboltz."

Davon kommen auch Abbrücke mit lateinischen Versen vor.

Zu Nr. 72. Der heilige Christoph trägt das Christuskind durchs Wasser.

Davon gibt es eine Copie mit dem nebenstehenden Monogramm auf einem Täfelchen an einem Baume links oben. Die Landschaft ist etwas frei copirt, die Figur ziemlich gut. Die Größe ist 9 Zoll 5 Linien hoch, 7 Zoll 2 Linien breit.

Eine andre Copie nach derselben Seite, 10 Zoll 3 Linien hoch und 8 Zoll 1½ Linien breit ist ohne das Täfelchen mit Monogramm und Jahrzahl und hat statt der zwei Wappenschilde in den Bäumen nur ein leeres Schild.

Von dem Original gibt es aus verschiedenen Zeiten

verschiebene Abdrücke. Einer davon hat die Ueberschrift: „Ad imaginem divi Christophori" und an der Seite ein Gedicht mit der Aufschrift: „Ad pastorem Theodoriensem." Darunter: „Intes Montes Regis. Pastor D e I p L ebis 1554." Unten ist ein Gedicht von Joh. Stigel in zwei Columnen mit der Ueberschrift: „Ad imaginem divi Christophori".

Anfang:

Tu quis es ingenue Christum profitentis imago

Schluß:

Mecum habita, tecum vivere, vera salus.
Johann Stigelius.

Wie schon Heller angibt mit der Jahrzahl 1560 darunter.

Heller erwähnt einen gleichen Abdruck mit der Jahrzahl 1560.

Von den Abdrücken in Hellbunkel haben einige die Jahrzahl 1506 auf dem Täfelchen mit dem Zeichen, andere nicht. Letztere sind die spätern.

Zu Nr. 74. Der heilige Georg zu Pferde kämpft mit dem Drachen.

Auf spätern Abdrücken mit verschiedenen Randleisten darum kommt die Ueberschrift vor:

In simulacrum Divi Georgii boni Gubernatoris officii boni gubernatoris officium exprimentis.

Divo Johanni Friderico DDD Johannes elect: F. Ernesti El. N. Friderici II. El. P. Duci Saxoniae. S. Rom. Imp. Archimarschallo et Electori, heroi excelsae pietatis amoris erga patriam et rei militaris laudib. celeberrimo atque summo Principi: Sacrum.

Unten:

Vectus equo miles factum cui nomen ab agro est,
Dulcia laudati fert simulachra Ducis
Pingitur effulgens armis galeaque coruscus,
Anguineum celeri trajicere ense caput etc.
13 Distichen.   M. Belt. Mentius
                                     Nimecensis.

Nach den Worten „Dulcia laudate fert simulacra Ducis" scheint der Dichter in dem heiligen Georg nicht blos allegorisch das Bildniß Johann Friedrich's I. erblickt, sondern dessen Porträtähnlichkeit als beabsichtigt erkannt zu haben.

Zu Nr. 75. Der heilige Georg zu Pferde mit dem besiegten Drachen.

In dem dresdener Cabinet gibt es davon einen Abdruck auf blauem Papier, auf welchen die Lichter mit Weiß aufgedruckt sind. Es ist dieser Umstand wegen einer Nachricht interessant, daß Cranach Holzschnitte in Goldbruck gefertigt habe.

Noch bemerke ich, daß der auf der Pferdedecke vielmals vorkommende Buchstabe nicht ein H ist, wie es unrichtig angegeben, sondern ein A mit Querleiste darüber, wie bei Dürer's und Aldegrever's Monogramm.

Ferner muß es bei der Angabe über die Abbrücke in Hellbunkel heißen: „die Lichter sind weiß aufgedruckt" anstatt: „sie scheinen".

Zu Nr. 83. Die heilige Anna (Elisabeth?) nimmt das Jesuskind aus den Armen der Maria.

Heller gibt ohne Näheres eine genaue Copie an ohne Zeichen. Dieselbe ist, wenn ich annehme, daß es die von mir angeführte sei, außer an dem von mir angegebenen Unterschied der Form eines S ähnlichen Striches über dem Auge der heiligen Anna anstatt eines weich gebogenen Striches und sehr abweichender Schraffirungen an dem Gewande über dem Leib der Maria besonders an den beiden Cherubimköpfchen in den Wolken rechts erkennbar. Das oberste ist im Original en face, während es in der Copie fast im Profil ist; das untere ist bei ersterm im Profil und gerabeaus sehend, während es bei der Copie drei Viertel mehr nach oben gewendet ist; in dem Original haben die Wolken mehr Schraffirungen.

Eine andere Copie hat das Zeichen an derselben Stelle wie im Original in vollkommen gleicher Weise und ist auch im ganzen vollkommen gleich, bis auf die angegebene Verschiedenheit der beiden Cherubimköpfchen in den Wolken rechts oben. Die Verschiedenheit dieser ist ganz der bei der vorigen Copie angegebenen gleich.

* Zu Nr. 100. Die Hölle.

Dieses Blatt hatte ich nur einmal in der königlichen Sammlung zu Stuttgart gesehen, wobei aus den In= schriften ganz deutlich hervorging, daß es zu einem andern Blatt, der „Himmelsleiter" des heiligen Bo= naventura (Nr. 99), gehöre. In der pariser Sammlung fand ich diese beiden Darstellungen auf ein Blatt ab= gedruckt und hole hier nur eine nähere Beschreibung der Hölle nach, die ich früher unterlassen habe.

In der Mitte sieht man eine nackte Frau von einem Teufel mit Schweinskopf bei den Haaren gefaßt, auf der andern Seite einen andern Teufel, der einen alten liegenden Mann packt. Rechts neben dem ersten Teufel

steht eine Frau in aufgelöstem langem Haar, die Hände
über dem Kopfe, ringend; neben dieser wieder ein Teufel
und eine halbliegende Frau von einem andern mit der
rechten Kralle umschlungen, über beiden ein altes Weib
mit hängenden Brüsten. Links neben dem Teufel in
der Mitte sieht man einen Mönch in Flammen und
daneben einen Hund, der eine Frau am Kopfe herab-
zieht; unter dem Hund einen Teufel auf einer liegenden
Frau, welcher er die röhrenartige Zunge in den Mund
steckt und mit der einen Tatze sie an der Brust faßt,
wobei er den Schwanz um deren Schenkel schlingt.
Unter der mittelsten Frau ist ein dicker Alter; unter
beiden zu vorderst in der Mitte sitzt ein dicker Mönch
neben einem andern vom Rücken aus gesehen von einem
Teufel mit Schweinskopf gepackt. Neben diesen reitet
ein anderer Teufel mit Schnabel und Flebermausflügeln
auf einer Frau, welche er mit den Haaren leitet. Am
Ende rechts in der Ecke ein grinsender Teufelskopf in
Flammen. Links von der Mitte befinden sich noch
mehrere männliche Figuren in verschiedenen Stellungen,
zwischen denen wie überall die Flammen durchschlagen.
Auf dem Bande, was über der Vorstellung angebracht
ist, steht eine andere Inschrift, wie auf dem Exemplar
der stuttgarter Sammlung: „Gehet hin von mir ihr
verfluchten in das ewige feur: welches bereitet ist
dem Deufel und seinen Engeln." Obgleich diese beiden
Blätter, Himmelsleiter und Hölle, offenbar zusammen-
gehören, so ist doch die Zeichnung bei letzterer etwas
anders, der Schnitt ist magerer. Im ganzen sind aber
die Figuren charakteristisch lebendig im Ausdruck und Bewegung, die Teufel von phantastischer Erfindung.

*101ª) Tod und Himmelfahrt der Maria.

Seitenſtück zu Nr. 101 und von gleicher Größe.

Dieſe Darſtellung iſt auf gleiche Weiſe angeordne
wie Nr. 101: die Krönung. Die Hauptdarſtellung iſ
die Himmelfahrt der Maria zu oberſt, darunter auf der
untern Hälfte das von den Apoſteln umſtandene Grab,
rechts davon Tod der Maria, links der von den Apoſteln
getragene Sarg; beide letzten Vorſtellungen ſind mit Li=
nien umſchloſſen. Den unterſten Theil nehmen von links
nach rechts folgende Darſtellungen ein: 1. Verkündigung;
der Engel reicht der Maria einen Zweig. 2. Maria mit
dem Zweig in der Hand von dem Engel begleitet.
3. Maria im Bett ſitzend mit ſinnender Haltung und
Geberde. 4. Petrus wandelt auf dem Meere. Zu der
Seite der obern Darſtellung ſind ähnliche Gruppen mit
Beiſchriften in gleicher Schrift, wie auf dem Blatt mit
der Krönung; links: „Potestates, Virtutes, Archan-
gelus, Angelus"; rechts: „Beichtiger, Wittwer, Eelewth
(Eheleut), Kindlein."

Dieſe drei Blätter ſind von größter Seltenheit und
rühren jedenfalls aus Cranach's früherer Zeit, und es
iſt wahrſcheinlich, daß ſie zu einer Folge von noch meh=
rern Blättern gehören. Der Stil im allgemeinen iſt
wie auf einer Zeichnung, welche in dem vordern Deckel
des wittenberger Univerſitätsalbums eingeklebt iſt, die ich
oben S. 161 näher beſchrieben habe.

Zu Nr. 104. Paſſional Chriſti und Antichriſti.

VII. Dieſe Folge findet man auch in dem erſten
Theil der „Bücher, Schriften und Predigten des Ehrwir=

bigen Herrn Dr. Martin Luthers 2c. Gedruckt zu Eis=
leben bei Urban Gaubisch M.DLXIIII." mit der Ueber=
schrift: „Passional Christi und Antichrist: Anno M.D.XXI.
zu Wittenberg in Druck ausgangen in folio" über einer
kurzen Einleitung, welche beginnt: „Diese Figuren von
dem Reich des Herrn Christi vnd Antichrist, sind von
Lucas Chranach dem Eltern zugericht", wobei auf Luther's
Brief an Spalatin im ersten „lateinischen Tomo" seiner
Epistel hingewiesen wird. Wahrscheinlich ist dies die Stelle,
welche in einem Briefe Luther's an Spalatin vom
7. März 1521 vorkommt (Folio ³/₃ᵇ der Aurifaber'schen
Sammlung, Jena 1556): „Has effigies jussit Lucas
a me subscribi, et ad te mitti: tu eas curabis. Jam
paratur Antithesis figurata Christi, et Papae: bonus
et pro laicis liber."

Die Abdrücke sind die der zweiten Ausgabe mit der
Kreuzschleppung statt Christus mit den beiden Jüngern
auf dem Wege nach Emmaus. Alle Blätter haben die
Ueberschrift „Passional Christi vnd Antichristi Anno ₓₓj."
auf beide Seiten vertheilt, wie bei der vorhergehenden,
der Text unter den Blättern links ist mit größern Let=
tern gedruckt als auf der gegenüberliegenden mit dem
Antichrist. Alle Blätter haben Einfaßleistchen wie die
der vorhergehenden Nummer.

Nr. 7, wo Petrus den Zoll entrichtet, und
Nr. 17: Einzug Christi in Jerusalem, sind geringe
Copien von der Gegenseite.

VIII. Von dieser Folge gibt es Copien in Kupfer mit
dem Monogramm XX, das sich oben in der Mitte auf
einem herzförmig ausgeschweiften Schildchen befindet.

Zu * Nr. 106.   Das Papstthum 1545.

Ein Exemplar der Originalausgabe dieses seltenen
Werkchens habe ich bei dem jüngstverstorbenen Ober=
domprediger Herrn Dr. Augustin in Halberstadt gesehen.

Es ist ebenfalls in Folio gedruckt, die Ueberschriften
und Verse darunter schienen mir viel größere Schrift
zu haben als bei den andern Exemplaren, die ich ge=
sehen; der Inhalt war jedoch derselbe. Das Format,
besonders der Breite nach, schien mir ebenfalls ver=
schieden, und einmal sind zwei Vorstellungen auf dem=
selben Blatt von derselben Randlinie umfaßt. Ein
gleiches ist oben Thl. II, S. 255 erwähnt. Diese Ab=
drücke waren sehr schön und der Unterschied gegen die
Copien, wovon der Besitzer ein Exemplar ohne Text
zum Vergleich daneben zeigte, sehr auffallend. Bei der
Originalausgabe war die Porträtähnlichkeit der kleinen
Köpfchen, z. B. auf Blatt 8 (9) des Cardinals Albrecht,
sowie auf Blatt 9 (4) unverkennbar.

Der Besitzer glaubte, daß diese Blätter als Einzel=
drucke, fliegende Blätter, erschienen seien, wofür aller=
dings die verschiedene Größe der Vorstellungen und der
bei allen Exemplaren fehlende Titel spricht. Dagegen
aber spricht eine schriftliche Notiz von Magister Matthias
Wanckel vom Jahre 1545, in dem Exemplar des Herrn
Dr. Augustin, worin von dem ganzen Werkchen die Rede
ist. Der Inhalt derselben ist eine Antwort Luther's über
den Zweck des Werkchens auf zweimaliges Befragen
Wanckel's. Luther spricht sich derb und heiter aus. Eine
Abschrift gestattete mir der Besitzer nicht. Da der
Nachlaß des Herrn Dr. Augustin nach dessen Tod in
die Bibliothek zu Wittenberg gekommen, so hätte ich

eine Abſchrift erhalten können, da Herr Director Schneider
mir die Benutzung dieſes Nachlaſſes auf die freundlichſte
Weiſe geſtattete. Es waren dieſe Dinge aber noch nicht
verzeichnet und ſo weit geordnet, daß das Auffinden in
der kurzen Zeit meines Aufenthaltes möglich war. Ebenſo
iſt die Gleichheit des Papiers und der Schrift bei jedem
der drei Exemplare, die ich geſehen habe, gegen dieſe
Annahme.

Das hindert freilich nicht, daß die Blätter als Ein-
zeldrücke vor der Geſammtausgabe erſchienen ſind. Nr. 6.
Der Papſt reitet auf einer Sau, kommt auf mehrern andern Schriftchen Luther's vor, und gerade über
dieſes Blatt ſpricht ſich Luther in der erwähnten Wandel'-
ſchen Notiz aus.

———

1617, alſo zum erſten Reformationsjubiläum, iſt eine
neue Ausgabe dieſes Werkchens veranſtaltet worden, es
waren alſo die Holzſchnitte noch vorhanden. Es ſind
jedenfalls Abdrücke von den Originalen, wenigſtens ſind
ſie den bekannten Copien gegenüber bei weitem beſſer.
Dabei iſt aber zu bemerken, daß die Copien dieſelbe
Größe haben, was mir bei den Originalen, die ich nicht
zur unmittelbaren Vergleichung vor mir habe, nicht der
Fall ſchien. Auch fehlt in dieſen beiden Ausgaben
Nr. 4 der Originale: „Kaiſer Heinrich IV. vor Gregor VII. auf den Knien liegend, der ihm den Fuß auf
das Haupt ſetzt. Möglich iſt, daß man abſichtlich dieſe
entwürdigende Darſtellung in der Geſammtausgabe auch
des Originals weggelaſſen hat. Das Maß werde ich
unten genau angeben. Dieſe Ausgabe iſt in Folio, mit
einer architektoniſchen Verzierung, Passepartout, umgeben. An den Seiten, die Grenze bildend, iſt eine

Korinthische Säule, hinter die sich ein halbsichtbarer
Bogen zieht, links von einer weiblichen, rechts von einer
männlichen Karhatibe getragen. Unten ist ein Cartouche
von zwei geflügelten Genien gehalten. Darin befinden
sich die deutschen Verse. In der Leiste oben ist ein verziertes weißes Täfelchen mit der Bezeichnung des Gegenstandes, an den Seiten zwei liegende Kinder mit Vögeln
auf der einen Hand. Der innerhalb dieser Verzierung
von einer Linie umschlossene Raum ist etwa 6 Zoll breit,
8 Zoll 4—6 Linien hoch. Inmitten dieses Raumes ist die
bildliche Darstellung, über derselben die Vervollständigung
des auf dem Täfelchen in der Vorbure angegebenen Inhalts in einem lateinischen Distichon, unter derselben
zwei lateinische Distichen. Die Reihenfolge, die in den
Copien durch römische Zahlen, in der gegenwärtigen Ausgabe durch Buchstaben genau angegeben ist, ist im ganzen
dieselbe; nur die beiden letzten Vorstellungen sind verwechselt. Die erste Originalausgabe hat, wie Thl. II,
S. 248 ersichtlich, eine andere Reihenfolge.

In dieser zweiten Ausgabe, wovon ich ein Exemplar
vor mir habe, fehlt die erste Vorstellung: „Ortus et
origo Papae", auch fehlt der Titel, den das Werkchen
wahrscheinlich gehabt hat. Dagegen ist eine Darstellung
beigefügt, die nicht zu dem Werk gehört: Münch-Kalb,
wovon schon oben, Thl. II, S. 291, zwei verschiedene Exemplare von verschiedener Größe angegeben sind.

Die deutschen Verse sind ganz dieselben, wie sie
unter den Copien vorkommen, wo z. B. unter dem
IX. Bilde lefferung statt Lesterzung steht. Die Abweichungen in der Orthographie sind unbedeutend, weshalb ich die deutschen Verse hier weglasse.

A. Ortus et origo papae fehlt.

B. Monstrum — Romae inventum mortuum in Tyberi, Anno 1496. — Die lateinischen Distichen fehlen bei diesem Blatt, 5 Zoll 4 Linien hoch, 3 Zoll 10 Linien breit.

C. Regnum Satanae et Papae. 2 Thes. 2.
Seu venit —
> — nec juvat arte dolus.
Anno M. D. C. XVII.
4 Zoll 2 Linien breit, 4 Zoll 8 Linien hoch.

D. Der Papst auf dem Throne, mit einer Bann=
bulle in der Hand u. s. w. 3 Zoll 11 Linien breit,
5 Zoll 4 Linien hoch.
Hic oscula pedibus papae figuntur.
Rusticus est —
> — condecorare Patrem.
Unten:
Perfecto odi odio —
> — adsum asinus.
Anno M D C XVII.

E. Bauern benutzen die päpstliche Krone als Nacht=
stuhl. 4 Zoll breit, 5 Zoll 4 Linien hoch.
Adoratur Papa Deus terrenus.
Papae cuncta patent —
> — clave probabit opus.
Anno M. D. C. XVII.
Unten:
Rustica simplicitas —
> — in statione animos.
Anno M. D. C. XVIII.

F. Der Papst reitet auf einer Sau u. s. w. 4 Zoll 2 Linien breit, 5 Zoll 2 Linien hoch.

Papa dat concilium in Germania.

Fraus, ambitio —

— peperere coronam.

Unten:

Naso dignus odor —

— talia dona sues.

Anno M. D. C. XVII.

G. Ein Esel mit der päpstlichen Krone den Dudel= sack blasend. 5 Zoll 2 Linien hoch, 3 Zoll 2 Linien breit.

Papa Doctor Theologiae et Magister fidei.

Sic bene conjungunt —

— et Diadema Papae.

Unten:

Qui non ad ronchos —

— basiet ille Asinos.

H. Ein Papst und drei Carbinäle am Galgen. 5 Zoll 4 Linien hoch, 3 Zoll 10 Linien breit.

Digna mercis Papae Satanissimi et Cardinalum suorum.

Parcite vos —

— vagabundulis.

Unten:

Qui coelum vendunt —

— visitet illa cohors.

J. Papst Clemens IV. schlägt Kaiser Konradin das Haupt ab. 5 Zoll 4 Linien hoch, 4 Zoll breit.

Papa agit gratias Caesaribus pro immensis beneficiis. Ecce duo gladii —

— dividite Imperia.

Unten:

En Sauli vibrat —

— digna patrocinia.

K. Mönchkalb. Verthierter Mönchskopf mit Thierohren auf Thierkörper mit Kapuze. 6 Zoll 8 Linien hoch, 4 Zoll 2 Linien breit.

Münch Kalb — Monachatus Vitulus.

Unten:

Regna tulit quondam —

— quo putet esse loco.

Was Gott wol von dem Mönchthumb helt
Merkt ein Christen Mensch aus dem Gemaldt
So sich zeucht nur auff den Münchstand
Wie mans also zu Freyburg fand.

Luth. Tom. 2, fol. 294.

106ᵃ) Das Bapstthum mit seinen Gliedern abgemalet und beschrieben. Mit einer Vorrede und Nachrede D. M. Luthers. Anno M. D. XXVI.

Dieses Schriftchen enthält das päpstliche Wappen und 65 einzelne Figuren von Papst, Carbinal, Bischof und verschiedenen Orbensgeistlichen in ihren

Trachten, fünf davon kommen doppelt vor. Jeder dieser Holzschnitte ist an der Einfaßlinie 3 Zoll hoch und 2¼ Zoll breit. Unter jeder Figur ist ein acht= zeiliges Gedicht mit einer bezeichnenden Ueberschrift: „der Bapst=Stand, der Carbinal=Stand, der Benebic= tiner=Orden u. s. w." Der Inhalt der Verse ist zwar feindselig gegen das Papstthum und seine Glieder, aber nicht unanständig; es ist die Beschaffenheit der Gewänder, die Farbe derselben angegeben und ein allgemeiner Tabel des Zwecks, Treibens und Thuns ausgesprochen.

Diese Verse sind nicht von Luther; derselbe gibt in der Nachrede an, „daß ihm das Büchlein durch fromme Leute zugeschickt sey, und so schenke er es, als der erst, zu diesem newen Jar". Die Vorrede eifert sehr gegen das Pfaffenthum, er nennt die Glieder derselben „Heu= schrecken, Käfer, Raupen und der schäblichen Würmer mehr, die alle Lande gefressen und verderbt haben."

Man ist geneigt die Holzschnitte dieses Werkchens dem H. S. Beham zuzuschreiben, wie das z. B. in dem Weigel'schen Katalog Nr. 6785 und 6786 bei zwei verschie= benen Ausgaben mit verschiedenen Holzschnitten der Fall ist. Bei der ersten Ausgabe, die 74 Holzschnitte ent= hält, je zwei und zwei nebeneinandergestellt, heißt es: „von Hans Sebalb, wie es scheint"; bei der zweiten mit 67 Holzschnitten: „anscheinlich von Hans Se= balb Beham", die aber von jenen ersten verschieden sind. Letzteres ist im Jahre 1557 zu Wittenberg in Octav erschienen, während die erstere Ausgabe 1526 in Quart erschien.

In demselben Katalog ist die Ausgabe in Luther's Werken von 1564 erwähnt und dabei bemerkt, daß es die= selben Holzschnitte seien wie in der wittenberger Octav=

ausgabe von 1557, die Weigel dem H. S. Beham zuschreiben zu dürfen glaubte.

Nr. 17890 desselben Katalogs ist einer Ausgabe dieses Werkes mit Copien erwähnt, mit Erläuterung von Chr. Gottfr. Mor. Jani, Leipzig 1848, wo in der Vorrede die Holzschnitte dem Lucas Cranach zugeschrieben werden, wogegen in einer Bemerkung dazu auf obige Angabe verwiesen ist, daß diese Annahme falsch sei.

Es hat bis jetzo niemand, außer in der Vorrede von Jani bei diesen Darstellungen an Cranach gedacht, obwol man demselben Abweichenderes zugeschrieben hat und obgleich mehrere äußere Umstände auf denselben hinweisen. Das Werkchen ist in Wittenberg 1526 gedruckt und Luther begleitete es mit Einleitung und Schlußwort. Später ist es in Luther's Werken: „Der erste Theil der Bücher, Schriften und Predigten des Ehrwürdigen Herrn, D. M. Luthers u. s. w. Gedruckt zu Eisleben bey Urban Gaubisch, M. D. L. XIIII.", aufgenommen, worin auch kurz vorher das Passional Christi und Antichristi vorkommt. Auch ist 1557 eine Ausgabe in Octav in Wittenberg erschienen.

Die Figuren erschienen mir in Proportion, Bewegung und Zeichnung, besonders in Bewegung und Form der Hände, Gewänder u. s. w., vollkommen Cranachisch; in dem Passional Christi und Antichristi kommen in allem völlig damit übereinstimmende Figuren vor; auch auf der Zeichnung mit der Marter des heiligen Julian von Ancyra, wovon sich ein Facsimile in dem ersten Heft der von mir herausgegebenen „Nachbildungen nach Cranach'schen Werken" befindet, wird man gleiche Figuren finden, selbst in dem Symbolum der zwölf Apostel. Da ich das Werkchen nirgends angeführt fand, so fragte ich bei Kunstkennern und Sammlern herum, wovon mir einer angab, daß es von H. S. Beham sei. Nun beschreibt zwar Bartsch, VIII, 132—138, eine Folge von fünf Blättern, und Heinecke, S. 375, noch drei mehr; aber das angegebene Maß paßt schon nicht, da diese Blätter 3½ Zoll Höhe und 2 Zoll 1 Linie Breite haben, während die hier in Frage stehenden Blätter 3 Zoll zu 2¼ Zoll messen. Ungewöhnlich für Cranach ist das hohe Gras zu beiden Seiten von allen Figuren, das sonst nirgends in der Weise bei ihm vorkommt. Jetzt handelt es sich besonders darum, den Unterschied der Holzschnitte kennen zu lernen, der in den Ausgaben von 1526 und 1557 stattfinden soll; ob man die einen nach den andern copirt halten darf.

Es wird immer schwer bleiben, in allen Fällen und namentlich bei Cranach entschieden alles ihm zutheilen zu wollen, was im einzelnen an ihn erinnert. Dann würde man z. B. bei Schäuffelein vieles finden, und auch bei anderen, die sich ihm nähern. Es ist jedoch bei obigem Werkchen zu vermuthen, daß nähere bestimmte Nachrichten vorhanden sind, die zur Berichtigung meiner Vermuthung führen.

Zu Nr. 107 (S. 269). Hortulus Animae.

Von diesem „Hortulus Animae" gibt es auch eine Ausgabe in 16mo von 1519 mit verkleinerten Copien und mit der Darstellung von Christus, der die Kinder segnet, auf der Rückseite des Titels.

115ᵃ) Chriſtus am Oelberg.

Dieſer für das wittenberger Heiligthumsbuch gefer=
tigte ſchöne Holzſchnitt (Nr. 103) iſt bei verſchiedenen
Schriften, wie in den verſchiedenen Ausgaben des „Hortulus Animae" verwendet worden, und auch als Einzel-
druck mit Gedicht.

Ueberſchrift:
In cap: Johannis XVII.

Darunter:
Verba Filii Dei ad aeternum patrem sunt haec
in Agone dicta:
Sit dilectio tua in eis, qua me diligis, et ego
in eis.

Inde hi sunt versus:
Nec tu gnate Dei majus meliusve rogare
Aeternum poteras optime Christe patrem.
bis:
Tuque tuo serves informos numine, qui vis
In nostris vivens mentibus esse λογος
Scripti à Philippo Melanth:
anno M. D. L. VI.

Titeleinfaſſungen.
Thl. II, S. 289—296.

Wie ich in der kurzen Einleitung zu dieſer Abtheilung
von Cranach'ſchen Holzſchnitten bemerkt habe, wird es
uns unmöglich ſein, einzelnes beſtimmt als eigenhändige

Werke Cranach's zu bezeichnen. Man sieht vielen die Schule deutlich an, und man kann annehmen, daß sie unter seiner Leitung und Aufsicht entworfen oder gezeichnet sind. Wieviel davon in Wittenberg unter seiner Aufsicht in Holz geschnitten seien, kann man ebenso wenig bestimmen, da man fast gar keine wittenberger Holzschneider dem Namen nach kennt, obgleich man annehmen muß, daß es mehrere daselbst gegeben hatte.

Die hier nachträglich verzeichneten Blätter können also, wie die im zweiten Theil genannten, als Cranach'sche Erzeugnisse nur insofern angenommen werden, weil sie entweder von ihm gekannte Compositionen wiederholen, oder nur einzelne Theile, Gruppen und bekannte Figuren, weil sie die äußern charakteristischen Merkmale an sich tragen und weil sie endlich als Cranach'sche Producte allgemein bezeichnet werden. Ich habe dieselben wie die frühern nach den Jahren angeführt, welche die Schriften tragen, zu denen sie als Titel erscheinen.

1518.

136ª) Der auferstandene Christus in einer Glorie, umgeben von Wolken und Engeln, die Siegesfahne haltend; unten graben vier Kindengel den Adam (?) aus der Erde, rechts vorn das Grab des Erstandenen. Diese Darstellung befindet sich als Titel auf der Schrift: „Eyn deutsch Theologia das ist Eyn edles Büchlein von rechten verstand, wz. Adam vn Christus sey, vn wie Adam yn vns sterben vn Christus ersteen soll." In Leipzig gedruckt 1518. Das letztere ist auch aus dem Grunde interessant, weil ein schönes Bild von Cranach in dem Museum zu Leipzig von demselben Jahre ist.

Daß die Composition und Zeichnung von Cranach
sei, ist wol keinen Augenblick zu bezweifeln; es zeigt sehr
charakteristisch seine ganze Weise; dagegen kann von dem
Schnitt als eigenhändigem nicht die Rede sein.

1519.

136[b]) Epitome Andree Carolostodii De impii justi-
ficatione etc. Gedruckt zu Leipzig durch Melchior Lotther
Auf dem Titel das Wappen, was am Schluß des Wittenberger Heiligthumsbuches auf die Rückseite der kleinen
Porträts (1532) geklebt worden.

NB. Das Buchdruckerzeichen ist der gestürzte Ritter,
eine Hand hält ein Scepter, auf welchem ein Storch=
nest ist. Nach Cranach kann der Ritter wenigstens sein.

1521.

136[c]) Eine schöne Einfassung. Unten quer das kaiser=
liche Wappenschild mit Bändern darum, an den Seiten
Bäume, in den Gabeln Waldmenschen, oben zwei Ge=
nien, von denen jeder an den Männern wie an einem
Strick hält.

136[d]) Schöne Einfassung, die man Dürerisch nennen
könnte. Hier in der Mitte die Figur Ulrich's von Hutten
im Harnisch ohne Helm, die öfters vorkommt und zwar
mehrmals mit der Figur Luther's in gleicher Größe,
wie auf der Titeleinfassung oft vorkommt. Am Schluß.

1524.

140ª) Bibel. „Das Errste teyl des alten Testaments. Wittenberg 1524." Auf dem Titel ist Christus, der ans Kreuz geheftet wird, oben Moses, David und Propheten. Später mehrfach verbraucht. In der Bibel kommen vor: Abraham's Opfer, Jakob's Traum von der Himmelsleiter, Pharao's Traum von den sieben fetten und sieben magern Kühen, Simson verbrennt das Getreide der Philister. Diese Bläter sind in Folio. In klein Quart sind folgende: Es werden zwölf Steine aus dem Jordan in die Bundeslade gelegt, Einnahme von Jericho, Josua läßt die fünf Könige hängen, Delila schneidet dem Simson die Haare ab, Absalon am Baume hängend, David sieht die Bathseba im Bade u. s. w. Alle diese, sowie einige größere Initialen zeigen Cranach's Antheil, die Ausführung ist aber mit wenig Unterschied gering.

1525.

140ᵇ) Ad invictissimum imperatorem Carolum Quintum exhortacio etc. Octav, Wittenberg. In der Titeleinfassung sind viele Engelchen aus der „Ruhe auf der Flucht nach Aegypten" benutzt, andere hinzugefügt. Ganz Cranachisch.

1535.

145ª) Das Titelblatt zu „Die Propheten alle deutsch gedruckt zu Wittenberg durch Hans Lufft", ist zwar etwas Cranachisch, aber von demselben, von dem die übrigen

Blätter ſind. Eins von dieſen trägt das Zeichen S. 𝔖 1534.

145ᵇ) „Ein Chriſtlicher ſchöner Troſt u. ſ. w." David, der den Goliath töbtet, in einer Landſchaft. Mit dem Monogramm ⚹. Cranachiſch im allgemeinen, nicht aber im Stil der Zeichnung.

145ᶜ) „Ein Sermon von dem Hauptmann zu Caper= naum." Unten Simſon, der dem Löwen den Rachen aufreißt, und landſchaftliche Umgebung. Cranachiſch im allgemeinen.

1538.

145ᵈ) „Eine ſchöne Oſterpredigt." Enthauptung Jo= hannes des Täufers zu beiden Seiten, oben Herodes zu Tiſch, unten Tanz. Cranachiſch beſonders Judith, das übrige weniger.

145ᵉ) „Der Spruch St. Pauli." Auf dem Titel Sün= denfall und Erlöſung; oben rechts Verkündigung, wobei das kleine Crucifix herabſchwebt. Links oben gegenüber Chriſtus mit Siegesfahne und in Glorie. Iſt alſo abweichend. In der Behandlung iſt faſt nichts Cranachiſch und könnte von Reigel ſein, wenn derſelbe ſchon ſo früh thätig ge= weſen wäre.

145ᶠ) „Ausschreiben an alle Stände des Reiches der christlichen Religion u. s. w." Oben in einem Abschnitt der Titel. In der Mitte Durchgang durch das Rothe Meer, unten das sächsische und hessische Wappenschild, in der Mitte der Wahlspruch: „Verbum domini manet in aeternum." Die Vorstellung ist ganz und gar Cranachisch, ohne daß man ihr jedoch mehr als die Zeichnung zuschreiben kann. Ziemlich guter Schnitt.

1539.

145ᵍ) „Wie man die falschen Propheten erkennen, ja greifen mag u. s. w." Dieser Titel über einem viereckigen Felde (6 Zoll breit, 6¾ Zoll hoch), worin zwei Mönche mit Fuchs- und Wolfsköpfen, die ein Lamm fressen.

Unter der untern Einfaßlinie:
„Wittenberg M D XXXIX."

1541.

145ʰ) „Der alte und neue Bund oder Sündenfall und Erlösung des Menschen." Titelblatt. Was die Erfindung, den Inhalt dieser Darstellung betrifft, so gehört sie ohne allen Zweifel dem ältern Cranach. Daß ich aber dieses Holzschnittblatt nicht unter dessen Werke aufnahm, dazu bestimmte mich zuerst eine Aquarellmalerei, welche sich in einem Pergamentdruck der Lufft'schen Bibel vom Jahre 1541 auf der jenaer Universitätsbibliothek befindet. Sie ist von dem jüngern Cranach und stellt denselben Gegenstand dar. Ferner hat die Zeichnung des hier in Frage stehenden Titelblattes, wie dessen mehr-

malige Wiederholungen, nur das Allgemeine der von
dem ältern Cranach, ſie hat dabei alle Eigenthümlich=
keiten des jüngern.   Unter ſolchen Umſtänden möchten
beide gleiche Anſprüche darauf haben.   Daß ich es nun
hier aufnehme, dazu beſtimmte mich die mehrmalige Er=
innerung, als habe ich aus völliger Unbekanntſchaft die
Beſchreibung deſſelben unterlaſſen; zumeiſt aber eine
nochmalige ausführliche Beſprechung dieſes Gegenſtandes
in einem beſondern Abſchnitt, der durch mancherlei Ein=
wendungen von verſchiedenen Seiten veranlaßt worden.
Das hier in Frage ſtehende Titelblatt befindet ſich

1) In der Wolrab'ſchen Bibel, gedruckt zu
Leipzig 1541; es hat· 10 Zoll Höhe zu 5 Zoll 8 Li=
nien Breite.

Ein Baum, welcher durch den Raum für den Titel
unterbrochen iſt, theilt das Ganze in zwei gleiche Theile,
wo auf der linken Seite Gebot, Sündenfall und Strafe,
auf der rechten die Momente der Erlöſung dargeſtellt
ſind.   Links zu oberſt erſcheint Gott Vater in einer
Engelglorie, darunter Adam und Eva unter dem verbo=
tenen Baume von der Schlange verführt, zu unterſt
Adam oder der ſündige Menſch von Tod und Teufel in
den Höllenpfuhl gejagt, worin ſchon ein Papſt, ein
Mönch und ein altes Weib brennen.   Am Fuß des
Stammes auf dieſer Seite ſtehen Moſes, David und
noch zwei Propheten; auf der rechten Seite Johannes,
welcher den ſündigen Menſchen auf den Heiland=Erlöſer
am Kreuze weiſt, aus deſſen Seitenwunde der erlöſende
Blutſtrahl ihm auf die Bruſt ſtrömt.   Ueber dem Cru=
cifix iſt Chriſtus vor der Grabeshöhle als Ueberwinder
von Tod und Teufel dargeſtellt, darüber Mariä Verkün=
digung oder Empfängniß: ein kleiner Chriſtus mit dem

Kreuz in einer Engelglorie schwebt auf die betende Maria zu. Oben im Grunde neben dem Baume rechts die Verkündigung der Hirten, links die Erhöhung der ehernen Schlange. Um diesen Titel innerhalb der doppelten Randlinie steht: „Uns ist ein Kind geboren, Ein Son ist vns gegeben, Welches Herrschaft ist auf seiner Schulter u. s. w. — Jesai am Neunden Cap."

In dieser Bibel kommen auch die vier Evangelisten und die drei Apostel von dem jüngern Cranach zuerst vor, und dieser Umstand spricht auch einigermaßen dafür, daß die Zeichnung zum Titel auch von demselben herrühre. Der Schnitt des letztern kann ihm aber nicht zugeschrieben werden, wenn man überhaupt annimmt, daß der jüngere Cranach in Holz geschnitten habe.

2) Jm „Novum Testamentum omne, ex versione utraque, hoc est Des. Erasmi Roterodami et vulgata. Lipsiae apud Nicolaum Wolrab. Anno MDXLIII", am Ende „MDXLIIII."

Desgleichen auch in dem davor befindlichen Alten Testament.

Brulliot, Thl. II, Nr. 2049, führt eine geringe Copie davon an, in Kupfer gestochen mit M S 1562 bezeichnet.

Derselbe Gegenstand, nach einer andern Zeichnung mit einigen Veränderungen, 11 Zoll 2 Linien hoch, 7³/₄ Zöll breit, befindet sich in den von Hans Lufft gedruckten Bibelausgaben vom Jahre 1541, 1543, 1544, 1545, 1550.

Die Veränderungen sind folgende: Eva ist hier vom Rücken aus gesehen, während sie bei Wolrab von vorn zu sehen ist; bei Wolrab ist zu unterst im Höllenpfuhl ein altes Weib, das die Hände über dem Kopfe zusammen-

ſchlägt, auf dem andern Blatte iſt es ein Mönch; über
dem alten Weib iſt ein Papſt, über dem Mönche nicht;
bei dem Siege über Tod und Teufel liegt letzterer mehr
nach vorn, während er in der Lufft'ſchen Bibel ſich
mehr erhebt und mehr links iſt; bei Wolrab hat der
Teufel, der den ſündigen Menſchen mit in die Hölle
jagt, keinen Cardinalshut, wie bei Lufft; bei letzterem
ſchwebt der Heilige Geiſt auf dem Blutſtrahl aus der
Wunde Chriſti, bei Wolrab nicht u. ſ. w.

1543.

145ⁱ) Eine verkleinerte geringe Copie dieſes Gegen=
ſtandes befindet ſich als Titelblatt zu: „theologici re-
cens recogniti. Autore Philip. Melanthone. Witte-
bergae. Anno 1543." Klein Octav.

1545.

145ᵏ) „Papſtthum." Darſtellung Nr. 6. Der Papſt
reitet auf einer Sau. Daſſelbe iſt als Titel benutzt zu:
„Erklärung der ſchändlichen Sünde derjenigen, die durch
das Concilium Interim u. ſ. w. Durch Matth. Fla.
Illgr." Jedenfalls Copie.

1546.

146ᵃ) „Epitaphium des Ehrwürdigen Herrn und
Vaters Martini Luthers." Auf der Rückſeite des Titels
das Porträt Johann Friedrich's, wie es als Bücherzeichen
benutzt worden.

146^b) Luther, Halbfigur mit platter Mütze und Buch in den Händen. (3 Zoll 7 Linien hoch, 3 Zoll breit.) Auf dem Titel: „Vom christlichen Abschied aus diesem töblichen Leben des Ehrwürdigen Herrn D. Martini Lutheri. Durch D. Justam Jonam u. s. w." Ist nicht Cranachisch.

146^c) Luther, Johann Friedrich und Melanchthon; drei kleine Medaillons nebeneinander. Es sind gute hübsche Porträts aus etwas frühern Jahren (1½ Zoll incl. der Randleiste).

146^d) „Eine Predigt vom Ehestand u. s. w. Durch Erasmum Alberum D."

Der Alte und Neue Bund, im allgemeinen wie 1538, nur oben rechts der Heilige Geist in Gestalt einer Taube. Statt des Knaben mit dem Kreuze links Gott Vater, der den Menschen die Gesetzestafel gibt. Darunter der Sündenfall. Adam sitzt auf einer Erderhöhung, Eva steht neben ihm. Sonst ist Schnitt und Behandlung wie bei obigem Titel.

146^e) „Ein schön Christlich Lied von dem Ehrwürdigen Herrn D. Martin Luther und seiner Lere. Gemacht und componiret durch M Johann Friedrichen Petsch zu Wittenberg." Auf der Rückseite Luther's Porträt wie in dem „hortulus animae" — 1546, mit dem Zeichen des jüngern Cranach.

1549.

146ᶠ) „D. Martin Luther." Bruftbild in Medaillon, nach links gewendet, mit platter Mütze. Umschrift: „Martinus — Lutherus Doctor — aetatis — suae LXIII." Ziemlich gutes Porträt ohne Zeichen. (3 Zoll 11 Linien.) Auf der Rückseite des Titels: „Etliche Brieffe des Ehrwirdigen Herrn Dr. Martini Luthers."

1550.

146ᵍ) Auferstehung Christi. Medaillon, 1 Zoll 11 Linien (Monstranz aus einer Folge), verbraucht zu: „von dem Bilde Gottes von Thilemann Kragen. Wittenberg."

Porträts.

Thl. II, S. 296.

Wollte man alle die Bildniffe, befonders der sächfischen Fürften und der Reformatoren aufführen, die nach Bildern und Holzschnitten der beiden Cranache in verschiedener Weise und Format existiren, so wäre kein Ende zu finden. Ich kenne hundert und aber hundert dergleichen von Luther und Melanchthon z. B., die alle den Cranach'schen Typus haben, ohne daß man annehmen kann, daß beide Cranache mehr theil daran haben, als daß die Verfertiger ein mehr oder minder authentisches Gemälde Cranach's, am allerhäufigsten aber einen Holzschnitt, entweder geradezu copirten so gut sie es vermochten, oder denselben für ihre Zwecke herrichteten.

Es ist schlimm, daß man in Auctionskatalogen, ja sogar in Kunstblättern, hervorhebt, daß ein solches gleichgültiges Product von mir und anderen nicht verzeichnet worden. Das kann nur für solche ein Interesse haben, die für eine bestimmte Person, wie z. B. Luther, eine vollständige Sammlung aller vorhandenen Porträts wünschen. Kunsthändler bemerken dergleichen, um dem Blatt dadurch das Ansehen der Seltenheit zu verschaffen.

Wer auf derartige Vollständigkeit sein Absehen richtet, ohne zu fragen, was gut oder nicht, der kann auch seinen Zweck erreichen. Daß er aber dadurch das Verdienst Cranach's als Künstler in ein helleres Licht zu bringen im Stande ist, wird niemand glauben; viel eher könnte man dabei vermuthen, daß er ihn in Miscredit habe bringen wollen.

Daß aber nun alle von mir aufgeführten Porträts unter Cranach's unmittelbarem Einfluß entstanden, oder wol gar eigenhändig von ihm gefertigt seien, will ich damit niemand glauben machen; ich habe nur solche mit aufgenommen, in denen die Cranach'schen Vorbilder von geschickter Hand benutzt worden sind. Einige habe ich auch deshalb sorgfältiger beachtet, weil über die dargestellte Person irrige Meinungen herrschen.

Ferner wird man im zweiten Theil mehrere Porträts erwähnt finden, die ich für Arbeiten des jüngern Cranach oder nach seinen Zeichnungen geschnitten angegeben, die also da nicht hätten aufgenommen werden sollen. Die Meinungen gehen darüber sehr auseinander und ich habe es gethan, um diejenigen zu befriedigen, die sie nach Bartsch und Heller unter den Werken des ältern Cranach zu finden gewohnt sind. Es ist dies auch deshalb zu entschuldigen, weil der charakteristische Unterschied der beiden Cranache bisjetzt von wenigen gekannt ist, man sich dabei nur an äußere Umstände hält. Sobald die Lebensbeschreibung und Charakteristik des jüngern Cranach wie ich hoffe in kurzem erschienen sein wird, so werden sich Liebhaber und Sammler nach eigener Ueberzeugung die Sache zurechtlegen können.

Ganze Figur.

153°) Kurfürst Johann Friedrich I., der Großmüthige.

14¾ Zoll hoch, 11½ Zoll breit.

Derselbe ist unter einem Bogen, woran die sächsischen Wappen, die Brüstung ist mit Teppich belegt. Das Ganze gleicht dem Stich von Brentel oder G. Penz.

Halbfiguren und Brustbilder (Thl. II, S. 302).

164ª) Friedrich III., der Weise, Kurfürst von Sachsen.

Dieses Porträt, ganz wie das vorhergehende, nur kleiner, mit der Jahrzahl 1510 auf der Brüstung, befindet sich in einem Buche: „St. Brigitten Brüderschaft", gedruckt 1513, wo es am Schluß ausdrücklich „Friedrich der Dritte" genannt ist.

Dabei wiederhole ich, daß dasselbe nach Bartsch und Heller beständig unter dem Namen des Herzogs Ernst aufgeführt ist. Man sehe, was ich darüber Thl. II, S. 185 Nr. 2 und 3 gesagt habe, welche Nummern ganz mit diesem Holzschnitt übereinstimmen.

169ª) Kurfürst Johann Friedrich I.

2ª) Dieses Porträt kommt auch auf der Rück=
seite des Titelblattes vor: „Das New Testament auf's
new zugericht. Dr. Mart: Luth: Witteberg, Gedruckt
durch Hans Lufft 1546."

4) Dasselbe kommt später in einer Sammlung von
Porträts sächsischer Fürsten vor, die wahrscheinlich 1587
bei Gregor Braun erschienen sind und wozu Balthasar
Menzius eine kurze Lebensbeschreibung in Versen ge=
macht hat. Es befinden sich darin auch viele Copien
aus der Schnellboltz'schen Sammlung.

Ueber der Einfaßlinie, innerhalb einer verzierten
Randleiste, die Bild und Schrift umschließt, steht:

„Johannes Friederich der beständige, Hertzog zu Sach=
sen, des heiligen Römischen Reichs Ertzmarschall vnd
Churfürst, Landgraff in Döringen, Margraff zu Meis=
sen, vnd Burggraff zu Magbeburg u. s. w."
unten: „Bestenbigkeit mit Neidt".
Ferner, durch ein Leistchen getrennt:

> Da ich bekam das Regiment,
> Nach meines säligen Vatern end,
> Balt ich Kirch, Schul vnd Wittenberg
> Mit Wall, einkomen vnd Lehrern sterckt u. s. w.
> u. s. w. bis:
>
> Zu Weimarn lug vnd ruge frey.
> (Zwanzig Zeilen und 2 Columnen.)

* 172ª) Derselbe.

In ganz gleicher Weise, mit drei Wappen über der
Randlinie, drei unten innerhalb der Bildfläche. Befindet

sich als Titel vor einer Streitschrift gegen den Herzog von Braunschweig vom Jahre 1541.

* 175ᵃ) Sibylle von Cleve, Gemahlin des Kurfürsten Johann Friedrich von Sachsen.*)

1 Fuß hoch, 9½ Zoll breit.

Brustbild mit breitem Hut, mit einer Medaille an der Krämpe und mit der Netzhaube darunter. Auf breitem Halsband stehen die Worte: „Als in Ern", über die Brust gehen reiche Ketten. Im Grunde ist das jülichsche Wappen. Sehr gut geschnittenes Blatt, wahrscheinlich nach einem Cranach'schen Bilde oder Zeichnung.

Das einzige Exemplar, was ich davon gesehen habe, ist in der pariser Sammlung.

Zu Nr. 177. Christian II., König von Dänemark.

Archivar Herschel berichtet im „Serapeum" 1857, Nr. 4, über eine in der dresdener Bibliothek befindliche Chronik in Manuscript, und bemerkt unter anderm: „Sie ergänzt beim Jahre 1523 Sebastian Fröschel's Angabe vom Aufenthalt des vertriebenen dänischen Königs Christian II. in Wittenberg dahin, daß derselbe bei «Lucas Kranach zw hawß gewest»." Daraus erklären sich am besten die beiden Porträts aus diesem

---

*) Sehr viele Porträts dieser Fürstin, die der Auffassung nach den hier beschriebenen drei Nummern ganz ähnlich sind, und die meist von dem jüngern Cranach herrühren, werde ich in der Lebensbeschreibung des letztern aufführen.

Jahre als Cranach'sche, sowie auch mehrere Bilder, wie das im leipziger Museum (Thl. II, S. 86, Nr. 335), das diesen Fürsten darstellt.

Zu Nr. 179. Luther als Junker Jörg.

Ein früherer Abdruck auf dem dresdener Kupferstich-cabinet hat nur den Namen Lutherus. Unten blos die vier Verse: Quaesitus — vale.

Spätere um 1590 genommene Abdrücke haben mehrere ausgesprungene Linien, z. B. auf der rechten Schulter; statt der arabischen Ziffern 1522 sind römische Zahlen XXII verwendet.

* 179ᵃ) Derselbe.*)

Halbfigur, der Kopf ziemlich von derselben Größe, von der Gegenseite. Er hat die Linke auf den Degen-griff gelegt, während er mit der erhobenen Rechten eine demonstrirende Bewegung macht.

------

*) In einem Briefe an Georg Spalatin von Eisenach aus (Feria tertia post Exaudi anno M. D. XXI.) beschreibt Luther seine Reise nach Worms, seine Gefangennehmung und sein ver-ändertes Costüm: „Mein Begleiter (Frater) sah zu rechter Zeit die Reiter und machte sich aus dem Wagen und soll unbewill-kommnet am Abend zu Fuß nach Waltershausen gekommen sein. So bin ich hier meiner Kleider entledigt und mit Ritteranzug angethan worden; ich pflege Haupthaar und Bart, so daß du mich schwerlich erkennen würdest, da ich mich selbst längst nicht mehr (kenne) gekannt habe. Ich handle nun in christlicher Freyheit, frey von allen Verordnungen jenes Tyrannen u. s. w." Episto-larum — Lutheri Tomus primus — a Joanne Aurifabro-collectus. Jenae 1556 fol. 328.ᵇ

Dieser Holzschnitt, wovon ich nur einen Abdruck von verkleinerter Platte gesehen habe, der obere und hintere Theil des Kopfes fehlten theilweise, ist nicht sehr gut, die Zeichnung dazu ist aber wahrscheinlich von Cranach oder nach einem Bilde desselben. Auf der großherzoglichen Bibliothek zu Weimar befindet sich ein Cranach'sches Bild, das Luther in ganz gleicher Weise darstellt (s. oben S. 202).

Dieser Abschnitt ist 12³/₄ Zoll hoch, 10 Zoll 1 Linie breit.

Gürtelstück, die Linke an den Degengriff gelegt. Rechts oben 1522.

181ᵃ) Luther als Augustinermönch.

Mit dem Zeichen und der Jahrzahl 1520. 5 Zoll 7 Linien hoch (incl. der Unterschrift 6 Zoll 4 Linien), 4 Zoll 6 Linien breit.

In derselben Weise nach links gewendet, die Linke auf die Brust gelegt, mit einem aufgeschlagenen Buche vor sich. Unterschrift:

Aeterna ipse suae mentis simulachra Lutherus exprimit At vultus cera Lucae occiduos.

Schönes Blatt, das den vielen Copien und Nachahmungen zum Muster scheint gedient zu haben.

Eine geringere Copie danach befindet sich auch in dem 1618 bei Paul Helwigen zu Wittenberg zusammen gedruckten Verzeichnissen der wittenberger und hallischen Heiligthümer.

Zu Nr. 188. Luther.

Die zweiten Abdrücke dieses von Heller Nr. 297 an=
geführten Blattes sollen die lateinische Ueberschrift haben:
„Viva imago Reverendi viri Doctoris Martini Lutheri
verae Evangelii Doctrinae Divinitus excitati instaura-
toris." Unten ein Gedicht von 36 Zeilen in zwei Co=
lumnen mit der Ueberschrift: Epitaphium inscultum
monumento D. Martini Lutheri." Am Schluß: „De-
cessit in patria sua Isleben, Anno a nato Christo
MDXLVI Du Februarii XVIII Anno aetatis suae
LXIII.

189ª) Dr. Martin Luther.

Gürtelstück in der bekannten Weise, nach rechts an
einem Tisch sitzend, worauf er ein verziertes, zugeschla=
genes Buch in beiden Händen hält, in einem pelzver=
brämten Ueberkleide. Das Zeichen des jüngern Cranach
ist über der rechten Schulter links unter einem Bogen,
in der Ecke 20 Disticha mit der Ueberschrift:

Disticha de vita et praecipuis rebus gestis viri
Dei prophetae germaniae, Domini Doctoris Martini
Lutheri, annorum numerus, quedam etiam diem
continentia.

Annus nativitatis 1483.

Natus es Islebii divine propheta Luthere,
Religio fulget, te duce, Papa jacet.

bis :

Annus, mensis, dies, hora et locus obitus 1546.

Nona bis obscura lux Februa constitit ortu,
In patrio ut moreris, clare Luthere, solo.

Darunter steht:

Optimo viro, D. Johanni Kestnero, amico et compatrio suo, Johannes Stolpius fecit etc.

189ᵇ) Derselbe.

Brustbild, ziemlich lebensgroß mit platter Mütze mit kleinem Nackenschirm, etwas nach links gewendet.

1 Fuß hoch, 10 Zoll 2 Linien breit. Ohne Zeichen.

Dieser schöne mit großer Freiheit und Sicherheit behandelte Holzschnitt ist sehr selten, sodaß ich denselben nur ein einziges Mal gesehen und für die weimarische Kupferstichsammlung acquiriren konnte. Es ist ein sehr charakteristisches kräftiges Bild Luther's und gewiß nach einer eigenhändigen Zeichnung oder einem guten Cranach'schen Bilde gemacht. Die Randlinien an den Seiten sind noch da, aber unten ist es scharf beschnitten, sodaß sie theilweise fehlt, oben ist das Blatt bis zur obersten Spitze der Mütze abgeschnitten. Wahrscheinlich befand sich oben in der Mitte eine Tafel, deren Seitenlinien bis hinter die Mütze reichen. Es läßt sich annehmen, daß dieselbe folgende Inschrift trug, welche links oder oben neben die Tafel geschrieben ist:

Martinus Lutherus anno aetatis 57. IACTA curam tuam in Dominum et ipse te enutriit.

194) Philipp Melanchthon.

Halbfigur in der bekannten Weise, etwas nach links gewendet, vor einer Brüstung, über welcher der Rockärmel liegt. In der Linken hält er eine Papierrolle, mit ber Rechten faßt er ben Prieſterroď unter ber Bruſt. Das gewöhnliche Zeichen bes jüngern Cranach iſt über ber linfen Schulter.

Ueberſchrift: Viva imago Clarissimi viri D. Philippi Melanchthonis Anno 1551.

Ein ſpäterer Abbruď als fliegenbes Blatt hat bie Ueberſchrift über einem ſechsunbvierzigzeiligen Gebicht:

„Grabſchrift bes Gottſeligen unb ᴴ̲ochgelarten ᴴ̲errn Philippi Melanchthonis, meiñes lieben Präceptoris unb Freunbe. von Johann Matheſius.

Ein ᴴ̲onigblum aus ſchwarßer erb,
Der Ehrenfron unb lobes werb u. ſ. w.

Gebruďt zu Wittenberg, burch
Lorenz Schwenf. ·
M. D. L. X.

Eine ähnliche Copie, etwas geringer, ohne Zeichen, von gleicher Größe zu einem lateiniſchen Leichencarmen von Laurentius Durehofer, 1560:

Carmen de morte clarissimi viri D. Philippi Melanchthonis praeceptoris et compatris sui perpetua reverentia colendi.

Plangite Pierides lacrymas o fundite
Musae
Lugete tristes Gratiae.
Luctibus indulge querulis orbata
fideli
Duce et parente Ecclesiae etc.

72 Zeilen.

3) Kupferstiche, Lithographien und Photo=graphien nach Cranach.

(Thl. II, S. 323—345.)

———

Kupferstiche u. s. w. nach Cranach.

38) Luther's Aeltern: Johann und Margaretha Luther.

Diese beiden Brustbilder sind nach Durchzeichnungen in der Größe der Originale in Holzschnittmanier von W. Müller in Weimar gestochen. Es gehören dieselben zu dem zweiten Heft der Nachbildungen nach Werken von Lucas Cranach dem Aeltern, herausgegeben von dem Verfasser, Weimar 1858. Großfolio.

Die Originale befinden sich auf der Wartburg. Man sehe darüber Thl. II, S. 125.

39) Kurfürst Johann Friedrich, von den vornehmsten Reformatoren umgeben.

Photographie nach einem angeblichen Cranach'schen Bilde, im Besitz des Earl of Craven, das sich bei der Ausstellung in Manchester befand.

In der Mitte steht der Kurfürst, ganz in der Weise wie er in dem sogenannten Berliner Stammbuch dargestellt ist (s. darüber Thl. II, S. 27 fg.); links hinter demselben steht Luther, rechts neben ihm Melanchthon.

Hinter dieser Gruppe bemerkt man noch sieben mehr oder weniger sichtbare Köpfe anderer Reformatoren.

In der untern Ecke links ist ein Kindbengel mit einem Papier, im Grund ist etwas Landschaft sichtbar. Die Größe des Bildes ist nicht angegeben.

Der allgemeine Eindruck ist der eines Cranach'schen Bildes, besonders wegen der Hauptfigur. Von den übrigen Figuren erkennt man sogleich Luther, der aber in jüngern Jahren, wie ihn die Porträts von 1526 zeigen, dargestellt ist. Auch Melanchthon erkennt man, obgleich er keinem der Cranach'schen Porträts, die ich gesehen, vollständig gleicht. Von den übrigen Köpfen habe ich keinen erkennen können.

Die Zeichnung, der Ausdruck entbehrt durchschnittlich der charakteristischen Schärfe, die man an allen Cranach'schen Bildern bemerkt; auch die wenige Landschaft erscheint nicht Cranachisch. Die Behandlung der Kleider, besonders des Kurfürsten ist ganz wie bei der Aquarell= malerei in dem erwähnten Stammbuch.

Nach alledem kann man schließen, daß das Bild ent= weder eine spätere Nachahmung ist, oder höchstens von dem jüngern Cranach herrühren könnte. Der Umstand, daß Luther in jüngern Jahren auf dem Bilde vorkommt, während der Kurfürst nach dem Berliner Stammbuch aus dem Jahre 1543 ist, spricht auch für eine Zu= sammenstellung nach verschiedenen vorhandenen Porträts. Die Anordnung erinnert an zwei Flügelbilder, die ich Thl. II, S. 88 beschrieben habe, und die sich früher in der Baumgärtner'schen Sammlung in Leipzig be= fanden.

40) Grablegung.

Wenig schattirter Kupferstich, Berger fec. 1819.

6 Zoll 10 Linien hoch, 5¼ Zoll breit.

Das Grab nimmt die ganze Breite der Höhle ein, vorn etwas nach rechts kniet mit gerungenen Händen eine der klagenden heiligen Frauen, vor ihr liegt die Dornenkrone. Nikodemus mit zwei andern, darunter Johannes, legen den Leichnam in das Grab, etwas zurück vier klagende heilige Frauen mit Maria, im Grunde links Joseph, der zu einer weinenden ältern Frau spricht. Der Ernst der Handlung, die Mannigfaltigkeit in Bewegung und Ausdruck der Trauer in sämmtlichen Personen ist sehr gut. Das Ganze macht vollkommen den Eindruck eines guten Cranach'schen Bildes.

41) Luther.

Gestochen von Berningeroth, mit dem sehr unbestimmten Zeichen und der Jahrzahl 1523.

Dieses Brustbild befindet sich als Titelkupfer in dem Werk: „Birchmeieri disquisitio historica de Dr. Mart. Lutheri oris et vultus habitu heroico Wittemb. 1750." Der Kupferstich ist gewiß nicht nach einem Cranach'schen Gemälde, am allerwenigsten nach einem aus dem Jahre 1523.

42) Luther und seine Frau.

Photographie nach den oben unter Nr. 63 beschrie-

benen, im Besitz der Frau Arnemann in Kiel befindlichen
Bildern, an denen man die Vortrefflichkeit der Zeichnung
recht deutlich sieht.

43) Cranach (angeblich).

5¼ Zoll hoch, 4¼ breit.

Porträt eines Malers, Gürtelstück, ziemlich von
vorn, mit kurzem Haupthaar und spitzem getheiltem Bart,
Palette und Pinsel in der linken Hand haltend. Das
etwas gemusterte Oberkleid ist mit Pelz ausgeschlagen
und hat stehenden Pelzkragen.

In einer schmalen Brüstung ist eingeschrieben: Lucas Kranach, und unter der Einfaßlinie steht ebenfalls
geschrieben:

Ich mahlte Luthers Bild, man schätzt es theuer und werth;
Auch mahlt ich Christi Bild man hat es oft begehrt:
Doch könnt ich Christum selbst Dir Freund in's Herze
                              mahlen
So wäre Bild und Kunst mit Gold nicht zu bezahlen.

Dem Costüm und der Zeichnung nach könnte es
etwa das Bild des jüngern Cranach sein, das man auch
in dem Holzschnitt (welchen Heller S. 305 als den
jüngern angibt) annehmen muß.

Nach der Ueberschrift ist es als solches bezeichnet
und auch in den folgenden lateinischen Versen ist es
wahrscheinlich, obgleich der Anfang mehr für Cranach
den Vater spricht.

44) Lucas Cranach.

Brustbild.

Radirung von August Lieber. 6 Zoll hoch, 5 Zoll breit.

Diese schöne Radirung ist von einem jungen früh-verstorbenen, talentvollen Künstler nach dem Porträt auf dem weimarischen Altarbilde. Es existiren davon leider nur wenige Abdrücke, da die Platte gleich wieder abgeschliffen wurde.

45) Derselbe.

Umriß nach einer Büste von dem Bildhauer Weiser, welche derselbe unmittelbar vor dem Altarbilde in Weimar für den damaligen Kronprinzen Ludwig von Baiern fertigte.

46) Derselbe.

Marmorbüste von Straube.

Diese Büste nach dem Porträt auf dem weimarischen Altarbilde von einem in Paris früh verstorbenen Künstler gefertigt, befindet sich im großherzoglichen Schlosse zu Weimar.

47) Maria-hilf-Bild.

Nach der in Passau befindlichen Copie des inns-brucker Originals. 1 Fuß 5 Zoll hoch, 1 Fuß 1 Zoll breit, größtentheils punktirt. Unterschrift:

Sancta Maria auxiliatrix
Passaviensis Miraculis clara.

Tu nos juvando Respice
Et nos ab hoste prolege.
Pestum famemque remove
Horaque mortis suscipe.

     Samuel Dworzak, sc.

    Suticii (Sc𝔠ütten𝔠ofen?)

      A. 1673.

———

E. Urkunden.

---

1) Urkundliche Mittheilungen, meist Rechnungen, aus dem herzoglich koburgischen Archiv, jetzt im Gesammtarchiv zu Weimar.

1501—1502.

1 ₰ (Heller) vor vier Muster des Hofgewands Hat mein gnädiger Herr pfleger malen lassen.

— Botenlohn, die menlein zur Sommerkleidung nach Nürnberg zu tragen. 1508/9.

1. fl. Lucas malern von den zween aposteln peter vnd pauls Bilden vfm Schlosse zu Renouiren.

Schloßbau Torgau.
1536 und 1537.
Cantate.

ɣɣɣ gulben Meister Lucas Cranach von den ben breien Speren am Haußmanns thurm zumalen vnd vorgülben.

rlix gulden iij gl. Idem von Lxxxrj kneuf auf die gibel
Zumalen vnd vorgülben. von Iglichen xij gl.

iiij gulden Idem von dem groffen kneuf vfs Haußmanns
thurm zuvorgülben Solch gold ift Alles fein gewefen.*)

ijEiiij gülben Lj Buch feingolt von Leipzk geholt bey
Wolfin Brennßdorff vnd Caspar Woleftblachen Iedes
Buch vor iiij gulden. Solch goldt hat Meifter Lucas
zu den Stuben vnd Rofen Auch am feinwergk fo vor-
gülbet vorpraucht laut feiner vbergeben Zedeln.

Summa Lateris ij C Lxxxvij gulden iij gl.

viij gulden xij gl. vf feine perfon Maler gangen. Der
wirthen nach Laurenty Im 35. Alß meifter Lucas hat
Angefangen zumalen / koft vnd Lhon vnd fchlaftrank /
Nemlich.

i gülben Hans Abel
v fl. Franz Zubereiter
v fl. Lucas Mercker
v fl. Hans Steter   } lhon
v fl. Iobft   „
v fl. paulus   „

v gulden die koft vor Ide perfon

ri gl. feine perfon

rij gl. fchlaftrank / vor die perfon xvj ₰.

rcvij gulden r gl. vf rj perfon rvj wochen von Affump-

---

*) In den Rechnungen über den Schloßbau zu Torgau kommt
noch folgender Anfatz vor:

rrrvj fl. Lucas mhalern vor zwhey vnd zwhentzig Schießfenftern
zwheyen thoren auff dem whall grun anzwftreichen auf Befel
des hawptmans laut des Lucaffen Hantfchrifft vnd vbergebene
zettl. Hat zuvor In dem vhorige Regifter auch rvj fl. entpfangen auf r vhenftern vnd eine thur.

tionis marie biß vf Nicolai / Ist Im wochentlich
xij fl. xv gl. zu kost vnd Lhon gangen Nemlichen
   Lat. ijCvj gulben.

vj gulben kost

vij gulben Lohn   } ... woch

xv gl. schlaftrunk

Dorunder Zwen Jglichen ein wochen

ij fl. zu Lhon

Einem 1 fl.

Die Anderen zu 8 fl.

   Dorunder Einer so ij fl. die wochen zu lohn gehabt
   iij wochen nicht gearbeit, Farb, kost lhon schlaftrunck
   vj fl. v gl. 4 ₰.

xl gulben vj gl. vff seine person vier wochen von Nicolai bis vfs Neu Jahr des 36. kost Lhon und schlaftrunck gange.

     Nemlichen

v gulben kost

v gulben Lohn für Wochen

xij gl. Schlaftrunck.

sechß person haben Lhon Entpf,

Dorunder sein zwen son Jglichen ij fl. die andern
   Jglichen j fl.

Meister Lucas sampt zwen lehr knaben haben nicht lohn
   Entpfangen.

     Lat: xl gulben vj gl.

xxj gulben Ambrosio Silberbart vff xxj wochen ein Zubereiter / hat sich selbst bekostiget Jgliche wochen 1 fl.

j gulben xj gl. vij ₰. vor Licht geben Ehe die licht
Arbeit angangen vor sant Lucas tag.

xv gulden xij gl. iij ₰. vor licht geben von sant Lucas
biß vfs Neu Ihar. xj wochen.

x gulden vij gl. für xxix füber Holtz zuprennen.

Farbe.

Lviij gulden vor xxxviij ℔ plaw Ides ℔ vor ij fl. zu
der salstuben

xxij gulden vor xliij ℔ gering blaw das sie zum Ersten
haben Angestrichen.

    Lat. j C. xxvj gulden xx gl. iiij ₰.

Lxvj gulden vor xliiij ℔ Blaw Das ganz Hauß Auß-
wenbig vnd Inwenbig vnd die tücher Anzustreichen.

x gulden vj gl. für xij ℔ plaw Zu der Hofstuben.

xx gulden für xxx ℔ Lack Aber Leipfarb zu der großen
stuben vnd Allenthalben.

xiiij gulden für xiiij ℔ schiefer grün.

v gulden für xviij ℔ bergk grün.

iij gulden für xxx ℔ pletzgel.

ix gulden für ix ℔ Indisch weit blumen.

ij gulben für j Centner Ocker gel.

iij gulben für vij ℔ Zehnober.

j gulden für j ℔ guten firnus.

vj gulben für xxiiij ℔ gering firnus.

iij gulben vj gl. für Lx ℔ leinöl.

ij gulden für xl ℔ mennig.

iiij gulben für xxviij ℔ Blehweiß.

    Lat. jCxlviij gulden j gl. vj ₰.

v gulben für xl ℔ kesselpraun.

ij gulden für iij Centner Creiben

xviij gulden für iij Centner Lehm j gulden ix gl. für
  1 butten vol Carlof Rham

xvj gulden vor vij C. Rosen vnd Flammen zu drucken
zu Wittenbergk von oßwalt schnitzer vf papir.

iij gulden von Lxx Rosen zu vorgulden gen grym (Grimma?)
geschickt worden Alba zuvorgulden.

xij gl. von den Rosen gen Grim vnd herwider zutragen.

xvj gl. für Nagel damit man die Rosen hat aufge=
schlagen.

xx gl. für iij scheffel mel die tücher damit zustercken.

j gulden xiiij gl. ij tücher zu nehen.

xvj für die Holtz tafel Doruf das Euangelium von der
Ehebrecherin gemalt zu wittenbergk gemacht.

    Lat. xlix gulden iij gl.

Maler.

ij gulden xviij gl. von drey fuhren gen Wittenberg die
Ihm Zeug geholet.

j gulden ix gl. für v Bothenlhon gen Leipzk die Im golt
vnd farb geholt.

j gulden ix gl. für vj Bothenlhon ghen Wittenburg die
Im Zeug holeten.

xviij gl. furlhon von Grim haben meister Caspar vnd
sein schwager Anher gefurt.

xvj gl. vor die tafel vnd das futter zumachen Doruf der
Lazarus gemalt.

vj gulden xv gl. ix ₰. Meister Lucas selb ix zu kost
ij wochen vom Neuen Jahr biß vf den Dornstag nach
trium Regum von Jder person Ein wochen xj gl.
Nemlich Meister Lucas zwen son zwen Lehrknaben
franz pauel Jobst vnd Mercker.

viij gulden vf sechß person die ij wochen zu lohn. Nem=

lich seinen zwen son Jedem ein wochen ij fl. die Anderen vor Jden 1 woche rj gl.

Lat. rrj. gulden rij gl. iij ₰.

rviij gl. vf die ir person schlaftranck von der person rvj ₰.

ij gulden Jst Auf dem Silberbart zu Cost vnd Lhon gangen die ij wochen.

i gulden viij gl. für iiij Fuder Holtz.

i gulden v gl. rj ₰. für rir ℔ licht.

rrrviij gulden Auf vj perßon vj wochen zu Lhon gangen lauts seiner Zedeln vom Dornstag nach trium Regum biß vf den Dornstag nach Esto mihi.

v gulden steffan Maler v wochen die wochen i gulden.

v gulden v gl. iij ₰. Meister Caspar von Grim iiij wochen die wochen ij fl.

ij gulden v gl. iij ₰. dem Alexander v wochen Die wochen i fl.

vj gulden Franz Malern für Betgelbt rrrj wochen.

r gulden vor die zwo tafeln Jn die Salstuben Maria Bild vnd Lucretia hat Er zu wittenbergk gemacht.

Lat. Lrr gulden r gl. rj ₰.

Farbe.

rrrvj gulden für ir buch feingolbt Jedes vor iiij gulden.

iiij gulden iiij gl. iij ₰. für iij stein lehm den Centner vor vij fl.

i gulden riij gl. für Lehmleder vom Weißgerber Erkauft.

rvj gl. für Mennig.

rriij gulden fer rv ℔ das best blaw 1 ♄ vor ij fl.

rij gulden für rij ℔ blaw 1 ♄ vor i fl.

riij gulden für rrv ♄ Blaw das man zum Ersten hat Angestrichen.

ij gulden für ij ℔ Indich.

iij gulden für ℟ ℔ Bergkgrün.

iiij gulden für iiij ℔ Schifergrün.

ij gulden für jo ℔ zinober.

oj gulden für oiij lack.

j gulden für ℟ ℔ pleygel.

ij gulden für ℟iiij bleyweiß.

ij gulden für ℟j ℔ kesselpraun.

    Lat j C.℟ gulden j gl. i℟ ♒.

℟oiij gl für oj stein kreyben

oiij gl. für ℟ij ℔ ockergel.

℟ij gl. für iij ℔ Aberwergk.

℟o gl. für die Son In Hertzog Heinrichs kamer

o gl. dem Boten der sie von Wittenbergk her getragen.

℟oj gl. für die rundten Bogen die außwendig ober der
    salstuben stehn.

℟i℟ gl. dauon her Zuführen.

ij gülden ℟ij gl. für ℟℟oj Ein olmer leynwath Ein eln
    für ij gl. doruff Christus vnd der babst gemalet In
    die salstuben.

℟iiij gl. dem Tischer von denselben Leisten darauf die
    tuch gezogen sind.

j gülden ℟oiij gl. für ℟℟oj Ein Leinwath Doruf die
    ℟℟oj wappen In die gewehr stuben gemalt.

℟℟oj gl. dem Tischer vor dieselben Leisten zumachen.

℟o gl. für Klein vnd grosse negel.

    Lat. ℟j gulden ℟ gl.

j gulden oij für Dopff vnd für Tigel.

iiij gulden j ♒. für Licht oij wochen Ein Woch oiij ℔ licht.

℟ij gl. Meister Caspar von grym zu zehrung vnd furshon.

Sontag nach Michaelis.

xx gl. Meister Lucas für ij ℔ plaw dem tüncher zu den
Bencken In der stuben des gefirten thurm daran die
genealogie stehet.

iij gl. Idem für j ℔ pleigel den tunchern oben Im ge=
firten thurm.

ij gl. viii ₰. für ij ℔ mennige.

xj gl. Idem für j ℔ schen plaw dem tischer zu den
Bencken.

Summa Lat. vjj gulden ij gl. ix ₰.

Sontag nach Galli.

xx gulden Meister Lucas Cranach von wegen Meister
Casparn von die kamin Im gefirten thurm zu malen.

Sontag nach Simonis u Jude.

xv gl. ix ₰. Ambrosius Silberbart Ein wochen zu thun
Um kneuf zuvorgulden uf den runbten thurm.

v gl. Idem ij tag An den stulen Zinnerlen besel
meister Cuntz.

ij gulden ij gl. für Ein halb Buch gold das sein ge=
wesen daran Ich Ihm wider von gold Eines Buchs
so mir meister Lucas gesant vnd Ich Ihm noch schul=
big xl gl. werth vorgnugen sal.

Sontag nach Catharine.

ij gl. Idem von dem knauf zuvorgülden Auf dem clein
Wendelstein.

Summa lateris xxiij gulden iij gl. ix ₰.

Sonntag nach Lucie.

xxx gl. Ambrosius Silberbart für das vbrig golt zu den
vier knauffen off den Runbten thurm./ Darzu Er ge=

hapt Ein Buch vnd iiij plat / Jst meister Lucas ge=
weft für Liij gl. das Anber hat Er barzu Abbirt.

Sontag nach Ehrharbi.

iij gulden vij gl. Ambrosio Silberbart für iij C. blat golt
zu den kneuffen für jCxxviij gl.

j gulden vj gl. Jbem von ix knauff zumahlen vnd vor=
gulben von Jbem iij gl. beh seiner kost vnb farb.

j gl. Jbem von ben zweien wappen An die kamer Wagen
Auß zu streichen.

Suma lateris vj gulden ij gl.

Summarum Maler Arbeht
• Macht
jᵐ jᶜ gulden xiiij gl. iij ₰.

Schloßbaw Torgaw,
1538 beschlossen.

Außgab Maler Arbehtt
1537.

Letare.

vj gl. Euftachius Maler von der Thür Jm offen gang
zu Mahlen.

Jubilate.

iiij fl. Hanßen Cranach für Ein Buch feingolbt Jst
komen zu ben kneuffen des Ronbten Thurm.

iiij gl. Ambrosio Silberbart vor den Trachenkopf zuvor=
gulben ober bem offen gang.

ij gl. Jbem von bem tuch Jm Runbten thurm wie der
geholffen anzuschlaen.

j fl. ro gl. ir ℔. Hanßen Cranach für 1 ℔ iij virtel
blaw den tifchern zu den bencken.

Sontag nach Crucis.

r gl. Ambrofio Silberbart von dem Trachenkopff zuvor=
gulden vnd die Rynnen zumalen von feinem golt
vnd farb.

Summa lat. vi gulden rvj gl. ir ℔.

Sontag nach Crifpini.

ij gl. dem Silberbart vor den Rynnen fo erlengt wor=
den wider zuferben mit feiner farb.

Sontag Martini.

v gl. Idem von dreien ftücken Rynnen grin anzuftreichen
fo erlengt worden.

Lat: vij gl.

Summa Summarum farb
vij gulden ij gl. ir ℔.

Ausgab Maler Arbeytt.
1538.
Mifericordia Domini.

rro gulben Frantzen Zubereiter vnd Hanfen Rentz Maler
haben von Oftern an des rrrvj Jahr biß vf Burckardi
macht rro wochen aufm faal angefangen vnd am
Wendelftein fonften hin vnd wider gearbeit Iglichen
ein wochen j fl.

rrrij gulden Hanfen kranach Meifter Lucas fohn
hat rri wochen gearbeit die wochen ij fl.

viij gulden vij gl. Alexander feinem knaben rrv wochen
Ide wochen vij gl.

ȥ gulden Baſtian Maler der hat gearbeit iij wochen mit Fleiß biß vff michaelis.

iij gulden Steffan Maler von Wittenberg iij wochen gearbeitt.

    Suma lat. lȥȥvij fl. ȥvij gl. vj ₰.

iij gulden Meiſter Oßwalt hat auch iij wochen gearbeit.

ij gulden dem Silberbart Auch iij wochen.

jv gulden Meiſter Lucas ſohn Lucas kranach iij wochen gearbeit.

iiij gulden Dictus hat gearbeit viij wochen.

    Item was vor Zeugk darauff gangen von oſtern biß vff Burckhardi / auch was Meiſter Baſtian zu der kamer vorthan hat iſt alles meiſter Lucaßen geweſen.

    Volget ſtuckweyß.

ȥij gulden ȥiij gl. für Ein Zentner iiij ſtein Leym den Zentner für vij fl.

viij gulden für viij ℔ ſchifergrün.

ȥiiij gulden für ȥȥȥv ℔ ſchen Bergkgrün iij ℔ für 1 fl.

1 gulden vij gl. für iiij ℔ grunſaft.

iiij gulden für ȥȥjv ℔ bleyweiß

ij gulden für jv ℔ ȥynober.

    Lat.

ij gulden für ockergel.

v gulden für v ℔ waiplaw.

iij gulden für ȥȥij ℔ bleygel.

iij gulden für ȥij ℔ keſſelpraun.

ȥiiij gulden viij gl. für ȥiȥ ℔ Lack 1 ℔ für iij gl.

Lȥȥviij gulden für lij ℔ ſchon plaw j ℔ für ȥi fl.

ȥȥȥviij gulden für lȥȥvj ℔ plaw das man zum Erſten anſtreicht.

                    18*

j gulben ix gl. für zwen centner treiben.

iij gulben x gl. für lo ℔ lehnoel j ℔ für xvj ₰.

iiij gulben für xviij ℔ firnus.

iij gulben für liij ℔ minnige.

iiij gl. für polirminnig zum golt.

xvj gl. für xxvj kan khn Ruß

j gulben ij gl. für farb tigel vnd topf.

j gulben iiij gl. für borsten vnd fuchsschwentz pinsel dar-
auß zu machen.

    Lat. farb jᶜ lvj fl. vij gl.

**Ausgab für Golbt Im saal vnd wendelstein
Auch knopf vnd Wappen am stock.**

jᶜ xxviij gulben für xxxj Buch fein golbt Ihn eins für
iiij fl.
    Was Meister Lucas zu wittenbergt gemacht hat
    folget.

xxiiij gulben für die zwey tucher do Christus Himel-
fart vnd des Babsts hellefart In der Salstuben off
gemalet ist.

iiij gulben xv gl. ix ₰. für ein stück vlmer Goltzsch darauff dieselben tucher gemalet.

v gulben für Hertzog philips von Braunschweigk kuntra-
fei vfm saal.

v gulben für des Bischoffs von Cöln Contrefej.

xvj gulben für die zwen keyser otto vnd Sigmunden
offn saal.

iij gulben für ein stück Czeller Lehnwat darauff sie ge-
gemolet sein.

    Summa Lat. facit
        jᶜ lxxxj fl. v gl. iij ₰.

Stam Stuben.

Lxxx gulden für den ganzen Stammen find xj tucher ge=
gewesen In der stammstube.

xiij gulden xv gl. ix ₰. für drei stuck Vlmer goltsch dar=
auf der stam gemalet ist.

iiij gulden xj gl. für xix sonnen waren gar zugericht zum
vergulden in die stamstuben.

j fl. ix gl. für die anderen xx große Rosen auch in der
Stamstuben.

Volget was vf die Fuhrn gangen Inn xxxvj Jar.

xij gl. Furlon da Meister Lucas vnd seine gesellen gen
torgau gefaren am Oster montag, Da sie vfm saal
angefangen zu arbeiten Alda man Im die außlosung
gegeben vnd darnach nicht mehr.

Summa Lat. facit

jᶜ gulden vgl. ix ₰.

xviij gl. furlon Meister Lucas anher gefurt Alda in gn.
H. Im angeben was Er vor pfingsten machen solt
iij tag bald darnach.

ij gl. viij ₰. Losung zwo nacht Vf Ein Pferd viij ₰.

xij gl. Furlon die baide kaiser otto vnd Sigmunden
Anher gen Torgaw von Wittenburgk zufuren.

xvj ₰. Losung vff ij pferd.

xij gl. Furlon Meister Lucas gesellen nachdem der sal
fertig wider heim zufüren Abwesens Vnsers gn. H.

xvj ₰. Losung j nacht.

xij gl. furlon hat Meister Bastian der die kamer m. g.
Jungen freulein zu pommern xx gemalet mit Einem Kna=
ben anher zufuren.

xvj ₰. Losung j nacht.

rviij gl. Furlon iij tag die wochen nach Margarete.

ij gl. viij ₰. Losung.

Summa Lateris facit iij fl. rviij gl. iiij ₰.

rij gl. Furlon Meister Lucas son Lucas hat den stammen anher gebracht.

rvj ₰. Losung.

rij gl. furlon hat Meister Lucas sampt seinen gesellen wider heimgefurt Vnrckolbt

rviij gl. drey Bothenlohn gen Leipzig hat golb geholt.

vij gulden riij gl. schlafgelbt vf ein nacht ein person ij ₰. von Ostern biß vf Burckharbi Inclusis Meister Bastian vnb sein knab.

Volget was Meister Lucas gemalet hat In dem rrrvij sten Jhar.

rrrv gulden rv gl. für das tuch an der Decke der Spigel stuben an 30 gulden gl. zu 25 gl.

v gulden für die Leynwat zu der Deck.

ij gulden für viij Rhamen darauf dasselb tuch gemalet.

Summa Lat. facit lij fl. viij gl. iiij ₰.

v gulden rviij gl. für das golbt oben herumb In der Spigelstuben.

iiij gulden Ist vff panel Rhß / Hans Rentz vnb Bartel Maler gesellen gangen drei wochen lang Nemlich zweien gesellen Jrem j fl. j wochen vnb dem knaben vij gl.

j fl. iij gl. Meister Lucas Ist iiij tag Alhier gewesen mit zweien pferden furlon als Er dieselbigen tücher gebracht.

v gl. iij ₰. Losung iij nacht.

Ronbte Stuben gegen der Elb.

rrrvj gulden für das Brustgetefel rviij Stück Ihn ein stuck für ij fl. daran sind die fürsten Contrafet.

xij gulben für xij tafeln auch zum Bruſttefel.

iij gulben für die Unſſen vnd Inwenbig.

liiij gulben für xxxvj fürſten mit Jrer oberſchrift von Jglichem ij fl.

    Summa Lateris jᶜ xvj fl. iiij gl. x ₰.

ix gl. ber furhman vorzehrt ber bas Bruſtgetefel anher gefurt.

x gulben xiv gl. ix ₰. für ij Stuck Ulmer goltzſch barauf bie fürſten gemalet.

xx gulben für bieſelbigen Deck zu Malen waren xxiiij Rhamen.

iiij gulben xij gl. für bieſelben Rhamen bem tiſcher hat bas holtz zu wittenburgk barzu geben.

ix gulben xiij gl. j ₰. j Hl. für zwey ſtück Leynwat zu ber Decken.

vj gulben für iiij Buch Zwißgolbt zu bem Bruſt tefel In bie kalaunen.

1 fl. xv gl. für bie groſſen Roſen In bieſelben ſtuben an ber Deck.

ij gulben xviij gl. für bie klein roſen zu Wittenburgk gar auß gemacht zuvorgulben.

xxvj gulben ſinb vf v geſellen gangen ix wochen pauel / Hans / Jobſt / Marx vnb ſilberbart. einem Jeben j fl. vnb von bem knaben vij gl. hat als vil gethan als Ein geſel.

    Summa Lateris facit Lxxxj fl. viij gl. x ₰. j Hl.

ij gulben xvij gl. ſchlafgelbt bie ix wochen von Jeber per=ſon ij ₰.

vj gulben Meiſter Lucas ſohn Lucas vier wochen zu lhon Jebe wochen ij fl.

Item was für Zeugk darauf gangen.

iiij gulden viij gl. für iij ſtein Lehm 1 ſtein für 1 fl. ix gl.

xv gulden xv gl. ix ₰. für xj ℔ ſchon blaw 1 ℔ für ij fl.

iv gulden für ix ℔ Blaw zum Erſten mit anzuſtreichen.

j gulden vij gl. für iiij ℔ grünſpan.

ij gulden für ij ℔ waitplaw.

j gulden für ij ℔ j Vtel Zinober.

xij gl. für xij ℔ Minnich.

xiij gl. für vi ℔ pleigel.

ij gulden für vj ℔ keſſelbraun.

xviij gl. für vj ℔ blahwehß.

 Summa lateris facit xlj fl. v gl. ix ₰.

ɉ gulden für ij ℔ grünſaft.

iij gulden für ix ℔ Bergkgrün.

v gulden für v ℔ ſchifergrün.

ij gulden für ij ℔ Lack.

1 gulden für iiij ℔ Firnus.

viij gl. für ocker gel.

ij gulden für ſogſchweintz Borſten zu pinſeln vnd farb-
tigel topfen.

j fl. iij gl. Furlohn iiij tag do meiſter Lucas den geſellen
nach torgaw hat fahren laſſen Viij tag nach Oſtern.

iiij gl. Loſung iij nacht.

 Freitag nach Exaltationis Crucis hat Meiſter Lucas die zwen wepner vfm ſchif gen torgau fahren laſſen.

xxvj gl. denen geſellen Zerunge mit geben vnd ſind zwen
alhie bliben.

1 gulden Meiſter Oſwalt geben hat ſie ſollen ſetzen, ſo
ſind ſie nicht fertig geweſen.

 Summa Lateris facit xvj fl. x gl.

1 fl. ix gl. furlon v tag hat Meister Lucas gen Torgaw
vnd Lochau gefurt.

v gl. iiij ₰. Losung.

1 fl. ix gl. Furlhon v tag bo Meister Lucas vnd Meister
Oßwalt sampt seinen sohn Lucas mit Einem gesellen
gen torgau gefurt.

v gl. iiij ₰. Losung.

1 fl. Meister Oswalt zu lhon hat Er noch mehr an ku=
reser gearbeit.

xj gulden Ist auff die zwen zu lhon xj wochen.

iiij gulden Silberbart zu lhon.

viij gulden Mennen Sohn lucas v wochen von Vrsule
biß sonnabent nach catharine.

iij gulden Jacob abel v wochen.

ij gulden ix gl. bem Silberbart geben von den Rosen
klein vnd groß bey seiner kost zuvorgulden In Hertzog
Georgen Stuben.

facit.

Summa lateris xxxj fl. vi gl. ij ₰.

Zu Wittembergk gemacht in Hertzog Georgen
Stuben.

xx gulden für dieselben tucher an die Decke sind xx rahm
gewesen.

ix gulden x gl. für zwen baln Lehnwat Luckisch 1 stück
für iiiij fl. v gl. In Hertzog Georg stuben.

Item was ben summer vf katharine vorgulbet,
knopf, Rosen klein vnd groß In das clein
stüblein vnd allenthalben.

Lxxxvij gulden vij gl. für xxj buch feingolbt vnd iij^c blat.

Zeug verpraucht von Crucis biß her.

Nemlichen.

ijc fl. viij gl. für jv ℔ schon plaw.

iiij fl. für viij ℔ blaw das man Erstlich anstreicht.

ij gulden vj gl. für 1 stein ziiij ℔ leym.

    Lat. jᶜ zziz fl. zv gl.

ij gulden für ij ℔ Schifergrün.

j gulden für iij ℔ Bergkgrün.

j gulden für j ℔ zinober.

iz gl. für ziiij loth Indich.

vij gl. für vij ℔ menich.

zj gl. iij ₰. für jv ℔ bleigel.

zij gl. für iiij ℔ bleywehß.

iij gl. für oger gel.

j gulden für ij ℔ kesselpraun.

vij gl. für 1 ℔ saftgrün.

ij gulden vij ₰. für iij ℔ lackmus ¼.

viij gl. für ein Buch gros Regal papir.

1 gulden iij gl. furlohn iiij tag Hat meister Lucas herauf gefurt do er die kuresser setzt und hat seine gesellen mit heym gefurt.

iiij gl. Losung.

1 gulden zviij gl. schlafgeld / zwen zj wochen, vnd zwen v Wochen.

    Lat.

zliz gulden z gl. vj ₰. Meister Oswalden zu schneiden von den zweien kuressern zzziiij wochen Jhn ein wochen 1 fl. vnd j fl. die woch In die kost.

1 fl. zij gl. für das Vespertrincken 1 tag für ij ₰.

zj gulden zij gl. für das Blech vnd Macherlon vom Latern Macher.

rv gulben babon außzufaſſen.

ir gulben vij gl. für vij C plat feingolbt zum panir vnb
ſchilt zuvorgulben.

1 gulben iij gl. bem cleinſchmibt.

ir gl. für bie zwen ſpieß bem tiſcher.

rviij gl. bem Zcymmerman ber ſie auß bem grobſten ge-
hawen.

1 fl. rvij gl. für bie zwo kethen zu ben zwen kuriſſern
am wenbelſtein bem goltſchmibt.

1 fl. vij gl. für hunbert plat feingolt zu vorgulben.
    Lat.

> Folgenbt ſtuck nicht zum Baw gehörig vnb boch
> mit zugegeben zu berechnen / Gemacht in bem
> 35. 36. 37. 38. Jhar.

r gulben für bie großen brey Churfürſten hat man hin-
weg geſchickt auf Einen großen tuch Manß groß.

rr gulben für zehen tafelen von Oelfarbe hat M. gn. H.
ber Churfürſt bem Hertzog von pomern geſchickt. Nemlich Hertzog Friberich, Hertzog Hans Churfürſten ſeligs
gebechtnus, ber von Anhalt bie zwey Frewlein, Herzog
Hans Ernſt vnb bie zwen Jungen Hern M. g. H. ſohn r.

bj gulben für M. gl. Ch. ben Churfürſten Contrafet Jm
Braunen cleibt Jſt Er wilhelm von pappenheim worben.

bj gulben für bie brey churfürſten, M. gn. H. Biſchof
v. Coln vnb Marggraff Joachim, iſt in bie Locheſche
Haibe kommen.

    Summa facit rlij fl.

r gulben für zwen ſchliten von Oelfarben gemacht vnb
ſechs geiſſel ſtecken.

rrrvj gulben für rviij Rote becken Jbe zu ij fl.

iiij gulben für viiij Sacktücher.

xx gulben für iiij seiben Decke.

xx gulben für bie Mummerey, der Babst mit ben Car-
binäln vnb Bischoffen mit aller Zubehörung.

ij gulben für bes Lanbtgrafen Wappen zum Turnir.

1 gulben iij gl. für bes Lanbtgrafen ebelleuten wappen
Auch In turnir, hat M. g. H. befolen zumachen.

       Nemlich

    Hennings von Bortfelbt

    Burckhart Raw

    Cunrab Dite vnb

    Lubolf Rauscheplat

1 gulben für Hertzogs Moritz wappen In Turnir

    Summa Lat. facit xiiij gulben xiij gl. vj ₰.

x gulben für Marggraff Jorgen vnb sein Gemahel Contrafet vf tuch auff ben saal zu Torgaw.

x gulben für Hertzog Ernsten zu Braunschweigk vnb
Hertzog Moritz zu sachsen.

ix gulben für bie brey grosse wappen gen Zerbst vnb
Braunschweig bas Drit ist noch Im vorrat.

iij gulben für viijᶜ wappen zu brucken bie man an bie
Herberg schlegt.

vj gulben v gl. bavon zu malen Ihr eins vor ij ₰.

xxviij gulben xij gl. für bie zwo tafeln bie M. g. H. bem
Kunig zu Dennemargk geschanckt zu Braunschwigk an
xxiij thaler.

viij gulben für ij tucher barauff bas New schloß zu torgaw gemalet ist mit bem Hirschgewehhe.

xvj gulben xiiij gl. für xxviij vorgult knopf an zwen wagen.

    Summa Lat. facit xᶜj gulben x gl.

iij gulben iij gl. furlon zu wehnachten ba Marggraf
Georg hie war xj tag mit Zween pferden.

ₓiiij gl. iiij ₰. Losung ₓ nacht.

ₓviij gl. Furlon mit zween Pferden iij tag nach Wei-
nachten hat Meister Lucas iij gesellen die Leuchter vfn
sal zu machen anher geschickt ward wider abgeschaft /
hat Er deshalb wochen lohn geben.

1 gulden vj gl. viij ₰. schlafgeld aber wochen lon.

ij gl. viij ₰. Losung.

j gulden ₓv gl. Furlon mit ij pferden vj tag montag
nach pauli bekerung vf Her Hans von Mhngkwitz Hoch-
zeit vnd vf die sambstag wider weg gefaren.

vj gl. viij ₰. Losung.

iiij gl. viij ₰. schlafgeldt vf vj person.

Summa Lat. macht vij fl. vij gl.

Sontag nach Mathei.

ₓv gl. Brosio Silberbart hat dieß vorgangen wochen an
der Deck Im frauen Zimmer gearbeit.

iij gl. Idem j tag den sambstag vor diesen vorgangen
Wochen Angefangen.

Sontag Michaelis.

ₓv gl. Brosio Silberbart hat die vergangen wochen an der
Decken gearbeit baiderseits des frauenzimmers.

vj gl. für j virtel Blaw.

Sontag nach Francisci.

ₓv gl. Idem hat die vorgangen wochen an der Deck so
wandelbar worden gearbeit vnd an den Capteln des
Drons.

Sontag nach Dionisy.

ₓv gl. Brosio silberbart hat die vorgangen wochen an
der Decke gearbeit.

Summa Lat. facit iij fl. vj gl.

viij gl. Brosio Silberbart hat iij tag an der columna des Drons gearbeit.

iiij gl. für die goltfarb.

iiij gl. für Blaw.

xxviij für Golb.

ij gl. für j ℔ Leynoel.

vj gl. Brosio Silberbart von dem Korkasten Mit Blaw anzustreichen sampt dem oel für arbeit vnd farb.

ij gulden iij gl. Idem von xv Rhamen anzustreichen vfm sal vnd Frauenszimmer daruf die fursten sind gekon= trafet / blaw schwarz vnd mit rößlein an der seiten von Iglichen iij gl. befel küchenmeisters Wenzel stubenheisser.

iij gl. Brosio Silberbart für Blawfarb zum Captel vnder dem offen gang an des haußmans thurm.

Außgabe Maler Arbeit.

1535.

Sontag nach Elizabet.

xxiiij gulden Eustachius Maler von dem thürmlein gegen die Brücken vnd des Haußmanns thürmlein Grün an= zustreichen von Idem xij fl.

1 gulden v gl. Meister Lucas Maler von dem großen Messen Bild außzupoliren.

1 gl. davon zutragen.

x gulden Eustachius Maler von dem thürmlein gegen dem Fischerthor grün anzustreichen.

    Lat. vb Summa Maler Arbeit xxxv gulb, vj gl.

1545.

Es ist meister Lucas den Montag nach Bonifatii zu Thorgaw ankomen vnd hat die thucher zu den Decken

In f. Churf gnaden stuben gemacht vnd zugericht, mit=
bracht vnd ben Dinstag in der gewelbten Thurmbstuben
die rosen antzumachen, angefangen.

Augsburg 1552.

Nachvolgende tucher vnd conterfectung seint meister
Lucas maler, den j maj alhie zu augspurgk vff bevhelch
meins gnebigsten hernn bezalt worden nach lautt seiner
bekentdnus,

xix fl. — gl. — ₰. vor sieben tugenden seint vff thu=
cher gemach.

xv fl. vor drey wildt paltze so mein gn. Herr nach
wolffersborff geschickt.

xv fl. vor einen wildtpalz sambt einem Zaun vmbfangen
hengt noch in meins gn. Herrn stubenn, idem.

xv fl. vor ein thuch, damit mein gn. Herr ben Duce
Dealven*) vorehrt.

v fl. vor eine Contrafectung dormit mein gn. Herr in
gleichem ben Duce Dealuen vor erhtt idem,

v fl. vor eine Contrafectung so m. gn. Herr seiner furst=
lichen gnaden gemal geschickt.

v fl. vor ein Contrafectung so m. gn. herr Docter achillis
geben, idem,

v fl. vor eine Contrafectung welche m. gn. herr noch in
irer stuben hatt hengenn.

iij fl. vor eine Contrafectung so m. gn. herr seiner wirt=
tin Ulrich (Welser) Zu augspurg geben, idem

ij fl. vor eine Contrafectum welche m. gn. herr bem gu=
lischenn (jülichschen) hoffmeister geben.

---

*) Wahrscheinlich Duc d'Alba.

2) Briefliche Mittheilungen.

Schreiben des Landgrafen Philipp zu Hessen an den Kurfürsten Johann Friedrich zu Sachsen.

Vunser freundtlich dinst vnd was wir liebs vnnd guts vermugen jederzeit zuuor hochgebornner furst freuntlich lieber vetter vnd Bruder   Wir habenn E L vun vnns bey jegenwertig gethanes schreibenn mit vberschickung der abconterfey des Hauses wolffenbuttel vnnd vnnserer daruor gehabten läger : durch meister lucassen gemacht enntpfanngenn : Bedanckenn vnns solcher zugeschicktenn abconterfey Jegenn E. L. gannz freundtlich : vnnd sindts jegenn derselben : dero wir ann das zu freunntlicher vnnd vetterlicher wilfarung geneigt freundtlich zuuerglichen willig   Dato Furstenberg denn 14 tag Decembris Anno xxxij.

Philips vonn gots gnaden Landgraue zu Hessen Graue zu Catzenelnpogen.

Entwurf eines Schreibens des Kurfürsten Johann Friedrich zu Sachsen an den Herzog Moritz zu Sachsen, gegeben zu Torgau, Mittwoch in den Weihnachtsferien 1543.

Zu diesem Schreiben, welches von Briefen der Bischöfe zu Meißen und Merseburg an Herzog Heinrich den Bösen von Braunschweig handelt, die nach Eroberung

Wolfenbüttels dort gefunden wurden und verrätherische Plane gegen Herzog Heinrich zu Sachsen, den Kurfürsten und das ganze Haus zu Sachsen enthalten, hat der Kurfürst einen eigenhändigen Zusatz gemacht, den ich nicht entziffern kann, dessen Inhalt aber aus der Antwort des Herzog Moritz zu entnehmen ist. Diese Antwort ist gegeben zu Dresden, Sonnabend nach dem heiligen Christtage 1543. Der Zusatz des Kurfürsten ist hier gleichfalls in einer Nachschrift beantwortet, welche, soweit sie hierher gehört, also lautet:

„Wir bedancken vns auch gegen Ewer lieb derzugeferttigten vnd durch maister Lucas abgemalte Jagt. Die wir jungst mit Jr*) ganz freundtlich, vnd gesein vns solche abConterfeiung ser wol, vnd verhoffen zu got er solle sein gnad geben das wir mit Ewer lieb, und Sye widerumb mit**) kunfftiglich noch vil Jagten halten wollen.‟

Die Reinschrift des kurfürstlichen Schreibens muß, wenn sie sich erhalten hat, in Dresden sein.

Schreiben des Kurfürsten Johann Friedrich an die Befehlhaber und Räthe zu Wittenberg gegeben zu Augsburg Freitag nach trium regum 1547.

Darin kommt vor:

„Ihr wollet auch Meister Lucas dem Mahler sagen, das er vns noch zwei Tausent Salvagarten pflegen vnd die auszstreichen lasse, vnd wan er damitt fertig vns

---

*) Nemlich: „Ewer lieb.‟
**) Hier ist „vns‟ ausgelassen.

die bei zweyen poten, doch das die nicht mitt einander gehen zufertigen, Daran thutt Jr vnsere meynung.''

In der Antwort auf dieses Schreiben, Wittenberg, den 8. Januar 1547, sagen die Räthe:

„Die Saluagarben haben mir bei Lucaß Malern alßbald vffzulegen bestalb vnd wann die gefertigett, wollen wir es mit der vberschickung e. f. g. bericht nach halben.''

Register.

I. Chronologisches Verzeichniß der datirten Werke.

Anmerkung: Die lateinischen Buchstaben bedeuten: G. Gemälde, H. Holzschnitt, K. Kupferstich. Die römischen Ziffern bezeichnen den Theil, die arabischen die Seite.

19*

1544.

Hirschjagd. G. II, 138.
Zimmer in Weimar ausgemalt?
I, 164.

1545.

Abendmahl. G. I, 170. 173.
Auerochsen. G. I, 170.
Engel auf Wolken. G. I, 169.
Fahnen und verschiedenes An-
dere in Torgau gemalt. I, 168.
169. 170.
Feldlager. G. I, 170.
Ferdinand's, römischen Königs,
Söhne. G. I, 170.
Friedrich Pfalzgraf bei Rhein.
G. I, 170.
Fürsten in einer Weinlaube
essend. G. I, 167.
Hasen. G. I, 167.
Herzog von Jülich. G. I, 170.
Hofkleidungen. G. I, 171.
Johann Ernst's von Coburg
Gemahlin. G. I, 167.
Johann Friedrich's I., Kur-
fürsten von Sachsen, Gemah-
lin. G. I, 167.
Karl V., Kaiser. (Zweimal.)
G. I, 170.
Lucretia. (Zweimal.) G. I,
166. 181.
Moritzens, Herzogs zu Sachsen,
Gemahlin. G. I, 167.
Papst auf der Hölle sitzend.
H.? I, 170.
Prophet. G. I, 170.
Sodom und Gomorra. G. I,
167. 193.
Steinigung der Propheten. G. I,
167.
Taschentücher gemalt. I, 170.
Teppiche, Muster dazu. I, 170.
Titeleinfassung. H. III, 247.

1546.

Bugenhagen. H. II, 301.
Christi Kreuzigung. G. II, 39.

Ernst, Herzog von Braunschweig.
G. I, 152.
Ferdinand, römischer König.
G. I, 182.
Ferdinand's Gemahlin und Toch-
ter. G. I, 182.
Fürstliche Porträtfiguren, ein-
undzwanzig. G. I, 181.
Hirschhatz. G. I, 181.
Johann Ernst von Coburg.
(Stammbuchblatt.) II, 27.
Johann Friedrich's I., Kur-
fürsten von Sachsen, Gemah-
lin. G. I, 152.
Jungbrunnen. G. II, 18.
Luther. H. II, 313.
Luther im Tode gemalt.? G. I,
177.
Martin Luther. H. II, 300.
Melanchthon. H. II, 301.
Papst. G. I, 182.t
Taschentücher gemalt. I, 182.
Titeleinfassung. H. II, 294.
295. 296. III, 247. 248.
Turnier. (Zweimal.) G. I, 181.
Venus und Lucretia. G. I, 181.
Wildes Schwein. G. I, 182.

1548.

Bernhard, der heilige, betrachtet
verehrend den leidenden Heiland. H. II, 220. 271.
Martin Luther. H. II, 300.

1549.

Brück, Dr. Christian. H. II,
317.
Titeleinfassung. H. III, 249.

1550.

Adam und Eva. G. I, 208.
Affen. G. I, 208.
Auferstehung. G. I, 208.
Barmherzigkeit. G. I, 207.
Bischof von Arras. G. I, 207.
Charitas. G. I, 207. 208.
Christus am Oelberg. G. I, 208.

II. Verzeichniß der Gemälde und Zeichnungen nach den Orten.

Augsburg.

Christus mit den Wundenmalen. (Königliche Galerie in Sanct-Katharinen.) II, 12.

Durchgang der Israeliten durchs rothe Meer. (Sanct-Katharinen.) II, 13.

Kreuzabnahme. (Sanct-Katharinen.) II, 13.

Madonna mit dem Christus-kinde. (Kunsthändler Butsch.) III, 129.

Simson und Delila. (Galerie des Rathhauses.) II, 11.

Wirkung der Eifersucht. (Privat-besitz.) III, 130.

Bamberg.

Kranz von Rosen. (Dom.) III, 132.

Wilibald, der heilige, und die heilige Walburga. (Seminar-inspector Heunisch.) II, 13. III, 132.

Berlin.

— Adam und Eva. (Zweimal. Museum.) II, 14. 15.

— Adam und Eva. (Zwei Tafeln. Schloßgalerie.) II, 23.

Albrecht von Brandenburg, Kur-fürst von Mainz, in Cardinals-kleidung, als heiliger Hierony-mus. (Museum.) II, 19.

Albrecht von Brandenburg, Kur-fürst von Mainz. (Museum.) II, 20.

Apoll und Diana. (Museum.) II, 18.

Bathseba im Bade von David belauscht. (Schloßgalerie.) II, 24.

Christus am Oelberg. (Kunst-händler Linck.) III, 132.

Christus in der Vorhölle. (Kupfer-stichcabinet.) II, 26.

Cranach's Stammbuch, das so-genannte. (Zehn Bilder. Königliche Bibliothek.) II, 27. III, 135

David und Goliath. (Schloß-galerie.) II, 24.

Eva. II, 23.

Friedrich III., der Weise, Kur-fürst von Sachsen. (Museum.) II, 20.

Georg der Bärtige, Herzog zu Sachsen. (Museum.) II, 21.

Hercules mit dem Spinnrocken unter den lycischen Mädchen. (Museum.) II, 18. III, 135.

gestochen. (Kunstsammlung.) II, 127.

Wirkung der Eifersucht. (Chr. Schuchardt.) II, 132.

Weistrupp bei Dresden.

— Lucretia. (Herzog von Parma.) III, 205.

Wien.

Abraham's Opfer. (Fürst Liechtenstein.) II, 146.

— Adam und Eva. (Galerie im Belvedere.) II, 135.

Alter umarmt ein Mädchen. (Akademie der bildenden Künste.) II, 141.

Alter und ein Mädchen. (Galerie im Belvedere.) II, 137.

Anbetung der Könige. (Galerie im Belvedere.) II, 135.

Christus und die Ehebrecherin. (Fürst Esterhazy.) II, 145.

Christus und die vier heiligen Frauen. (Galerie im Belvedere.) II, 136.

Familie Christi. (Fürst Esterhazy.) II, 145.

Helena, die heilige. (Fürst Liechtenstein.) II, 146.

Herodias mit dem Haupte des Johannes. (Fürst Esterhazy.) II, 144.

Hieronymus, der heilige, und der heilige Leupoldt. (Galerie im Belvedere.) I, 10. II, 136.

Hirschjagd. (Galerie im Belvedere.) II, 138.

Joab ermordet Amasa. (Galerie im Belvedere.) II, 137.

Judith mit dem Haupte des Holofernes. (Galerie im Belvedere.) II, 135.

— Lucretia. (Akademie der bildenden Künste.) II, 140.

Männliches Brustbild. (Galerie im Belvedere.) II, 139.

Männliches Porträt. (Galerie im Belvedere.) II, 138.

Venus und Amor von Bienen gestochen. (Fürst Liechtenstein.) II, 146.

Weibliche jugendliche Porträts (drei). (Galerie im Belvedere.) II, 139.

Zeichnungen. (Acht Blatt. Erzherzog Karl.) II, 142.

Wittenberg.

Altarbild. (Stadtkirche.) II, 147. III, 206.

Darstellung der Zehn Gebote. (Rathhaus.) II, 149.

Wolfenbüttel.

Martin Luther und dessen Frau Katharina von Bora. (Bibliothek.) III, 207.

Wörlitz.

(Im sogenannten Gothischen Hause im herzoglichen Park.)

Alfred, König von England (Mercia), und der Ritter Wilhelm von Albonack mit seinen drei Töchtern. II, 155.

Christus am Kreuze zwischen den beiden Schächern (zweimal). II, 152.

Friedrich III., der Weise, Kurfürst. II, 156.

Georg, der heilige, zu Pferde erlegt den Lindwurm. II, 153.

Luther. II, 157.

Männliches Porträt. II, 157.

Trajan spricht einer Wittwe seinen eignen Sohn als Ersatz zu für ihren von Letzterm durch Ueberreiten getödteten Knaben. II, 154.

Berichtigung.

Seite 180, Zeile 11 v. u., statt: 1553 lies: 1533.

———————